NOVO RUMO

Presidente do conselho:
Maurício Sita

Presidente:
Alessandra Ksenhuck

Vice-presidentes:
Cláudia Pires e Julyana Rosa

Diretora de projetos:
Gleide Santos

Coordenadora editorial:
Amanda Moura

Assistentes editoriais:
Júlia Almeida e Lui Navarro

Capa, projeto gráfico e diagramação:
Carol Palomo – Resumo Editorial

Revisão:
Letícia Pataquine

Impressão:
Printi

Dados Internacionais de Catalogação na Publicação (CIP)
(Câmara Brasileira do Livro, SP, Brasil)

Tait, Gustavo
Novo rumo : o legado do homem / Gustavo Tait. -São Paulo : Literare Books International, 2024.

ISBN 978-65-5922-981-9

1. Autoconhecimento 2. Desenvolvimento pessoal 3. Homens - Aspectos psicológicos 4. Homens - Aspectos sociológicos 5. Machismo 6. Masculinidade I. Título.

24-232609 CDD-158.1

Índices para catálogo sistemático:

1. Autoconhecimento : Crescimento pessoal : Conduta de vida 158.1

Eliete Marques da Silva - Bibliotecária - CRB-8/9380

Literare Books International.
Alameda dos Guatás, 102 – Saúde – São Paulo, SP.
CEP 04053-040
Fone: +55 (0**11) 2659-0968
site: www.literarebooks.com.br
e-mail: literare@literarebooks.com.br

MISTO
Papel | Apoiando o manejo florestal responsável
FSC® C196274

GUSTAVO TAIT

NOVO RUMO

O LEGADO DO HOMEM

Literare Books
INTERNATIONAL
BRASIL · EUROPA · USA · JAPÃO

Como os maiores guerreiros da história, você sabe que este é o momento de agir. A hora de deixar para trás as rotas seguras e encarar o desafio que forjará o homem que você nasceu para ser e o legado que irá deixar. Não é uma escolha; é um chamado – e você já sabe a resposta.

Seu novo rumo começa aqui.

SUMÁRIO

Sempre naveguei pelas águas desconhecidas e misteriosas da vida de forma solitária. Em minha jornada, ocasionalmente avistava navios semelhantes ao meu, mas, ao me aproximar, percebia as diferenças que nos distanciavam. E assim, segui minha jornada, imerso na solidão do meu caminho.

Até que, em um dia inesperado, avistei um navio diferente. Simples à primeira vista, muitas vezes ignorado por outros, mas algo nele me atraía. À medida que me aproximava, percebi que havia encontrado um dos meus. Ali, no cais, o navegador falava ao universo com palavras que soavam como poesia, ressoando em minha alma. Era como se, finalmente, eu tivesse encontrado alguém que compreendia meus dilemas, que refletia na mesma sintonia que a minha.

Foi assim que conheci Eduardo Marinho. Um navegador único, de autenticidade rara e reflexões profundas. Desde então, mesmo a distância, sempre me senti próximo, aprendendo, observando e absorvendo a sabedoria desse experiente viajante. Hoje, minha gratidão é imensa, pois se navego com mais habilidade e confiança, muito se deve a esse encontro divino.

QUEM É EDUARDO MARINHO?

Eduardo Marinho é um filósofo das ruas, alguém que escolheu viver a realidade nua e crua da sociedade para enxergar o mundo de forma genuína e profunda. Ele abandonou uma vida de privilégios para se aproximar das verdades escondidas por trás das aparências, buscando compreender as desigualdades e as questões essenciais do ser humano. Com sua experiência de vida e reflexão sobre as dificuldades e desafios enfrentados por tantos, Eduardo tem inspirado milhões de pessoas em todo o mundo a questionarem seus valores e encontrarem um novo sentido para suas vidas.

Ao escrever o prefácio de *Novo rumo: O legado do homem*, Eduardo Marinho traz sua perspectiva única sobre o masculino e a sociedade. Sua visão autêntica e desafiadora se alinha perfeitamente com o espírito deste livro: uma busca por autodescoberta, questionamento dos papéis sociais e a construção de um caminho próprio, livre dos padrões impostos. Eduardo nos convida a repensar, a sentir e a abraçar a jornada do homem com coragem e autenticidade.

PREFÁCIO
A JORNADA E REFLEXÕES SOCIAIS

POR EDUARDO MARINHO

"Homem não chora", eu ouvia quando estava machucado, com o joelho ralado. "Eu não sou homem!", respondia entre lágrimas. "Ah, não? Cê é o quê, então?" E eu gritava, com raiva: "Sou criança!".

Nunca vi meus pais discutirem, nem mesmo discordarem, muito menos brigarem. Não havia em casa a opressão masculina paterna que eu via em casas de conhecidos, amigos e parentes. Mas os papéis eram bem definidos: meu pai era o chefe da família, minha mãe ocupava-se da alimentação e dos cuidados da casa – embora tivéssemos uma empregada para que minha mãe pudesse trabalhar fora. Minhas irmãs, desde cedo, foram colocadas em um quarto, e eu em outro.

Cresci sendo estimulado a ser homem, macho, valente e disposto. Via minhas irmãs receberem estímulos bem diferentes e não entendia. Havia "coisa de menina" e "coisa de menino", e os condicionamentos para a vida adulta iam se formando. Na adolescência, no início da juventude, eu podia sair para onde quisesse à noite, enquanto minhas irmãs tinham que dar satisfações e só iam a eventos públicos se eu fosse junto. Era claramente injusto, mas a advertência "quem tiver suas cabritas que as prenda, porque os meus cabritos estão soltos", dita por um coronel amigo do meu pai, era levada a sério.

Na minha infância, ainda se discutia o tal "crime contra a honra", que justificava o assassinato, pelo marido, da esposa por adultério. Enfim, essa lei foi abolida. A sociedade, aos poucos, vai se lapidando. Muito aos poucos, até demais. Mas caminha, e cada um participa, a seu modo e a seu tempo – esse velho tempo que não para de passar.

Se olharmos através das gerações, das décadas, dos séculos, a evolução social fica evidente. O problema foi ter colocado o desenvolvimento tecnológico acima do desenvolvimento moral. A ambição bloqueia esse desenvolvimento moral de todas as formas, atrasa, mas não o impede. Tudo vai mudando, o tempo todo, sempre em direção ao equilíbrio e à harmonia coletiva, embora ainda estejam muito longe.

Penso que a jornada do aperfeiçoamento deve nos levar à perfeição, "Mais próximos de Deus". Mas não pretendo nem imaginar como é Deus. Não me sinto capaz de imaginar o que ou como é o Ser Supremo do universo – a humanidade não consegue nem alcançar o tamanho do universo, como vou imaginar? Aquela imagem de ser humano, macho, velho, de barba e cabelo comprido, não posso crer. Está além do que se possa conceber, é muita pretensão – aliás, uma pretensão religiosa que se impõe sob ameaça: "ou crê ou vai para o inferno".

Além disso, essa ideia justifica toda a preponderância do masculino sobre o feminino. Se o próprio Deus, supremo e onipotente, é masculino, fica "óbvio" que o feminino é inferior. Pronto, está implantado o desequilíbrio. Ao mesmo tempo que a mulher é inferiorizada, o homem é embrutecido na arrogância e na violência potencial.

Uma vez fui convidado a fazer uma fala em uma casa feminista, em Curitiba. No final, me perguntaram se, na minha opinião, o machismo um dia acabaria. E eu respondi: "Enquanto Deus for pai, não". É preciso evoluir também nas concepções, nas imaginações, sempre na busca do equilíbrio. São muitos os pontos de equilíbrio, a meu ver. Ou de desequilíbrio.

O desequilíbrio entre masculino e feminino existe de muitas formas e gera inúmeras assimetrias no cotidiano, na vida, na sociedade. A sensibilidade, o acolhimento, a compreensão, o amparo, o carinho – elementos femininos – são desvalorizados diante da competitividade, da disputa, da imposição, do domínio – elementos masculinos.

Assim como o feminino não é exclusividade da mulher, o masculino não é exclusividade do homem. Ambos os elementos fazem parte tanto do homem quanto da mulher, no seu viver diário. As necessidades impõem atitudes masculinas às mulheres que lutam pela sobrevivência de suas famílias sem paternidade, uma enorme parcela, principalmente nas periferias. E nada impede homens de exercerem seus elementos femininos, a não ser um código moral machista e superficial, limitador e frustrante, que ainda vigora em grande parte das pessoas – em diminuição lenta, através das gerações.

Durante alguns anos, criei sozinho meus três filhos em uma região turística, boa para vender meus trabalhos de arte e artesanato. Com frequência, recebia hóspedes em minha casa e percebia o comportamento dos três pequenos – duas meninas e um menino – quando aparecia uma dessas mulheres de índole materna. Era, a meu ver, carência materna por parte das minhas crianças. Isso me fez observar meu próprio comportamento – excessivamente masculino – e me esforçar para desenvolver meu lado feminino, resultando em melhorias na minha forma de ser e lidar com os probleminhas entre eles.

Meu trabalho exigia dedicação o tempo todo, e eu não gostava de ser interrompido. Quando acontecia uma desavença, minha atitude era tipicamente masculina: "você para cá, você para lá. E me deixem trabalhar". A partir daquela percepção, passei a agir diferente. Largava o que estava fazendo e me aproximava: "o que está acontecendo?" Ouvia as explicações e sugeria composições para resolver o problema. Quando voltava ao trabalho, as crianças continuavam brincando em paz. Eu comemorava os frutos muito melhores da minha atitude. A melhoria interna se estendeu às relações, que se tornaram mais harmônicas.

O que se aplica ao indivíduo muitas vezes se aplica também ao coletivo. Diante do quadro social de abandono, miséria, desabrigo, ignorância e desinformação, como negar que a sociedade precisa de acolhimento, amparo, solidariedade aos excluídos dos benefícios sociais? Como aceitar a negação dos direitos constitucionais a uma enorme parte da população – justamente a mais pobre e fragilizada – com um mínimo de sensibilidade humana? O desenvolvimento do elemento feminino na sociedade é uma necessidade que grita.

Desde a infância, mas sobretudo na adolescência, eu questionava a existência de pessoas tão pobres quanto as que eu via, mendigando pelas ruas, morando em favelas ou no abandono das marquises. Em criança, recebia a impaciência dos adultos: "sempre foi assim", "não pense nisso, pense na sua vida", além da famosa mentira: "desde que o mundo é mundo...", respostas que nem de longe me satisfaziam, apenas me calavam. Na adolescência, eram os amigos que se incomodavam quando eu reparava que os pobres estavam sempre nos servindo, sendo explorados com salários mínimos, que tinham direitos negados – à educação, à formação, a uma vida digna – e que nós usufruíamos dessas injustiças, tendo os sabotados nos servindo em tudo. "Você é um cara estranho" era o mínimo que eu ouvia como reação às minhas questões. "Devia dar graças a Deus por ter nascido onde nasceu", "ninguém pensa nisso", "papo de comunista", "ora, dê tudo que você tem e vá viver como eles". A repulsa pelo assunto me demonstrava que a gente não vê o que não quer, vê como convém à comodidade, inclusive de consciência.

Eu reconhecia ser essa a "natureza da sociedade", injusta e perversa, mas não a reconhecia como a minha natureza. Era constrangedor para mim, tanto usufruir do serviço mal pago dos pobres quanto julgar os meus iguais na minha classe de origem. Apenas não me sentia parte daquele grupo, com todos os caminhos abertos, todas as oportunidades de se preparar para a vida, todas as facilidades produzidas pelo poder de contar com o trabalho barato e "comprar tempo" para dedicar à manutenção dos privilégios. Em uma sociedade na qual prevalece o masculino, é preciso ser indiferente às injustiças e ao sofrimento imposto às multidões. É preciso acreditar que a "culpa" da miséria é dos próprios miseráveis, transformando as vítimas em responsáveis pela própria situação. Assim, as ideias e iniciativas que pretendem mudar a estrutura da sociedade são vistas como ingenuidade ou, com mais frequência, como interesses ocultos, pretensões de poder e más intenções – com a influência esmagadora da mídia e o apoio do modelo de educação "de mercado".

Para mim, era como estar em uma corda bamba. Se, por um lado, eu não queria usufruir de privilégios sociais, de outro não queria adotar a postura de juiz do alheio, julgando e condenando os que usufruem. Meu problema não era a existência dos ricos, mas, sim, uma estrutura social armada para produzir riqueza para minorias, enquanto produz miséria, pobreza e exploração para a maioria. O resto era consequência estrutural.

Intuitivamente, recusei os caminhos que tinham como objetivo manter o padrão de classe média alta, de preferência aumentando esse padrão. Intuitivamente, percebia que esses objetivos, nem de longe, me satisfariam. Era preciso algum sentido melhor para a vida, deveriam existir em algum lugar, em alguma condição, de alguma forma, objetivos mais verdadeiros, que me satisfizessem a alma. Na época, tive que explicar, mesmo sem ser entendido: "Deve haver algum sentido para a vida, além desses que me foram postos e não me atraem. Ao contrário, me frustram só de olhar. Vou procurar um sentido mais verdadeiro. Nem sei se existe, mas ou eu vou encontrar, ou vou morrer procurando. Porque viver em nome desses objetivos convencionais é pouco; prefiro nem viver". Sem saber, eu estava tomando uma atitude basicamente feminina, embora fosse precisar do masculino para encarar as dificuldades que encontraria nesse caminho.

Exercitei o feminino sem ter consciência disso muitas e muitas vezes, diante de preconceitos, insultos, desconfianças e repulsas. Reagir à agressividade com agressividade é o comum e é uma atitude masculina. Eu reagia com mansidão, entendia o preconceito e, quando respondia, era com uma calma desconcertante. Eu conhecia o preconceito a partir da minha própria classe, sabia que tinha aberto mão dos sinais de "respeito social" ao mesmo tempo que abrira mão dos privilégios de classe, e que a discriminação seria inevitável, porque passei a ser um pária social – o que me dava muito mais liberdade de ser como quisesse, apesar de tudo.

As vivências na escassez, junto aos mais pobres, sendo um entre eles – embora não condicionado, como eles, ao sentimento de inferioridade e impotência –, me permitiram ver coisas que, de onde estava antes, não via. Era um mundo cenográfico, me dava a sensação de que a realidade estava escondida e o mundo era pintado de cor-de-rosa. A intuição me dizia que eu estava sendo enganado, sentimento que desapareceu na vivência mendiga dos primeiros anos e de artesão/artista pobre, depois que chegaram os filhos. Ali eu via a realidade crua dos crimes sociais contra os menos favorecidos. "Ninguém finge para mendigo", eu dizia naquele tempo. A sociedade mostra sua cara verdadeira, cruel e repressiva, para os mais pobres. Enquanto alguns me viam como "caído na miséria", "degenerado" ou simplesmente "louco", eu me sentia livre como nunca. A repressão, o preconceito e a rejeição me pareciam preços a pagar pela minha liberdade – e era barato, a meu ver.

Se eu ficasse onde estava, terminasse a faculdade e vivesse de acordo com o socialmente aceitável, que era o esperado, satisfaria a todos à minha volta. Mas seria a minha frustração, e o sentimento de covardia me acompanharia no cotidiano, que, para mim, era medíocre e sem um verdadeiro sentido.

De novo a corda bamba. Era preciso cuidar para não transferir meus sentimentos aos demais. Cada um tem sua própria consciência para seguir, seus valores e objetivos, e é preciso respeitar. O que para mim parece pouco pode parecer tudo para outros. Se me faço julgador, estou exercendo uma arrogância e superficializando minha visão. Mais uma vez, o feminino vem em meu auxílio. Com respeito e humildade, a reflexão é mais profunda. Posso entender facilmente as atitudes convencionais, mesmo não concordando com elas na minha vida. São produtos de uma sociedade modelada para estimular a superficialidade, o consumo e a ânsia de riquezas excessivas. Que aplaude a ostentação, o egoísmo, a vaidade, que cobra a indiferença com o sofrimento alheio, a passividade e a padronização de valores, objetivos e comportamentos. Daí a geração de tanta angústia e frustração, sobretudo na maturidade e na velhice – dos poucos que chegam à velhice.

Foram muitos anos vivendo nas dificuldades das periferias, nas áreas mais pobres de inúmeras cidades, arrancando o sustento nas ruas e praças, sempre sob ameaça das instituições – o "rapa", a polícia – e criei meus filhos nessa lida. Eles não conheceram as facilidades materiais que eu conheci – meu pai era coronel, o pai deles (eu) era artesão, hippie, depois artista plástico, quase sempre expondo nas áreas públicas, muitas vezes nos bares da noite. Eles já nasceram onde a sociedade não finge, não tiveram acesso aos preconceitos de classe, nem aos privilégios das classes médias. Mas não foram condicionados ao sentimento de inferioridade social imposto na parte de baixo da sociedade, porque eu mesmo mostrava como éramos fortes e encarávamos o que levaria muitos dos privilegiados à depressão e até ao suicídio.

Todas as dificuldades acabaram por me fortalecer e esclarecer, na observação atenta e isenta de revolta ou depressão, embora vendo a injustiça cotidiana – ao meu lado e sobre mim mesmo. Se eu me adequasse aos valores e comportamentos induzidos e cobrados, teria certamente vivido com muito mais facilidades, tanto materiais quanto sociais. Mas não poderia evitar o sentimento de ter vendido minha consciência. A discriminação social, ao contrário, confirmou minhas escolhas contrárias às "recomendadas". A vida vivida, apesar de tudo, me trouxe a satisfação de estar vivo e a dignidade de estar de acordo comigo mesmo – hoje com 64 anos e sem pensar em aposentadoria. Como já foi dito, "artista que se preza não se aposenta".

Esse é um breve relato de minha jornada, com algumas reflexões sobre masculinidade e papéis sociais. Agora chegou a hora de você construir sua própria jornada.

Com carinho,
Eduardo Marinho

INTRODUÇÃO
O CHAMADO PARA UMA NOVA JORNADA

PREPARE-SE PARA UM MERGULHO PROFUNDO, RUMO AO NOVO CAMINHO DO HOMEM.

Vivemos tempos de transformações intensas. O homem moderno, muitas vezes, se encontra à deriva, preso entre as expectativas que o mundo impõe e o desejo inegável de autenticidade.

Novo rumo: O legado do homem não é apenas um livro – é um convite para que você embarque em uma jornada de autodescoberta, em que cada página é um passo em direção à sua verdadeira essência.

Nesta obra, você encontrará muito mais do que palavras. Aqui, técnicas milenares de autoconhecimento se unem aos avanços mais recentes da neurociência, formando uma ponte entre o conhecimento ancestral e o homem contemporâneo. Essas ferramentas foram forjadas para responder aos dilemas complexos que o homem de hoje enfrenta, quando as respostas parecem escassas e os desafios nunca foram tão grandes.

Imagine-se em meio a uma tempestade. O vento sopra forte, as ondas batem furiosas contra o casco do seu barco, e a bússola, antes confiável, agora parece girar sem rumo. Você está no meio do oceano, cercado por incertezas, com o horizonte oculto por uma densa névoa. O que você faz? Volta para a zona de conforto, mesmo sabendo que ela já não oferece a paz que prometia, ou se lança em direção ao desconhecido, enfrentando suas tempestades e medos?

É exatamente aqui que você está, neste exato momento. Esta não é uma leitura comum. Não se trata de um simples manual com soluções mágicas ou de um caminho pavimentado com fórmulas fáceis. Este é o início de sua jornada – uma jornada em que você será o navegador, o comandante, o guerreiro. As ondas que você enfrentará são suas emoções, as armadilhas escondidas no caminho são seus medos e crenças limitantes. Mas a recompensa? Ah, essa é grandiosa.

O mundo está em chamas, e você, como tantos outros homens, sente o peso do fogo. Somos uma geração de homens sobrecarregados, pressionados por um modelo de masculinidade que já não nos serve. A sociedade nos ensinou que ser homem é ser forte, silencioso, invulnerável – mas olhe ao redor. Veja como muitos de nós estão perdidos, doentes, anestesiados pela rotina, pelos vícios, pelo vazio. O que você está prestes a fazer é responder ao chamado de uma nova era, uma era em que ser homem significa muito mais do que carregar o peso sozinho.

Você chegou até aqui porque algo dentro de você sabe que há mais. Mais do que a vida mecânica, mais do que as expectativas sociais que nos prendem, mais do que a dor oculta que carregamos sem compartilhar. Este livro é um mapa, mas é você quem trilhará o caminho. A cada capítulo, a cada reflexão, você será desafiado a olhar para dentro, a confrontar verdades dolorosas e, principalmente, a redefinir o que significa ser um homem neste mundo.

Saiba que você já deu o primeiro e mais corajoso passo: admitiu que há uma necessidade de mudança. E essa mudança não é apenas para você. Ela é para o legado que você deixará para os homens que virão depois de você, para as pessoas que dependem de sua força e clareza.

Mas entenda, não será fácil. Esta é uma jornada que poucos têm a coragem de trilhar. Ser um verdadeiro HOMEM não significa apenas resistir – significa transformar. Significa abandonar as velhas armaduras que já não servem, significa encarar as próprias sombras e sair do outro lado com uma nova luz.

Você está pronto para essa aventura? O caminho está à sua frente, e eu estarei ao seu lado, não para lhe dar as respostas, mas para desafiá-lo a encontrar as suas. Este é o momento de construir seu verdadeiro legado. Este é o momento de virar a bússola na direção certa e navegar para águas mais profundas.

A hora é agora. O chamado está feito. A resposta está em suas mãos.

Vamos juntos.

Este livro é fruto de muitas travessias, e cada uma delas foi enriquecida por aqueles que cruzaram meu caminho, direta ou indiretamente. A cada passo desta jornada, estive acompanhado por seres de luz e companheiros terrenos que, de alguma forma, me ajudaram a navegar por experiências únicas e significativas. Sou profundamente grato a todos vocês que, com sua presença e ensinamentos, contribuíram para traçar o rumo que me trouxe até aqui. Que estas palavras ressoem como um sincero agradecimento.

"VIVER É PARTIR, VOLTAR E REPARTIR."
– EMICIDA

O CHAMADO, ONDE TUDO COMEÇOU

AGOSTO, 2020

STUPA ECOVILA, BARRA DE IBIRAQUERA, SANTA CATARINA, BRASIL

Aqui estou, sozinho, sentado em uma pequena cadeira de madeira, com os pés no chão, sentindo o gelado do piso de cimento queimado entrar pelo meu pé e fazer o sangue subir frio até a ponta dos meus dedos, que apertam os botões quase silenciosos do teclado.

À minha volta, a mãe natureza se exibe em sua plenitude: montanhas, lagoas, pássaros, vento e o oceano me abraçam com sua energia soberana. A fumaça do café dança ao meu lado direito. Os seis cachorros que aqui vivem me rodeiam, pedindo carinho e tentando alcançar meu pote de cereal que está sobre a pequena mesa de vidro onde apoio meu computador.

Finalmente, em minha frente, está ela, uma jovem araucária, detentora de uma beleza única, que estava despercebida pelos meus olhos desde que cheguei aqui dois dias atrás. Meu Deus, que energia! Ela me observa e observa tudo e todos em sua volta, é a mais alta no meu raio de visão do magnífico jardim. Fico a admirar, totalmente hipnotizado, e, em uma fração de segundo, ela, sem julgamento algum, olha dentro de minha alma e diz de forma amorosa, silenciosa, mas com uma força que jamais senti: chegou a hora!

NOTA DE ESCLARECIMENTO

Companheiros, antes de avançarmos por mares desconhecidos, gostaria de fazer um esclarecimento. A linguagem deste livro foi moldada a partir de minhas experiências e realidade de vida. Meu objetivo é manter a autenticidade de cada palavra e cada sentimento, para que a mensagem que desejo transmitir chegue até você com a verdade que a impulsiona.

Estamos navegando em tempos de grande reflexão sobre a diversidade, especialmente no que diz respeito à identidade e à expressão de gênero. Embora este livro seja escrito do ponto de vista de um homem cisgênero heterossexual, a embarcação que estamos prestes a conduzir está aberta a todos que se identificam como homens, independentemente de sua identidade de gênero ou orientação sexual.

O mar que adentraremos é uma jornada de autoconhecimento, transformação e cura que pode beneficiar qualquer pessoa que ressoe com os desafios e conquistas que discutiremos.

Nesta travessia, você não estará apenas descobrindo seu próprio caminho, mas participando de uma conversa mais ampla sobre o papel dos homens na construção de um mundo mais justo. Como navegadores de nossa própria essência, temos o dever de questionar as correntes invisíveis que nos foram impostas e, ao fazê-lo, respeitar e apoiar a diversidade que existe tanto dentro quanto fora de nós.

Garanto que este livro pode transformar sua vida, independentemente de quem você é ou de como se identifica.

CAPÍTULO 1
MENSAGEM PARA O FUTURO

Saudações, viajante do tempo! Não sei em que ano você se encontra agora, mas hoje escrevo estas palavras em agosto de 2020. Aqui, estamos navegando em mares tempestuosos, enfrentando uma crise que abalou o mundo como o conhecíamos. Fomos atingidos por uma tempestade avassaladora, e o vento da incerteza sopra forte. Estamos no meio de uma pandemia causada pelo novo coronavírus, e o sentimento que reina é de medo e insegurança. Milhares de vidas são perdidas a cada dia, e ninguém sabe ao certo quando essa tormenta vai terminar.

Mas o vírus é apenas um dos perigos que enfrentamos nesta travessia. Vivemos tempos de múltiplas crises sociais, como correntes que nos puxam para as profundezas. Nossa sociedade está doente e a correnteza nos leva a um abismo profundo. O "ter" se tornou mais importante que o "ser", e muitos de nós estão à deriva, navegando no automático, apenas sobrevivendo. A felicidade parece cada vez mais distante, enquanto doenças físicas e emocionais se espalham como névoa densa sobre os lares brasileiros.

Aqui, no Brasil de 2020, somos o país com o maior índice de ansiedade do mundo. E como se não bastasse, nossas eleições vêm e vão, e continuamos a ser governados por líderes corruptos, mais interessados em servir a si mesmos e aos poderosos do que ao povo. Somos manipulados diariamente por fake news e discursos de ódio que dividem a população entre falsas "direita" e "esquerda", enquanto ambos os lados jogam um jogo cruel de poder, perpetuando seus privilégios e deixando o povo à mercê das ondas.

O machismo, o racismo, a homofobia e tantas outras formas de preconceito ainda estão presentes, como monstros invisíveis, embora às vezes disfarçados. Nossa educação está naufragando, os serviços públicos são vergonhosos, e os recursos que deveriam atender à população desaparecem nos bolsos daqueles sanguessugas do poder.

A miséria se alastra, e mais de 50 milhões de brasileiros estão presos na linha da pobreza. São aproximadamente 33 milhões de pessoas vivendo com menos de R$289 por mês. Enquanto isso, os bancos celebram lucros recordes, flutuando sobre o oceano de juros exorbitantes. Nosso saneamento básico ainda não chegou à metade da população, e mais de 35 milhões de pessoas vivem sem acesso à água tratada.

Aqui, em 2020, a meritocracia é usada como um mapa falso, para justificar desigualdades que são, na verdade, abismos insustentáveis. A tecnologia avança como um barco veloz, mas seu principal foco é o consumo. A conectividade, que antes era uma ferramenta, agora é um vício que nos mantém presos em correntes digitais. Somos bombardeados por publicidades desumanas, que nos fazem sentir vazios, enquanto buscamos no consumo uma maneira de preencher o buraco existencial.

As redes sociais são nossas companheiras constantes, do despertar ao repousar. Elas nos envolvem em uma falsa realidade, onde nos comparamos com imagens irreais, alimentando nossa infelicidade, ansiedade e depressão.

O planeta, nosso navio-mãe, está em colapso ambiental. Rios e oceanos estão poluídos, a vida marinha ameaçada, e nossas florestas estão sendo devastadas para abrir espaço para monoculturas e explorações ilegais. A saúde da Terra está se deteriorando, assim como a nossa. Mais de 60% da população está com sobrepeso, e o sedentarismo virou moda entre os jovens, dos quais 84% são sedentários. Nossos alimentos estão cada vez mais artificiais, enquanto a indústria farmacêutica lucra bilhões oferecendo "curas" que muitas vezes criam novas doenças.

Essa é apenas uma pequena parte da realidade turbulenta de 2020. E, no entanto, mesmo em meio a esse caos, eu sinto que o universo nos envia uma mensagem poderosa. É como se estivéssemos à beira de um novo horizonte, uma oportunidade única de traçar um novo rumo como sociedade, guiados pelo amor.

É nesta encruzilhada que decido lançar âncora e escrever este livro. Não posso mais ser um mero espectador dessa realidade. Dentro das minhas limitações, e com a ajuda dos privilégios que carrego, escolhi transformar minha vida e, quem sabe, inspirar gerações futuras a seguirem este chamado que o universo sopra em meu coração.

Provavelmente, as primeiras pessoas a lerem este livro estarão em 2022, se o vento estiver a favor. Mas, como a vida é cheia de surpresas, não sei quando, ou mesmo se conseguirei completá-lo. O que me assusta é a possibilidade de que este livro ainda seja relevante para você, que está aí em 2050, 2100, ou quem sabe no distante ano 3000.

Então, a você que vive no futuro, seja em 2025, 2030, ou qualquer outro ano, aproveite esta oportunidade! Você pode ser a bússola para seus descendentes, garantindo que eles não precisem navegar pelos mesmos mares sombrios que estamos enfrentando agora.

Gustavo Tait

Agosto de 2020.

CAPÍTULO 2

UM NOVO RUMO PARA A JORNADA DO HOMEM

Você está prestes a embarcar em uma jornada única e transformadora. Este é um chamado para todos os homens que desejam explorar as profundezas de sua própria existência e encontrar um novo caminho – um novo rumo.

A partir deste ponto, você será guiado por um percurso que toca em cada aspecto da vida de um homem, desvendando crenças limitantes que nos foram impostas, as dores que carregamos e, acima de tudo, as oportunidades de cura e renovação que estão ao nosso alcance. A cada passo, você se verá navegando por territórios que vão desde os papéis tradicionais que aprendemos a desempenhar até novas formas de nos relacionarmos com nós mesmos e com o mundo ao nosso redor.

Serão 51 capítulos de pura exploração interior – autoconhecimento, reflexão e ação – que abordarão temas fundamentais da vida de um homem, seja no plano pessoal, social ou espiritual. Cada capítulo foi meticulosamente elaborado para tocar nas questões essenciais que moldam nossa jornada, abrindo espaço para profundas transformações e construção de um legado digno de um grande homem.

Mas lembre-se: esta jornada não é apenas sobre você. Ao transformar-se, você inevitavelmente trará mudança para todos ao seu redor – sua família, companheira(o), amigos, colegas de trabalho e para a sociedade. O caminho à frente não será fácil, mas é nas grandes adversidades que encontramos as oportunidades mais significativas de crescimento e superação.

Convido você a se entregar de corpo e alma a esta experiência. Deixe que este livro seja seu guia, seu companheiro leal ao longo desta travessia. Que cada página funcione como uma bússola, sempre apontando para o seu verdadeiro norte. Ao final desta jornada, quando o último capítulo for lido, você não será mais o mesmo. Terá encontrado um novo rumo – uma nova maneira de ser e viver como homem, de forma plena e autêntica.

O caminho está aberto.

CAPÍTULO 3

A MÁSCARA DO HOMEM

Imagine-se como o capitão de um navio que tem navegado por mares desconhecidos desde a infância. Ao longo da sua jornada, você foi equipado com mapas e bússolas que não escolheu, desenhados por aqueles que vieram antes de você – pais, avós, professores, e até figuras femininas. Esses mapas, muitas vezes confusos e distorcidos, traçaram um rumo que deveria levá-lo ao destino de ser um "verdadeiro" HOMEM. Desde cedo, você foi ensinado a vestir uma armadura e levantar velas que não necessariamente refletem quem você realmente é, mas que, de alguma forma, parecem ser a única maneira de manter o curso. Navegando entre expectativas e pressões, você se encontra constantemente tentando provar que está à altura do título de "homem", como se cada decisão, cada reação e cada gesto fossem uma forma de reafirmar seu lugar neste vasto oceano de masculinidade.

À medida que navegamos pelas águas da vida, muitas vezes nos vemos ajustando nossas velas para atender às expectativas impostas por aqueles que nos cercam. Essas correntes invisíveis, que nos pressionam a ser o "verdadeiro" HOMEM, podem ter se manifestado de diversas formas ao longo da sua jornada – seja por meio dos olhares de aprovação de seu pai, das palavras firmes de um treinador, ou mesmo dos sussurros silenciosos da sociedade. Desde muito cedo, somos bombardeados com ideias do que significa ser homem: ser forte, nunca fraquejar, esconder os sentimentos e liderar com punhos firmes. Esses ideais, como faróis distantes, nos orientam, mas muitas vezes nos deixam à deriva, presos em um mar de expectativas irreais.

Cada decisão que tomamos, cada palavra que proferimos, cada ação que realizamos, parece fazer parte de uma batalha constante para provar que estamos no controle desse navio chamado masculinidade. No entanto, em vez de sermos capitães livres, navegando de acordo com nosso verdadeiro norte, muitas vezes somos reféns de uma rota que não traçamos, tentando nos manter à altura de um ideal que, no fundo, não entendemos completamente. A cada gesto de bravura, a cada demonstração de força, a cada silêncio imposto, tentamos nos afirmar como "verdadeiros" homens. Mas será que estamos realmente navegando em direção ao nosso destino, ou apenas tentando evitar naufragar sob o peso das expectativas?

Essa rota que seguimos tem causado ondas de destruição – não apenas em nossas próprias vidas, mas nas vidas de todos aqueles ao nosso redor. O que muitas vezes parece uma navegação firme e segura, na verdade, esconde uma tormenta interna, uma busca incessante para corresponder a ideais que foram algemados à nossa alma desde os primeiros anos de vida. Cada mentira que contamos, cada ato de violência que praticamos, cada vez que nos afastamos de nossos verdadeiros sentimentos, tudo isso é parte de um esforço silencioso, mas constante, para manter esse navio à tona, para provar que somos "verdadeiros" homens.

O problema é que, quanto mais ajustamos nossas velas para atender a essas expectativas, mais nos afastamos do nosso verdadeiro destino. A necessidade de corresponder ao que foi estabelecido como o "ideal masculino" nos lança em uma espiral de sofrimento, nos levando a naufrágios emocionais e, muitas vezes, à destruição de nós mesmos e daqueles que mais amamos. E o mais surpreendente é que passamos grande parte de nossas vidas navegando por esses mares de dor e frustração, sem nunca parar para questionar: para onde, afinal, estamos indo?

Se todas as nossas ações – as mentiras que contamos, os gestos de força que exibimos, as máscaras que usamos – são para provar ao mundo e a nós mesmos que somos dignos do título de homem, surge uma pergunta inevitável: o que significa, de fato, ser HOMEM?

Chegou a hora de jogarmos o mapa antigo ao mar e questionarmos o caminho que temos seguido. Este é o ponto de partida da nossa nova travessia. Vamos examinar essas correntes invisíveis que nos amarram, explorar as profundezas das pressões que enfrentamos e, acima de tudo, começar a desconstruir a imagem do "verdadeiro" homem que nos foi imposta. Porque, ao final dessa jornada, ser HOMEM não deve ser um fardo. Ser HOMEM deve ser a expressão mais livre, autêntica e plena de quem realmente somos, sem máscaras, sem correntes, navegando com coragem em direção ao nosso próprio destino.

CAPÍTULO 4

A DESCONSTRUÇÃO DO MITO DO "HOMEM DE VERDADE"

"Homem de Verdade." **Essa figura mítica, muitas vezes** vista como um farol brilhando a distância, tem orientado nossa jornada por gerações. Mas será que sabemos, de fato, o que significa ser esse "Homem de Verdade"? Aqueles que nos ensinaram a seguir esse rumo – nossos pais, avós, professores – realmente compreendiam o que estavam transmitindo? Ou será que, assim como nós, eles também estavam apenas repetindo um curso estabelecido há milênios, sem nunca questionar a direção?

Se seguirmos a trilha dessas expectativas que nos foram impostas, voltaremos centenas, talvez milhares de anos, até o tempo das cavernas. Será que, em nossa pressa de corresponder a esses antigos padrões, estamos apenas replicando comportamentos arcaicos, agindo como fantoches de uma realidade criada em um tempo distante e tão diferente do nosso? Ou será que o que estamos vivendo é fruto de uma reflexão consciente, ajustada às realidades do presente?

A dura verdade é que, muito provavelmente, assim como eu, você é um navegante perdido em um oceano de atitudes pré-históricas. A verdade é que não fazemos a mínima ideia do que realmente significa ser um verdadeiro HOMEM, mas dedicamos nossas vidas a provar que somos, sim, gladiadores, provedores, machos alfa.

Nesta jornada, vamos desconstruir, pedaço por pedaço, as crenças e mitos que nos foram impostos sobre o que é ser HOMEM. Vamos explorar as correntes históricas e culturais que nos trouxeram até aqui, a este mar patriarcal e machista, que produz homens doentes, depressivos, viciados e corruptos. Homens que, em sua busca desesperada para se afirmar, acabam destruindo tudo ao seu redor. Vamos expor, de forma clara e direta, a verdade sobre o que realmente significa ser HOMEM. E ao final deste percurso, garanto que sua visão sobre este tema será transformada.

Vivemos presos em uma tempestade de negação de sentimentos e de mentiras, tudo para esconder nossas fragilidades naturais e reafirmar, a cada instante, o quão "HOMENS" somos. É difícil aceitar que, por trás dessa armadura, estamos doentes, somos mentirosos e machistas. Mas, se você está disposto a enfrentar os ventos contrários e mudar o rumo da sua vida, precisará reunir coragem para enfrentar seus próprios julgamentos e permitir que esta leitura abra suas velas em direção à verdade. Acredite, a maioria dos problemas que você enfrenta, assim como todos os homens ao seu redor, podem ser resolvidos ao curar o masculino ferido que habita em nós.

Em um mundo com bilhões de homens, é tolice acreditar que exista apenas um curso a ser seguido. A realidade é que fomos doutrinados a seguir um padrão destrutivo, que anula nossas particularidades e gera caos em nossas vidas. Imagine pensar que, para ser um verdadeiro HOMEM, todos os homens brasileiros precisassem gostar de futebol, beber cerveja, ser mulherengos, fortes, viris, provedores e jamais mostrar fragilidade. Isso não só é absurdo como sufoca a individualidade.

Criar um estereótipo de HOMEM ideal é assassinar nossa singularidade. E foi exatamente isso que aconteceu com a maioria de nós. Fomos forçados a enterrar nossos desejos, conter nossas lágrimas, esconder nossas vulnerabilidades e vestir máscaras para nos adequar a um padrão masculino tóxico, imposto desde o momento em que nascemos. E o que isso causou? Uma verdadeira catástrofe, tanto em nossas vidas quanto em todo o planeta. Nos tornamos os maiores destruidores da história, comprometendo não apenas nossa saúde física e mental, mas também o futuro do nosso mundo.

Agora, voltando à pergunta inicial: será que aqueles que nos ensinaram sabiam realmente o que significa ser HOMEM? A resposta é não. E, infelizmente, até hoje, poucas pessoas descobriram o verdadeiro significado.

Mas não se preocupe. Não estou aqui apenas para apontar problemas. Minha missão nesta jornada é guiá-lo por mares mais calmos, rumo à cura e transformação. Ao longo deste livro, abordaremos de forma profunda as causas desse caos e, juntos, encontraremos um caminho para um novo rumo. Ao final desta travessia, estou confiante de que você não apenas compreenderá os dilemas que enfrenta, mas também descobrirá a luz para transformar sua vida e a vida daqueles ao seu redor.

SE O UNIVERSO COLOCOU ESTE LIVRO EM SUAS MÃOS, POSSO AFIRMAR COM SEGURANÇA: CHEGOU A SUA HORA.

CAPÍTULO 5

MAS CALMA AÍ! QUEM É GUSTAVO TAIT?

Desculpem-me, amigos, cheguei sem me apresentar. Meu nome é Gustavo Tait Jorge. Sei que, pelas convenções patriarcais, certamente eu seria conhecido como Gustavo Jorge, mas, como nada na minha vida segue o padrão, é com o "Tait" que eu mais me identifico. Não porque amo mais a família da minha mãe e menos a do meu pai – o amor e o respeito são iguais –, mas por uma questão de energia que transcende o racional. E o que você tem a ver com isso? Talvez nada, mas senti que precisava compartilhar essa escolha, que é significativa para mim.

Agora que as formalidades foram deixadas de lado, o que realmente importa é que tudo o que você encontrará nas próximas páginas é fruto das experiências que vivi, vi e senti na pele. Assim como você, sou um ser complexamente único, com uma história que carrega erros e acertos, alegrias e desafios. E, embora minha jornada pessoal possa preencher um livro cheio de exemplos, meu objetivo aqui é outro. Prefiro me apresentar a você não apenas pelo meu nome, mas pelas ideias que compartilho e pela energia de amor que deposito em cada palavra escrita.

Talvez, ao longo desta travessia, eu traga à tona algumas passagens da minha vida como exemplos, para que você possa conhecer um pouco mais da minha trajetória – ou talvez isso não aconteça. De qualquer forma, o que realmente importa é que, a partir deste ponto, nossas histórias se entrelaçam. Você e eu estamos agora conectados nesta jornada em busca de transformação e autoconhecimento.

E é nessa conexão que reside o verdadeiro propósito deste livro. À medida que navegamos por essas águas, o que nos une é muito mais profundo do que um nome ou uma biografia. O que realmente importa é o caminho que escolhemos trilhar juntos e as descobertas que faremos ao longo dele.

CAPÍTULO 6

PREPARANDO-SE PARA A JORNADA

Como mencionado, este livro é um convite para embarcar em uma jornada única, uma oportunidade rara de transformar sua vida ao explorar as profundezas do que significa ser homem em nosso mundo atual. Aqui, você enfrentará os dilemas com os quais nós, homens, nos deparamos todos os dias, com a promessa de encontrar soluções capazes de mudar sua trajetória.

Agora, mais do que nunca, é o momento de deixar para trás o caos das marés externas e mergulhar nas águas mais profundas de si mesmo. Vivemos em uma era de sobrecarga sensorial, em que a enxurrada de informações e estímulos nos arrasta em diferentes direções, tornando difícil manter o foco em algo verdadeiramente significativo. Para que você possa tirar o máximo desta travessia, convido-o a silenciar e a se conectar apenas com o aqui e o agora. Cultive o silêncio interior, garantindo que esse tempo seja seu, sem interferências.

Que este livro não seja apenas uma leitura, mas uma experiência que transforme sua vida. Prepare-se, pois novas perspectivas e um novo rumo aguardam por você.

Boa leitura e boa jornada!

CAPÍTULO 7

BRASIL, O PAÍS DA DEPRESSÃO E DA VIOLÊNCIA

Antes de seguirmos adiante em nossa jornada de transformação, precisamos entender o terreno onde estamos navegando. O Brasil, mundialmente famoso pelo Carnaval, pela alegria e pela festa, também carrega uma sombra que poucos estão dispostos a enxergar: tornou-se um dos países com os maiores índices de depressão e violência do mundo. Esse contraste entre a imagem festiva que projetamos e a dura realidade que vivemos não pode mais ser ignorado.

Estamos em meio a uma tempestade silenciosa, mas devastadora, que corrói o bem-estar de nossa população de norte a sul. Doenças físicas e emocionais se espalham como uma praga invisível, minando a vida de milhões de brasileiros. E, de maneira alarmante, nós, homens, estamos frequentemente no centro dessa destruição – seja como vítimas, seja como agentes dessa violência.

Enquanto os holofotes da mídia se voltam para distrações, como o próximo eliminado de um *reality show* ou as brigas intermináveis do cenário político, os verdadeiros problemas – aqueles que destroem vidas e famílias – continuam crescendo nas sombras. É fácil se perder nesse espetáculo, mas, enquanto isso, a tristeza, a insegurança e o desespero infiltram-se em cada canto de nossa sociedade.

O Brasil está exausto. Nossa nação vive sob uma energia coletiva de cansaço emocional profundo. Estamos à beira de um abismo, e poucos têm a clareza de enxergar o perigo que nos cerca. E o mais alarmante é que muitos desses problemas têm raízes profundas no comportamento masculino. Homens que, sem as ferramentas necessárias para enfrentar seus próprios dilemas internos, tornam-se agentes de destruição, conscientes ou não de seu papel nesse ciclo.

Talvez, ao ler isso, você pense: "Minha vida está bem, não vejo essa realidade". Se for o caso, você faz parte de uma minoria privilegiada, uma exceção rara em meio a um cenário de dor generalizada. A grande maioria dos brasileiros vive em condições que variam de desafiadoras a desesperadoras. E é fundamental encarar essa realidade com coragem e honestidade.

Agora é o momento de abrir os olhos para os números que refletem o caos ao nosso redor. Não para nos afundar em desespero, mas para usar essa consciência como motivação para continuar a missão de transformação, tanto pessoal quanto social. Se desejamos mudar nossas vidas e a sociedade que nos cerca, o primeiro passo é reconhecer a profundidade do abismo em que estamos. Só assim podemos começar a escalar para fora dele, juntos, em busca de um novo rumo, de uma jornada repleta de LUZ, PAZ E AMOR.

O BRASILEIRO É O POVO MAIS ANSIOSO DO MUNDO.
MAIS DE 18 MILHÕES DE BRASILEIROS SOFREM DE ANSIEDADE.

(FONTE: OMS [ORGANIZAÇÃO MUNDIAL DE SAÚDE])

O BRASIL FIGURA ENTRE OS 15 PAÍSES COM MAIOR DESIGUALDADE SOCIAL DO MUNDO.

(FONTE: WORLD INEQUALITY LAB/IBGE)

NO BRASIL, MORTES DECORRENTES DE DEPRESSÃO CRESCERAM MAIS DE 700% NOS ÚLTIMOS ANOS.

(FONTE: DATASUS)

A CADA 10 MINUTOS, UMA PESSOA É ASSASSINADA NO BRASIL.

(FONTE: FÓRUM NACIONAL DE SEGURANÇA PÚBLICA)

A CADA 8 MINUTOS, UMA MULHER É ESTUPRADA NO BRASIL.

(FONTE: FÓRUM NACIONAL DE SEGURANÇA PÚBLICA)

A CADA 45 MINUTOS, UMA PESSOA SE SUICIDA NO BRASIL. PARA CADA MORTE, EXISTEM AO MENOS 20 TENTATIVAS.

(FONTE: COMISSÃO DE ASSUNTOS SOCIAIS [CAS])

A CADA 17 SEGUNDOS, UMA PESSOA É VÍTIMA DE ROUBO NO BRASIL.

(FONTE: WORLD INEQUALITY LAB/IBGE)

A CADA 7 HORAS, UMA MULHER É MORTA, VÍTIMA DE FEMINICÍDIO NO BRASIL.

(FONTE: FÓRUM NACIONAL DE SEGURANÇA PÚBLICA)

BRASIL É O PAÍS QUE MAIS MATA PESSOAS LGBT+ NO MUNDO.

(FONTE: OBSERVATÓRIO DA MULHER CONTRA A VIOLÊNCIA [OMV])

O BRASIL É CAMPEÃO MUNDIAL NO CONSUMO DE CRACK E O SEGUNDO COLOCADO NO USO DE COCAÍNA E DERIVADOS.

(FONTE: OMS)

92 PESSOAS MORREM POR DIA VÍTIMAS DE ACIDENTES DE TRÂNSITO NO BRASIL.

(FONTE: DATASUS)

BRASIL É O QUARTO PAÍS MAIS CORRUPTO DO MUNDO.

(FONTE: FÓRUM ECONÔMICO MUNDIAL)

A LINHA DA POBREZA ATINGE MAIS DE 50 MILHÕES DE BRASILEIROS.

(FONTE: IBGE)

11 MILHÕES DE BRASILEIROS AINDA SÃO ANALFABETOS.

(FONTE: IBGE)

A CADA 15 MINUTOS, UMA CRIANÇA COM MENOS DE 13 ANOS É ESTUPRADA NO BRASIL.

(FONTE: FÓRUM NACIONAL DE SEGURANÇA PÚBLICA)

O BRASIL É O LÍDER MUNDIAL EM CIRURGIAS PLÁSTICAS COM FINALIDADE ESTÉTICA.

(FONTE: INTERNATIONAL SOCIETY OF AESTHETIC PLASTIC SURGERY [ISAPS])

35 MILHÕES DE BRASILEIROS NÃO TÊM ACESSO À ÁGUA TRATADA.

(FONTE: INSTITUTO TRATA BRASIL)

100 MILHÕES DE BRASILEIROS NÃO TÊM ACESSO A TRATAMENTO DE ESGOTO.

(FONTE: INSTITUTO TRATA BRASIL)

DE 7 A 8 MILHÕES DE BRASILEIROS ESTÃO DESEMPREGADOS.

(FONTE: IBGE)

A CADA MINUTO, 8 MULHERES SÃO AGREDIDAS NO BRASIL.

(FONTE: INSTITUTO DE SEGURANÇA PÚBLICA)

Quem ousa olhar além da superfície percebe um Brasil marcado por profundas doenças físicas e emocionais. Sob a fachada de alegria, persistimos como uma sociedade racista, machista, agressora, egoísta e gananciosa. Estamos destruindo tudo ao nosso redor ao replicar padrões sociais arcaicos e prejudiciais.

Mas talvez você esteja se perguntando: o que isso tem a ver com ser homem?

A resposta é simples: tem tudo a ver.

A grande maioria desses problemas catastróficos está diretamente ligada ao nosso comportamento como homens. Somos nós, os "machos", que, em grande parte, perpetuamos essa destruição social. O que precisamos entender, e o que exploraremos em detalhes, são os motivos por trás desses comportamentos e como podemos mudar essa triste realidade.

Precisamos compreender como a pressão para ser esse "pseudo-homem", imposta desde a infância, tem moldado nossas vidas de maneira negativa. Essa pressão para nos encaixar no modelo de masculinidade patriarcal e machista, para exibir vantagens aos outros, para nunca demonstrar fraqueza, para ser sexualmente viril e materialmente bem-sucedido, tudo isso nos coloca em um constante estado de estresse e autodestruição.

Vivendo em um turbilhão de emoções reprimidas e um eterno conflito entre quem somos e quem achamos que deveríamos ser, nosso masculino ferido se torna incapaz de lidar com essas pressões. E, ao não conseguirmos lidar com essas emoções e demandas, recorremos às inúmeras válvulas de escape oferecidas pela sociedade moderna: drogas, vícios, consumismo, violência. Essas válvulas de escape, em vez de nos curar, acabam nos destruindo ainda mais.

Quando essas válvulas de escape não são suficientes para aliviar nossas dores, o corpo encontra outras maneiras de chamar nossa atenção. É aí que surgem doenças como infarto, hipertensão, obesidade, impotência, ejaculação precoce, depressão e síndrome do pânico. No extremo, isso culmina no espantoso número de suicídios – mais de 85% dos suicídios são cometidos por homens.

Esse ciclo destrutivo não só nos afeta, mas também devasta a vida de todos ao nosso redor. Nossas famílias, amigos, filhos, animais e, principalmente, as mulheres, sofrem com nossa incapacidade de lidar com nossas emoções. No Brasil, a cada minuto, 8 mulheres são vítimas de violência (Fonte: Fórum Brasileiro de Segurança Pública [FBSP]).

Poderíamos continuar listando os números da destruição causada por nós, homens, mas a questão é clara: estamos arruinando nossas vidas, as vidas das pessoas com quem convivemos e a vida no planeta. Tudo porque não sabemos lidar com nossos sentimentos e vivemos em uma busca incessante e doentia por autoafirmação.

Mas há esperança. Ao dar um novo rumo às nossas vidas e ressignificar nosso masculino, podemos transformar o mundo em um piscar de olhos. Afinal, injustamente somos nós, homens, que ocupamos a maioria dos cargos de poder – sejam políticos, públicos ou privados. As decisões que moldam o mundo estão em nossas mãos.

Imagine o impacto positivo que teríamos se criássemos uma geração de homens curados, com seu masculino fortalecido, focados em construir um mundo mais humano e justo.

Essa é a dura realidade do Brasil, mas não se engane – esse padrão se repete em todo o mundo.

Navegamos em um momento histórico, no ano de 2020, em meio à pandemia de Covid-19. E enquanto o mundo se apressa para encontrar uma vacina, precisamos com a mesma urgência tratar essa outra pandemia: o masculino ferido, enraizado em nossa sociedade há milênios, causando milhões de mortes ao longo da história.

Como Carl Jung sabiamente disse: **"Até você se tornar consciente, o inconsciente irá dirigir sua vida e você chamará isso de destino"**. Este é o momento de nos tornarmos conscientes, de tomar as rédeas de nossas vidas e mudar esse destino.

CAPÍTULO 8

ESSA É MINHA MOTIVAÇÃO

Ao observar a destruição absurda causada por nós, homens, ao longo da história e ao encarar a dura realidade das doenças psíquicas que assolam tantos de nós – incluindo a mim – percebi que não poderia mais ser conivente com essa situação. Decidi, então, deixar minha alma ecoar a energia que o universo deseja emanar para os homens deste mundo.

Como bom pisciano, sinto a dor do mundo vibrar em minha alma todos os dias. Onde quer que eu olhe, vejo sofrimento, injustiça, violência e desigualdade. Apesar de estar cercado de privilégios, de já ter alcançado o sucesso e o conforto que o sistema capitalista celebra, percebo que esses valores perderam o sentido para mim. Atravessar essa jornada sem fazer a minha parte, por menor que seja, já não faz mais sentido.

A pandemia emocional e espiritual que aflige nossa sociedade há tanto tempo tem cura. E essa cura não depende de tecnologia ou de uma vacina; depende das nossas atitudes, de sermos verdadeiros homens, dispostos a transformar. Sei que, sozinho, não posso chegar longe, mas acredito profundamente que, juntos, podemos mudar a história – a nossa, a das pessoas ao nosso redor, e até do nosso país. Podemos ressoar essa energia de transformação e amor pelo mundo e deixar um legado para as próximas gerações.

Essa é a minha motivação. E espero que, a partir de agora, seja a sua também. Não digo que será uma jornada fácil, mas, com dedicação, ela pode ser muito mais leve e recompensadora do que você imagina.

Vamos juntos, meu amigo. Eu confio em você!

CAPÍTULO 9

INICIANDO A TRAVESSIA

Após o impacto do duro choque de realidade sobre a situação crítica de nossa sociedade e as consequências devastadoras de um masculino fragilizado, é chegada a hora de darmos início, de verdade, à nossa jornada de construção de um novo rumo para nossas vidas.

Esta jornada não será feita de grandes saltos, mas, sim, construída de maneira gradual, capítulo a capítulo, preparando-nos para todas as descobertas que virão. Cada passo que dermos será um avanço rumo à transformação; cada página virada será uma oportunidade de nos conhecermos mais profundamente.

Nos capítulos seguintes, vamos mergulhar em um processo de autoconhecimento profundo que desafiará nossas percepções e abrirá novos caminhos dentro de nós. Serão atividades práticas e poderosas, desenhadas para ajudar você a se reconhecer como indivíduo de forma genuína. Este é um passo essencial para absorvermos e integrarmos todo o conteúdo teórico que será apresentado ao longo da nossa travessia.

Vou compartilhar com você um verdadeiro compilado de técnicas de autoconhecimento, todas testadas e comprovadas cientificamente e na minha própria jornada. Essas práticas vêm de estudos, retiros, viagens e anos de terapia. O objetivo? Proporcionar a você um nível de autoconhecimento profundo, talvez até inédito, e sem exigir um esforço extremo.

Agora, se a menção a "atividades práticas" o deixou apreensivo, permita-me tranquilizá-lo. Sei como, muitas vezes, nós, homens, relutamos em nos engajar em ações que nos desafiam a olhar para dentro. Escrever, expor vulnerabilidades, explorar sentimentos – essas não são ações tradicionalmente associadas à ideia de ser "homem". Mas a verdade é que cultivar o hábito da escrita é fundamental. A escrita tem o poder extraordinário de externalizar pensamentos e sentimentos, permitindo que os compreendamos e absorvamos de maneira mais profunda.

Ao longo dos séculos, grandes mestres consideraram a escrita uma das formas mais básicas e poderosas de autoconhecimento. Portanto, já recomendo que você separe um caderno e uma caneta, que serão seus fiéis companheiros nesta jornada.

Mas, antes de seguirmos adiante, preciso conhecê-lo melhor. Afinal, como passar este tempo todo juntos sem que eu saiba com quem estou falando? E, mais importante, como seguir adiante se você ainda não sabe, de fato, quem é?

Por mais simples que pareça, essa é uma pergunta com a qual muitos de nós nunca nos deparamos verdadeiramente: *quem é você?* Pare por um momento e reflita. Você acredita que sabe, de fato, quem é?

Infelizmente, com a pressão e a correria do dia a dia, muitos de nós passamos a vida executando tarefas e acumulando responsabilidades, sem jamais nos questionarmos sobre nossa verdadeira essência. Os anos passam, e, sem aviso, um dia nos deparamos com o inevitável: nossa própria mortalidade.

Mas calma, você não está sozinho. A maioria das pessoas vive exatamente assim, neste exato momento.

Por isso, vamos começar com uma breve apresentação de você para você mesmo. Vamos, de forma respeitosa, acessar partes inexploradas de sua alma, enviando um sinal ao seu corpo de que agora você está pronto para se conhecer verdadeiramente. E, mais do que isso, prontos para retomar o controle de nossas vidas e destinos.

ACREDITE, ESTE É O MOMENTO EM QUE A LUZ NO CAMINHO DA SUA TRANSFORMAÇÃO COMEÇARÁ A BRILHAR INTENSAMENTE. É AQUI QUE UM NOVO RUMO PARA A SUA HISTÓRIA COMEÇA A SER TRAÇADO.

CAPÍTULO 10
AFINAL, QUEM É VOCÊ?

Vivemos em um ritmo tão automático que perdemos o controle sobre nossos sentimentos e nossa própria história. É como se estivéssemos no comando de um navio à deriva, navegando em alta velocidade, mas sem domínio sobre as velas ou o leme. Estamos sempre ocupados, resolvendo problemas e tomando decisões, mas raramente paramos para nos perguntar: *estou vivendo de maneira coerente com quem realmente sou?*

Este capítulo marca o início de uma travessia profunda. É o ponto de partida para corrigir essa desconexão entre quem somos e quem aparentamos ser. Para começar a mudar a rota de nossas vidas, precisamos primeiro reconhecer quem somos de verdade. E isso só acontece quando mergulhamos nas águas profundas do autoconhecimento.

Muitos de nós passamos a vida representando papéis que não são nossos. Vestimos máscaras para agradar, para evitar críticas, para provar nossa masculinidade. Mas, ao fazer isso, nos afastamos cada vez mais da nossa verdadeira essência. Cada papel desempenhado, cada gesto forçado para conquistar a admiração alheia, nos coloca um passo mais longe de nós mesmos.

Agora, convido você a refletir: quantas vezes você agiu de maneira contrária ao que realmente desejava, apenas para manter uma imagem? Quantas vezes fugiu da sua essência para agradar os outros ou para se sentir aceito? Essa confusão silenciosa, mas devastadora, tem efeitos profundos. À medida que buscamos aprovação externa, nossa verdadeira identidade vai se perdendo, transformando-nos em sombras do que realmente somos.

Essa desconexão é a raiz de muitos problemas que enfrentamos: depressão, ansiedade, vícios, insônia. Vivemos em um teatro constante, escondendo nossas fragilidades, e isso nos afasta da nossa verdadeira identidade. Desde cedo, somos condicionados a reprimir nossos sentimentos. Frases como "seja homem", "engole o choro", "não mostre fraqueza" nos moldaram para negar nossas emoções e, com isso, negamos a nós mesmos.

Já parou para pensar no quanto essa negação tem custado a você? Quantos sonhos foram abandonados, quantas paixões sufocadas, tudo para sustentar a imagem de força e invulnerabilidade que a sociedade espera? A verdade é que, depois de tantos anos vestindo máscaras, muitos de nós nem sabem mais quem realmente são.

É comum que só despertemos para nossa verdadeira identidade após uma crise profunda ou uma experiência traumática. Parece que precisamos estar à beira do abismo para finalmente nos permitirmos olhar para dentro. Mas, neste livro, você terá a chance de fazer essa travessia sem precisar passar pelo vale das sombras. O universo está lhe dando uma oportunidade única de se conhecer profundamente, sem esperar que o pior aconteça.

Seja qual for o seu ponto de partida, esteja você no início da jornada ou já em um processo de autoconhecimento, o importante é que você esteja aqui, disposto a se reconectar consigo mesmo. Ao longo dessa travessia, você perceberá que muitos dos problemas que enfrentamos como homens têm suas raízes nessa necessidade destrutiva de provar nossa masculinidade. E isso não afeta apenas a nós – afeta também todos ao nosso redor.

Afinal, quantos médicos e advogados escolheram suas profissões apenas para agradar suas famílias? Quantos artistas abandonaram seus dons para seguir caminhos que nada tinham a ver com sua verdadeira vocação? Esse conflito interno se reflete em todas as áreas da nossa vida – na forma como nos alimentamos, como nos vestimos, como nos relacionamos. É uma batalha constante para manter uma imagem que não reflete quem realmente somos.

Nas redes sociais, essa desconexão se amplifica. Fingimos felicidade, usamos filtros, buscamos likes e reconhecimento superficial, enquanto nossa verdadeira essência permanece oculta. E o preço dessa dissonância é alto: uma mente e um corpo sempre em alerta, tentando sustentar uma fachada que não nos representa.

Posso falar por experiência própria. Passei anos vestindo uma máscara para conquistar a admiração e o respeito das pessoas ao meu redor. Fui o "macho alfa" que a sociedade patriarcal tanto valoriza: frio, calculista, focado em dinheiro e negócios. E, sim, conquistei muitos aplausos e muito dinheiro. Mas o peso dessas máscaras me levou à beira da autodestruição. O preço por viver uma vida incoerente com quem eu realmente era foi enorme.

Apesar da lucidez que começava a surgir, tentei de todas as maneiras possíveis manter as máscaras que vestia, pois elas me davam muito status. Essa negação, somada ao peso de manter essas máscaras e uma vida de aparências, me levou a me afundar em todos os tipos de drogas possíveis, a carregar um peso gigantesco, a me tornar um verdadeiro agressor de todos ao meu redor, além de sofrer com muitas doenças físicas e emocionais.

Foram anos de intensa luta interna. Precisei chegar quase à beira da morte, perdi amigos, família e muitas coisas importantes, para finalmente aceitar meu verdadeiro papel neste mundo.

Se não fosse pela persistência das pessoas ao meu redor, que me amavam, certamente eu não estaria aqui hoje, tendo a oportunidade de falar com você e, quem sabe, ajudar a transformar a sua vida e a de todos os homens que tiverem acesso a este livro.

No "auge" da vida profissional e também no auge da minha autodestruição, tendo já conquistado o tão sonhado "um milhão de reais" antes mesmo dos 27 anos, fui impelido a finalmente buscar meu verdadeiro chamado, a viver a vida do verdadeiro Gustavo. Vendi minha agência de publicidade, deixei a cidade de Maringá onde morava e fui viver experiências transformadoras na Califórnia, no Havaí e no litoral de Santa Catarina, em um mergulho intenso e profundo de autoconhecimento e transformação. E, devo dizer, esse processo foi e é muito dolorido; não se engane, meu irmão, não existe vitória sem esforço e muita dor.

Hoje, após alguns anos nesse mergulho, aquele cara que vivia para o trabalho, repleto de vícios, com a saúde extremamente debilitada, mentiroso, machista e agressor ao extremo de tudo e todos, está aqui no auge de sua saúde física e emocional, dedicando a vida à evolução pessoal. Estou numa segunda-feira à tarde, na beira da praia, tomando um chá, descalço e sem camisa, escrevendo este livro, sem peso nas costas, livre, apaixonado pela natureza, sorrindo quase o dia todo e com centenas de características diferentes daquele cara que por muitos anos se apresentou ao mundo e vivia atrás de aplausos, mas que, por trás, vivia um verdadeiro inferno pessoal.

Ganho o mesmo dinheiro e tenho a mesma admiração que tinha antigamente? Obviamente não, mas hoje conquistei o que, para mim, é mais sagrado: minha autoadmiração e reconhecimento. Não existe nada melhor do que olhar para o espelho todos os dias e se orgulhar do homem que sou e quero ser.

Não digo que solucionei todos os meus dilemas; estou muito longe disso. Como ser humano, estou repleto de falhas e todos os dias me deparo com minhas dezenas de fragilidades. Só eu sei o quanto necessito de dedicação para seguir meus valores. A diferença é que agora sinto a leveza de enxergar minhas mazelas sem véus, encarando-as para transformá-las e evoluir a cada dia.

Não consigo descrever a reviravolta que aconteceu em minha vida desde o dia em que decidi olhar e respeitar quem eu realmente era. Finalmente, consegui responder à pergunta: *quem sou eu?* Não é que eu tenha mudado; eu simplesmente aceitei quem eu verdadeiramente era. **O peso de sustentar uma vida baseada em mentiras e incoerências é simplesmente destruidor e insustentável.**

Infelizmente, amigos, podemos vestir a máscara que for e enganar a quem for, mas jamais conseguiremos nos enganar. O grito da alma é ensurdecedor, você ouvindo ou não.

É praticamente impossível conseguirmos ter uma vida leve e feliz enquanto não olharmos para dentro, para reconhecer quem somos nós, se estamos honrando o nosso chamado ou se estamos vivendo uma vida de aparência.

A pergunta que deixo para você é: *quem é você?* Está na hora de olhar para dentro e descobrir. Aqui, nesta jornada, você encontrará as ferramentas para essa transformação. Vamos juntos desbravar essa travessia e, finalmente, tomar as rédeas de nossas vidas.

RETORNANDO À ATIVIDADE

Neste momento, convido você a entrar em uma conversa profunda consigo mesmo, uma jornada íntima e honesta, na qual as vozes externas se silenciam e apenas você, em sua totalidade, emerge. Não há julgamentos, questionamentos ou olhares críticos de outros – é um momento para ser genuinamente você.

Costumamos acreditar que somente eventos extraordinários têm o poder de transformar nossas vidas. Contudo, a verdadeira mudança, muitas vezes, nasce nos momentos mais simples e cotidianos. Esta atividade de autoconhecimento, apesar de sua simplicidade, carrega em si a sabedoria milenar que, se bem aplicada, pode desencadear uma transformação profunda.

AFINAL, QUEM É VOCÊ?

Este é o momento de olharmos para nossa jornada com uma visão holística, integrando nosso presente ao nosso passado, para que possamos direcionar nossas ações e escolhas em direção a um futuro renovado. Como um navegador que traça seu caminho, precisamos primeiro reconhecer nosso ponto de partida para que possamos determinar o destino desejado e as melhores rotas para alcançá-lo.

Entregue-se completamente a essa atividade e permita que o simples ato de revisitar seu passado, com sinceridade e abertura, seja o catalisador de uma cura transformadora.

Para iniciar, busque um espaço onde você se sinta à vontade e seguro. Prepare o ambiente com carinho, talvez acendendo uma vela ou um incenso, realizando uma breve meditação para ancorar sua presença no aqui e agora. Responda às perguntas que se seguem com a mais profunda sinceridade, sem se esconder atrás das armaduras que, por tanto tempo, nos protegeram das verdades que mais precisamos enfrentar.

RECONHECENDO SEU LUGAR NA FAMÍLIA

Nosso primeiro passo nesta jornada é nos reconhecer dentro de nosso círculo familiar. Não importa a natureza de sua relação com seus familiares; existe uma ligação física e energética que molda quem você é. Honrar e respeitar essa conexão é essencial para o sentimento de pertencimento, que é a base do nosso processo de autoconhecimento.

O pertencimento é um anseio humano profundo – ele nos conecta à nossa história, às nossas raízes e nos dá a força necessária para seguir adiante. Ao nos reconhecermos como parte de algo maior, adquirimos a coragem para olhar com clareza para quem realmente somos.

UMA JORNADA DE RECONHECIMENTO

Agora, pegue um lápis ou uma caneta, ou abra o bloco de notas do seu celular, e vamos juntos começar a mudar o rumo de sua história, acalmar nosso oceano interno e retomar a direção de nossas vidas.

Ao preencher os nomes e reflexões a seguir, permita-se lembrar dessas pessoas, reviver momentos significativos, refletir sobre os ensinamentos recebidos e sentir a energia que cada um deles trouxe para sua vida.

Este é o início de uma jornada poderosa, em que cada passo, por mais simples que pareça, nos leva mais perto de uma compreensão mais profunda de nós mesmos. Ao nos conectarmos com nossas raízes, encontramos a força necessária para crescer e transformar nossas vidas de dentro para fora.

ÁRVORE GENEALÓGICA

NOME COMPLETO:

NOME COMPLETO DO PAI:

NOME COMPLETO DA MÃE:

NOME COMPLETO DO(A)(S) IRMÃO(Ã)(S):

NOME COMPLETO DOS AVÓS PATERNOS:

NOME COMPLETO DOS AVÓS MATERNOS:

NOMES DO(A)(S) TIO(A)(S) PATERNO(A)(S):

NOMES DO(A)(S) TIO(A)(S) MATERNO(A)(S):

NOME DO(A)(S) PRIMO(A)(S) PATERNO(A)(S):

NOME DO(A)(S) PRIMO(A)(S) MATERNO(A)(S):

73

DADOS PESSOAIS[1]

DATA DE NASCIMENTO:
HORA DE NASCIMENTO:
CIDADE EM QUE NASCEU:
SIGNO:

[1] Caso você se conecte com astrologia, com essas informações é possível realizar o seu mapa astral, o qual pode lhe trazer informações preciosas e complementares sobre sua personalidade, características e temperamento. Como não irei me aprofundar nesse tema e essa não é minha especialidade, deixo uma superindicação de um profissional da área astrológica de minha confiança, que por sinal tem grande importância em minha jornada de transformação, toda gratidão a você @eusouodu.

RASTREAMENTO DE QUEM EU ERA

Agora que nos reconhecemos como parte de um todo familiar, escrevendo os nomes e sentindo a energia daqueles que nos cercaram em nossa jornada, chegou o momento de darmos um passo ainda mais profundo em nosso processo de autoconhecimento. Vamos adentrar nosso passado, revisitando quem éramos, explorando nossa personalidade, sonhos e anseios antes de começarmos a vestir as possíveis máscaras que hoje escondem nossa verdadeira essência.

Este é o ponto de partida para desvendar o fio condutor que nos trouxe até aqui. Ao olhar para trás, sem julgamentos ou ilusões, entenderemos claramente o caminho que percorremos, revelando as razões que nos colocaram na posição em que estamos hoje. Este exercício de autoconhecimento, por mais simples que pareça, é incrivelmente poderoso e essencial para qualquer pessoa que deseje assumir o controle de sua vida.

Nosso passado é como um mapa detalhado, e nossa biografia é única, tão inimitável quanto nossas impressões digitais. Em um mundo com bilhões de pessoas, não há sequer uma história de vida igual à outra. Por isso, conhecer profundamente nossa própria história é vital para viver de forma harmoniosa e com propósito. Reconhecer, descobrir, compreender e aceitar nossas particularidades é o primeiro passo para iniciar qualquer processo de transformação significativa.

O simples ato de revisitar nosso passado e traçar um fio condutor ao longo de nossa história tem o poder de esclarecer muitas coisas: ele pode nos ajudar a encontrar sentido em situações que antes pareciam desconexas, a entender por que estamos onde estamos, a perceber as razões por trás das atitudes das pessoas ao nosso redor, e até a identificar os medos e traumas que carregamos até hoje.

Este é um exercício de cura e transformação. Ao se entregar de corpo e alma a ele, você colherá seus benefícios em abundância, deixando sua jornada preparada para construção de um legado valioso.

Para mergulharmos em nossa autobiografia de forma estruturada, utilizaremos uma técnica profundamente enraizada na ciência antroposófica: o rastreamento de nossos setênios. Este conceito, que sugere que nossas vidas são divididas em ciclos de sete anos, oferece uma poderosa ferramenta de resgate autobiográfico, permitindo que compreendamos como cada fase de nossa vida moldou quem somos hoje. Embora recomende um estudo mais profundo sobre esse tema, a seguir, ofereço uma breve explicação para que possamos compreender a base dessa técnica transformadora que utilizaremos.

Rudolf Steiner, idealizador da antroposofia, propôs que esta leitura da vida, organizada em setênios, faz parte do modo como o homem pode construir seu autoconhecimento para buscar um entendimento maior sobre o mundo ao seu redor, compreender o caminho percorrido e o que o trouxe até o momento presente.

Um olhar atento e observador para o indivíduo permite vislumbrar o que há no todo. Conhecer as descobertas e os desafios de cada ciclo da vida facilita o reconhecimento da jornada individual. Ao observarmos o movimento da vida, constatamos que passamos por fases que são comuns a todos os indivíduos e, por outro lado, existem fases muito específicas para cada ser humano. Muitas vezes, percebemos que existem fases marcadas por crises. Essas não ocorrem simplesmente para nos trazer sofrimento, mas oferecem a possibilidade de uma transformação interna. Assim como a vida se desenvolve em ciclos, o homem escreve sua história de vida no tempo, por meio de seus pensamentos, sentimentos e ações, de acordo com leis de desenvolvimento que mudam a cada sete anos.

No processo biográfico, trabalha-se o olhar para a vida a partir dos acontecimentos do presente, voltando para o passado e olhando para o futuro. Este processo estimula o indivíduo a formular perguntas relativas à condução de sua vida e a buscar respostas, levando-o a reencontrar ou descobrir seu papel na vida.

"Conhece-te a ti mesmo!
Em ti reside o eterno mistério do ser."
Rudolf Steiner

RESGATE AUTOBIOGRÁFICO

Agora que você compreendeu a importância do rastreamento biográfico, é hora de colocar isso em prática. O resgate autobiográfico é uma ferramenta poderosa que permite que você explore os diferentes períodos de sua vida para descobrir os padrões e eventos que moldaram quem você é hoje. Ao revisitar cada etapa da sua jornada, você poderá identificar os momentos-chave, os desafios enfrentados, as escolhas feitas e as lições aprendidas.

Este processo oferece um novo olhar sobre sua trajetória de vida, ampliando sua compreensão sobre as razões que o levaram a certas atitudes e comportamentos atuais. É como se você estivesse desenrolando um fio que conecta todos os pontos de sua existência, revelando a trama que compõe sua identidade e ajudando a responder a perguntas que talvez você nem soubesse que precisava fazer.

Os benefícios desse exercício são imensos. Primeiro, ele permite que você enxergue padrões repetitivos que podem estar limitando seu potencial. Segundo, proporciona uma visão mais clara de seus valores e motivações, facilitando a tomada de decisões mais alinhadas com sua essência. Terceiro, ao entender sua história, você ganha o poder de reescrevê-la, transformando antigas feridas em fontes de aprendizado e crescimento.

Para começar, vamos focar no primeiro setênio – os primeiros sete anos de vida. Este período é crucial, pois é quando as bases de nossa personalidade são formadas. Ao recordar e refletir sobre esses anos, você poderá descobrir influências e experiências que ainda ressoam em sua vida adulta.

Tome um momento para se centrar, deixar de lado as distrações e se conectar com o presente. Limpe sua mente de interferências externas, utilizando as técnicas que funcionam melhor para você. Agora, pegue seu papel e caneta, ou abra seu bloco de notas, e esteja pronto para explorar as profundezas de sua própria história.

Este não é apenas um exercício de recordação; é uma jornada de autodescoberta. Ao final deste processo, você não só terá um entendimento mais claro de si mesmo, mas também estará melhor preparado para direcionar sua vida rumo a novas possibilidades e transformações.

PRIMEIRO SETÊNIO

Nos nossos primeiros sete anos de vida, inúmeros ensinamentos são enraizados em nossa personalidade, um período em que dependíamos totalmente do cuidado de nossos pais ou responsáveis. Cada brincadeira, cada refeição, cada exemplo teve importância absoluta em nossa formação. Pode ser que, neste começo de vida, estejam as respostas para muitas das perguntas que você carrega até hoje. Como se diz, nessa época somos verdadeiras esponjas, absorvendo tudo ao nosso redor para moldar nossa personalidade.

Nesta atividade, será necessário que você registre suas principais lembranças até os 7 anos de idade: do que gostava de brincar, o que gostava de comer, quem eram as pessoas de que mais gostava, seu temperamento, como era o ambiente em sua casa, se lembra de brigas entre familiares, se tinha medo, como era a condição financeira de sua família, e tudo o que vier à sua mente é de extrema importância.

Vale ressaltar fatos importantes como separações, traumas, mortes que ocorreram na família nesse período. É também muito relevante saber se, nesse momento de sua vida, você sofreu algum trauma físico ou emocional, se foi vítima de algum abuso, violência ou se passou por alguma doença.

Realizar essa atividade será um grande desafio para você. É extremamente importante contar com a ajuda de seus familiares mais próximos para ajudá-lo a recordar esses momentos. Dificilmente você lembrará de todos os fatos dessa idade, então será necessário o auxílio daqueles que conviveram com você nesse período. Pode ser que seus familiares se mostrem reticentes, achem estranho ou, dependendo do que aconteceu em sua infância, queiram evitar o assunto. Será necessário que você se abra para eles, explique sobre este livro e seu propósito. Independentemente de quão difícil seja acessar esse passado, ele é fundamental para a transformação do seu presente e, principalmente, do seu futuro.

Para facilitar o entendimento da atividade, aqui vai um exemplo de um trecho de uma autobiografia do primeiro setênio:

Dos meus 0 aos 7 anos de vida, lembro-me de ser uma criança muito sentimental. Eu gostava de ficar isolado, não me interessava muito por brincar com outras crianças, todos diziam que eu chorava muito e era muito apegado à minha mãe. Minha casa estava sempre cheia, meu pai gostava de beber e minha mãe e ele brigavam frequentemente. Eu e meu irmão mais velho também brigávamos muito, mas ele cuidava bem de mim. Ele sofria muito preconceito por ser gordinho e eu sentia muita pena dele. Lembro de muitas festas em família na casa dos meus avós e de muitas brigas também. Minha infância foi cercada de conflitos. Sempre fui muito magro, detestava comer salada; na verdade, detestava comer, minha mãe fazia de tudo para eu comer. Acredito que a falta de apetite vinha dos meus sentimentos aflorados; mesmo muito jovem, eu me assustava com o mundo, conseguia sentir a dor das pessoas e sofria muito internamente. Naquela idade, ainda era um bom aluno, bagunceiro, mas muito amoroso com professores e colegas. Nos momentos de diversão, gostava de estar com meus primos e amigos, subindo em árvores, fazendo esporte e me escondendo pelo clube que minha família frequentava. Minha mãe era extremamente apegada a mim, tinha medo de tudo e era hiperprotetora, não me deixava dormir na casa dos meus amigos, o que me deixava muito triste. Meu pai trabalhava muito e sempre estava muito nervoso em casa, só era feliz ao lado dos amigos e nas rodas de samba intermináveis. Creio que nossa condição financeira era boa, nunca nos faltou nada, mas sempre ouvia muitas brigas por gastos e dinheiro também. Sinceramente, tenho poucas lembranças dessa época da minha vida. Quando questionei meus pais sobre minha infância, eles inicialmente evitaram o assunto, mas, após muita insistência, descobri que essas lembranças eram verdadeiras e também aprendi novos fatos, como um abuso que sofri quando criança por uma cuidadora que passava a noite comigo enquanto meus pais saíam para festas, o que causou um grande transtorno familiar, justificando de certa forma minha insegurança e toda a hiperproteção que minha mãe sempre teve comigo.

Este texto é apenas um exemplo de uma autobiografia do primeiro setênio. Não há regras ou padrões específicos; o importante é deixar fluir suas lembranças e registrar tudo o que for relevante sobre sua personalidade e os eventos marcantes dos seus primeiros anos de vida. Agora, é a sua vez de explorar o seu passado e descobrir mais sobre si mesmo. Acredite, essa simples, mas poderosa atividade, poderá por si só, mudar o rumo de sua jornada.

PRIMEIRO SETÊNIO

DOS MEUS 0 AOS 7 ANOS DE IDADE EU ERA...

SEGUNDO SETÊNIO

O segundo setênio, que abrange dos 7 aos 14 anos, é um período de intensas transformações. Durante essa fase, a criança começa a desenvolver uma consciência mais clara de si mesma e do mundo ao seu redor. Rudolf Steiner, fundador da antroposofia, descreve essa fase como "a era da imaginação," um momento em que a criança começa a vivenciar o mundo de maneira mais pessoal e simbólica. Segundo ele, "Durante o segundo setênio, a criança vive em um mundo de imagens, e sua relação com o ambiente é profundamente moldada por essas vivências internas".

Agora é o momento de resgatar suas memórias dessa fase crucial da vida. Como era sua personalidade entre os 7 e 14 anos? Que brincadeiras o encantavam? Quem eram as pessoas de quem mais gostava? Reflita sobre seu temperamento, sua relação com os amigos da escola, e se você era aceito como era ou se enfrentava preconceitos. Lembre-se também de quaisquer dúvidas que possa ter tido sobre sua sexualidade.

Nesse período, muitos começam a formular sonhos para o futuro. O que você sonhava ser? Quais eram seus interesses? Em que você aspirava trabalhar ou estudar? Esses sonhos iniciais muitas vezes têm raízes profundas que se conectam com nossas escolhas e atitudes na vida adulta.

Além disso, é importante lembrar como era sua relação com seus pais e irmãos. Havia brigas ou conflitos dentro de casa? A família enfrentava dificuldades financeiras? Houve traumas, como acidentes, mortes ou separações, que o marcaram de forma significativa?

Para enriquecer ainda mais essa reflexão, converse com as pessoas que conviveram com você nessa fase. Pergunte sobre sua personalidade, suas características e quaisquer fatos importantes que ocorreram em sua vida e na vida de sua família durante esses anos. Essas conversas podem revelar detalhes valiosos e perspectivas que você talvez tenha esquecido ou nunca tenha conhecido.

SEGUNDO SETÊNIO

DOS MEUS 7 AOS 14 ANOS DE VIDA EU ERA...

TERCEIRO SETÊNIO

Chegamos à fase da adolescência, dos 14 aos 21 anos, um período de grande intensidade e transformação. Rudolf Steiner descreve essa fase como “a era do despertar”, quando a alma humana começa a buscar seu próprio caminho, definindo sua identidade e propósito no mundo. Como ele diz: "Durante o terceiro setênio, o jovem se esforça para alcançar a independência e a individualidade, e isso se reflete em todas as suas ações e decisões".

Nesta etapa, é crucial explorar como sua personalidade evoluiu. Pergunte-se: Houve mudanças significativas em quem você era e em seus sonhos? Alguma pessoa ou evento marcou essa fase de forma especial? Pense em como sua escolha de curso no vestibular, ou até mesmo a direção que sua vida tomou, pode ter sido influenciada por alguém ou algo importante.

Também é necessário refletir sobre como lidou com a sexualidade, como foram seus relacionamentos, e se drogas ou outros desafios surgiram em sua vida. Reviva os momentos mais marcantes, sejam eles positivos ou traumáticos, como apelidos que o incomodaram na escola, situações embaraçosas, ou outras experiências que definiram essa fase.

Não se esqueça de buscar *insights* daqueles que conviveram com você durante esse período. Pergunte sobre sua personalidade, sobre como eles o viam, e qualquer outra informação que possa trazer luz a essa etapa essencial do seu desenvolvimento.

O terceiro setênio é a fase em que as experiências e decisões começam a moldar o adulto que você se tornará. Explorar esse período com profundidade pode revelar muito sobre quem você é hoje e os caminhos que escolheu seguir.

TERCEIRO SETÊNIO

DOS MEUS 14 AOS 21 ANOS DE VIDA EU ERA...

QUARTO SETÊNIO

O período entre os 21 e 28 anos marca o início de uma nova etapa em nossas vidas, quando a maturidade começa a se consolidar e nossas decisões ganham um peso maior. Rudolf Steiner descreve esse período como um tempo em que o "eu" interior começa a se manifestar mais plenamente no mundo, refletindo a integração das experiências acumuladas até então: "A partir dos 21 anos, a individualidade humana começa a buscar sua expressão, lutando para alinhar seu ser interno com as responsabilidades e expectativas da vida adulta".

Nesse quarto setênio, muitos de nós nos deparamos com escolhas que moldam nossa carreira, nossos relacionamentos e o início da vida adulta. É um período em que questionamos nossos valores e crenças, frequentemente confrontados por experiências que testam nossos limites. Por isso, é essencial compreender como essa fase moldou nossas vidas e continua a influenciar nossas decisões.

Pergunte-se: sua carreira foi uma escolha apaixonada ou resultado de pressões externas? Você enfrentou decepções amorosas que deixaram marcas? Decidiu se aventurar fora da casa dos pais e assumir sua independência? Como as experiências desse período moldaram sua visão sobre o que significa ser adulto? Além disso, é importante refletir sobre sua saúde financeira, sua vida social, e se você passou por crises ou eventos que abalaram sua confiança.

Documentar essas experiências permite que você identifique os padrões que surgiram, reconheça as influências que moldaram suas escolhas, e, se necessário, ajuste o curso para o futuro. Compreender o quarto setênio não é apenas sobre reviver o passado, mas, sim, sobre entender como essas memórias continuam a moldar o presente e influenciar o caminho que você deseja seguir.

QUARTO SETÊNIO

DOS MEUS 21 AOS 28 ANOS DE VIDA EU ERA...

QUINTO SETÊNIO

No quinto setênio, que abrange dos 28 aos 35 anos, muitos de nós sentimos o peso da verdadeira vida adulta se firmar de maneira mais concreta. Segundo Rudolf Steiner, essa fase da vida é caracterizada pelo fortalecimento do sentido de propósito e direção: "Dos 28 aos 35 anos, a alma humana busca consolidar suas conquistas, alicerçar-se em valores sólidos e enfrentar as grandes questões da existência com mais maturidade e consciência".

Esse período é marcado por uma busca intensa por estabilização em vários aspectos da vida, incluindo o profissional, o emocional e o espiritual. Durante esses anos, muitos enfrentam mudanças que definem o curso de sua vida a longo prazo. É o momento em que as responsabilidades se tornam mais significativas e as escolhas feitas reverberam profundamente nas próximas décadas.

Ao refletir sobre esse setênio, considere todos os eventos cruciais que moldaram sua vida. Houve perdas significativas de amigos ou parentes que o impactaram profundamente? Você passou por relacionamentos sérios, enfrentou decepções amorosas, casou-se, separou-se ou teve filhos? Este também é um período em que as questões financeiras se tornam centrais: você conseguiu estabilidade econômica, enfrentou dificuldades ou fez investimentos importantes?

Além das questões pessoais, lembre-se das transições profissionais que ocorreram. Mudou de carreira, encontrou sua vocação ou enfrentou desafios que testaram sua resiliência? Mudanças geográficas, conquistas acadêmicas ou desenvolvimentos espirituais também são fundamentais para entender como esse período contribuiu para a formação do adulto que você é hoje.

No quinto setênio, muitos reavaliam suas escolhas de vida e buscam alinhar suas ambições com suas ações reais, muitas vezes fazendo ajustes significativos para alcançar uma maturidade plena e satisfatória. Ao documentar esses aspectos, você estará não só registrando sua história, mas também criando uma base sólida para compreender o que ainda precisa ser transformado ou fortalecido em sua jornada.

QUINTO SETÊNIO

DOS MEUS 28 AOS 35 ANOS DE VIDA EU ERA...

Se você já passou dos 35 anos, aproveite o espaço a seguir para continuar sua autobiografia, registrando todos os eventos marcantes que moldaram sua vida até o presente momento. Assim, você terá em mãos um fio condutor completo de sua jornada, permitindo uma visão clara de como cada fase contribuiu para o ser humano que você se tornou.

Esse processo é uma poderosa ferramenta de autoconhecimento, que lhe dará *insights* profundos sobre as forças que guiaram suas escolhas e as lições que moldaram sua trajetória até aqui.

Para facilitar, deixo a seguir um breve resumo dos próximos setênios; agora, caso sua idade seja inferior a 35 anos, tire as informações como conhecimento para os períodos que estão por vir.

*** O espaço para preenchimento está nas próximas páginas.*

SEXTO SETÊNIO (35 A 42 ANOS)

Este período é frequentemente caracterizado pela busca de significado e propósito mais profundo. Muitas pessoas começam a se questionar sobre o legado que querem deixar e fazem ajustes em suas vidas profissionais e pessoais para alinhar-se com seus valores internos. É comum ver uma maior preocupação com a saúde e o bem-estar, além de um interesse crescente em questões espirituais e existenciais.

SÉTIMO SETÊNIO (42 A 49 ANOS)

Nesta fase, há uma tendência a consolidar a sabedoria adquirida ao longo dos anos. As pessoas frequentemente se tornam mentores e compartilham suas experiências com as gerações mais jovens. Também é um período de reflexão sobre as conquistas e arrependimentos, levando a um processo de aceitação e tranquilidade em relação ao caminho percorrido.

OITAVO SETÊNIO (49 A 56 ANOS)

Aqui, a maturidade plena começa a se manifestar. Há uma maior aceitação das limitações físicas e emocionais, com um foco renovado em viver de maneira autêntica e significativa. As pessoas tendem a valorizar mais os relacionamentos e experiências que realmente importam, e muitas vezes há um retorno às raízes, seja em termos familiares, culturais ou espirituais.

NONO SETÊNIO (56 A 63 ANOS)

Neste período, o foco se volta para a preparação para a aposentadoria ou a transição para uma vida mais tranquila. A reflexão sobre o ciclo de vida é profunda, com muitas pessoas buscando deixar um legado duradouro. A sabedoria adquirida ao longo dos anos é compartilhada de forma mais aberta, e a busca por paz interior e contentamento se torna predominante.

DÉCIMO SETÊNIO (63 A 70 ANOS E ALÉM)

Essa fase é marcada pela integração de toda a experiência de vida. A pessoa tende a encontrar uma serenidade maior, aceitando a jornada e as lições aprendidas ao longo do caminho. O envolvimento em atividades que tragam alegria, como *hobbies*, voluntariado, ou simplesmente aproveitar a companhia de entes queridos, torna-se central. A espiritualidade, em muitas formas, também pode assumir um papel mais significativo.

ESPAÇO PARA CONTINUAÇÃO DO RESGATE AUTOBIOGRÁFICO. DESCREVA SUA JORNADA ATÉ OS DIAS DE HOJE.

PARABÉNS, COMPANHEIRO DE VIAGEM!

O simples fato de você ter chegado até aqui já é uma prova clara do seu compromisso em dar um novo rumo à sua vida. Sei que não foi fácil superar os ventos contrários – preconceitos, dúvidas e aqueles pensamentos sabotadores que tentam nos afastar do que realmente importa. Mas você manteve o leme firme, enfrentou essa primeira atividade, e posso garantir: isso não passou despercebido. Se você realmente se entregou a essa travessia de coração, é impossível que não tenha sentido as águas profundas de sua alma se agitarem.

Essas emoções que vieram à tona – as lembranças, as descobertas, os sentimentos há muito adormecidos – são como tesouros preciosos encontrados em meio à vastidão de seu oceano interior. Agora, o meu convite é para que você continue navegando com essas sensações à flor da pele. Nosso caminho, como você já percebeu, não é simples. Esta jornada exige coragem, paciência e, acima de tudo, honestidade consigo mesmo.

Posso falar por experiência própria: mesmo após anos navegando por essas águas, ainda me deparo com tempestades quando preciso enfrentar meus dilemas. A auto-observação é uma batalha constante, e não se culpe por sentir resistência. Na verdade, celebre sua vitória por ter chegado até aqui. Muitos desistem na primeira onda de dificuldade, mas você permaneceu firme no convés.

Reconhecer nossa história é um passo essencial em qualquer jornada de cura e transformação. Estamos onde estamos hoje por causa dos ventos e marés que nos guiaram no passado. Muitos dos dilemas e desafios que enfrentamos agora têm raízes nos setênios que acabamos de explorar. Ao compreender o percurso que trilhamos, torna-se mais fácil ajustar as velas e mudar a direção.

Agora, convido você a voltar e reler sua autobiografia com novos olhos. Veja como sua jornada é única, repleta de desafios e superações. Muitas vezes, admiramos as histórias de outros navegadores, sem perceber o quão rica é a nossa própria. Ao revisitar sua história, tente identificar como os eventos passados podem estar influenciando os ventos que sopram em sua direção hoje. Ali, você pode encontrar respostas ou confirmações sobre as tempestades que está enfrentando.

Mesmo que, à primeira vista, sua história pareça comum, saiba que ela carrega ensinamentos valiosos, prontos para guiá-lo daqui em diante. Dê a si mesmo a oportunidade de voltar, refletir e expandir essas descobertas. Lembre-se: nosso objetivo aqui é transformar vidas – *a sua vida* – e isso só é possível por meio do autoconhecimento. Sem essa profundidade, as informações que exploraremos adiante seriam apenas superficialidades, incapazes de provocar a verdadeira mudança que você tanto busca.

CONTINUE FIRME, E VAMOS JUNTOS NESSA JORNADA RUMO À TRANSFORMAÇÃO COMPLETA.

CAPÍTULO 11
DESPINDO AS MÁSCARAS

Agora que você resgatou aspectos essenciais da sua história, é hora de dar mais um passo nesta travessia e examinar quem você realmente é hoje – ou melhor, quem você aparenta ser. Este é um exercício que exige coragem, sinceridade e comprometimento, pois, para mudar o rumo de sua vida, é necessário enfrentar verdades que, muitas vezes, preferimos ignorar.

Ao longo da nossa jornada, muitos de nós adotamos máscaras para esconder nossas vulnerabilidades, apresentando ao mundo uma fachada que consideramos mais aceitável. Essas máscaras são como armaduras que usamos para nos proteger de nossas inseguranças e medos. Você, eu e a grande maioria dos homens com quem convivemos construímos essas defesas ao longo da vida.

Mas, para que a verdadeira transformação aconteça, é hora de deixar essas armaduras caírem. Nos próximos capítulos, exploraremos ensinamentos e conceitos que desafiarão sua forma de ver o mundo e a si mesmo. Para que essas descobertas tenham um impacto real, você precisa estar disposto a se despir dessas máscaras e encarar, com honestidade, quem você realmente é.

Vamos usar uma técnica poderosa, frequentemente praticada em tradições orientais, que nos permite observar a nós mesmos de uma perspectiva externa – como se fôssemos narradores da nossa própria história. Imagine-se assistindo a um filme sobre sua vida, sem filtros, sem desculpas. O que você diria sobre o protagonista? Quem é essa pessoa que você vê na tela?

Comece fazendo uma descrição detalhada de quem você é hoje, examinando todos os aspectos de sua vida: sua carreira, seus relacionamentos, suas finanças, seus hábitos de lazer, seus vícios e até as pequenas mentiras que conta para manter sua imagem. Pergunte a si mesmo: *se eu fosse um espectador externo, o que veria? Como descreveria a pessoa que sou?*

Este exercício pode parecer simples, mas a profundidade das revelações que ele traz é imensa. Ao se descrever em terceira pessoa, você tem a oportunidade de olhar para si mesmo de maneira objetiva, sem as justificativas que normalmente usamos para suavizar nossas falhas. E lembre-se: este é um momento só seu, sem julgamentos externos. Então, permita-se ser brutalmente honesto.

A jornada para se desvencilhar das máscaras não é fácil, mas é essencial para que você possa navegar rumo a um novo destino, sem o peso das ilusões que carrega. O oceano de possibilidades à sua frente só poderá ser explorado quando você for autêntico consigo mesmo.

PARA AUXILIAR, AQUI ESTÁ UM EXEMPLO FICTÍCIO:

"André, 32 anos, casado com Roberta, pai de Miguel e Fernando. Mora em um apartamento alugado e trabalha como arquiteto. Passa mais tempo no escritório do que em casa, frequentemente negligenciando sua família. Mente para a esposa e mantém um relacionamento extraconjugal. Sofre de hipertensão, estresse e é dependente de medicamentos para dormir. Promete iniciar dietas e exercícios todas as segundas-feiras, mas nunca cumpre. Nos fins de semana, prefere beber com amigos e jogar futebol. É visto como divertido e simpático, embora sua esposa esteja infeliz devido a constantes brigas. André não fala com seu irmão há anos e perdeu os pais em um acidente em 1995."

Note como essa descrição expõe abertamente as fraquezas de André. Essa honestidade crua é crucial para um autoconhecimento verdadeiro e, consequentemente, para a transformação pessoal.

Este é o momento de se despir das máscaras, de deixar para trás as barreiras e preconceitos que muitas vezes construímos ao longo da vida. Este é um exercício de introspecção profunda, mas também de libertação. Ao se conhecer de verdade, você se coloca no caminho certo para transformar sua vida e influenciar positivamente todos ao seu redor.

Agora, é sua vez. Encare essa tarefa com seriedade e dedicação. Pergunte-se: quem você representa ser hoje? E esteja preparado para as revelações que virão desse confronto com sua própria verdade. Agora, comece, e descreva o personagem principal da sua vida: você.

AGORA É SUA VEZ DE DESCREVER.

QUEM VOCÊ REPRESENTA SER HOJE?

(______________________________) [SEU NOME] É UM CARA...

Parabéns, meu irmão! Ao completar sua descrição em terceira pessoa, convido você a dar mais um passo nesta jornada: releia o que escreveu, desta vez com calma e em voz alta. Preste atenção nas sensações que emergem durante essa leitura – acolha cada sentimento, seja ele de vergonha, tristeza, alegria, nojo ou gratidão. Todas essas emoções são parte do processo de descoberta e são os ventos que guiam você pelo oceano do autoconhecimento.

Se perceber que esse exercício trouxe à tona emoções intensas, não se preocupe em fazer uma pausa. Respire fundo, reflita e, se necessário, continue amanhã, com a mente mais tranquila. Mas lembre-se: é essencial completar todas as etapas. Se você deixou alguma atividade de lado, volte e permita-se a oportunidade de transformação. Não subestime o poder dessas práticas; elas são como bússolas que irão guiá-lo a um novo destino.

Muito em breve, as peças começarão a se encaixar e você verá uma nova forma de conduzir sua vida, com mais leveza e equilíbrio emocional. Cada passo que você dá nessa travessia é um avanço significativo em direção a uma vida mais autêntica e plena.

Você está navegando por mares que muitos evitam, mas é justamente esse caminho que leva ao verdadeiro crescimento e à liberdade pessoal. Siga em frente com coragem e determinação, pronto para abraçar tudo o que está por vir.

CAPÍTULO 12

REVELANDO SUA ESSÊNCIA

No exercício anterior, você se observou de fora, como um navegador olhando seu próprio navio à deriva, com todas as máscaras, medos e contradições que carrega. Agora, chegou a hora de mergulhar ainda mais fundo. Quero que você reescreva essa descrição, mas com um enfoque diferente: desta vez, retrate quem você é em sua essência. Quem você gostaria de ser? Quem você sentiria orgulho em ser?

Seja honesto consigo mesmo. Talvez hoje você esteja preso a comportamentos e hábitos dos quais não se orgulha, mas se olhar profundamente para dentro de si, verá que suas atitudes poderiam ser muito diferentes – e, consequentemente, sua vida também. Esse é o dilema da nossa existência: afastamo-nos tanto da nossa verdadeira essência, que acabamos gerando uma tempestade de problemas físicos e emocionais ao longo dos anos.

Se você analisar os desafios que enfrenta hoje, verá que muitos têm raízes nas correntes do passado – questões não resolvidas que, com o tempo, se transformaram em pesados fardos que carregamos por mares revoltos. O objetivo deste exercício é levantar essa âncora que prende você e clarear o caminho adiante. Agora, é o momento de escrever com o coração, visualizando a versão de si mesmo que respeita todos os chamados da sua alma.

Imagine aquela vida quase utópica, mas ainda realista, que você sonha em viver. Não se trata de fantasias inatingíveis, mas de visualizar um estilo de vida tangível, alcançável por meio de mudanças concretas de atitude e comportamento. Como seria sua vida se você vivesse em total coerência com quem realmente é?

Quando terminar este exercício, o abismo entre a vida que você está vivendo e a vida que poderia viver ficará evidente. Esta é a incoerência que muitos de nós enfrentamos diariamente – a distância entre a essência e a máscara. Mas, com autoconhecimento e determinação, essa travessia pode ser feita. A mudança é possível, e o vento está a seu favor.

Exemplo: André é um homem amoroso, que adora passar tempo com sua família e pratica esportes ao ar livre. Ele tem uma alimentação natural e saudável, é totalmente dedicado aos seus dois filhos e valoriza cada momento ao lado deles. Nos finais de semana, André se diverte com os amigos, mantendo sempre a honestidade em suas relações, tanto no trabalho quanto na vida pessoal. Ele vai para a cama todas as noites cansado, mas realizado, sabendo que vive de acordo com seus valores e tem uma família unida e saudável.

Agora é a sua vez. Chegou a hora de idealizar o que seria, para você, o estilo de vida ideal – aquele que realmente o completaria e traria realização verdadeira. Escreva com o coração e visualize o melhor de si mesmo.

DESCREVA A SEGUIR QUEM REALMENTE VOCÊ ACREDITA SER, QUEM VOCÊ GOSTARIA DE SER, QUEM VOCÊ SE ORGULHARIA DE SER:

(______________________________) [SEU NOME] SOU UM CARA...

CONFRONTANDO A DISCREPÂNCIA: A LUTA ENTRE A MÁSCARA E A ESSÊNCIA

Se você se dedicou plenamente à atividade anterior, certamente percebeu uma diferença marcante entre quem você aparenta ser e quem realmente é em sua essência. Essa divergência é mais comum do que imaginamos. A maioria de nós vive como navegadores à deriva, sem seguir os verdadeiros chamados de nossa alma. Somos habilidosos em inventar desculpas, evitando viver de acordo com nossos valores mais profundos. No entanto, essa desconexão é uma das principais âncoras que nos afunda em problemas emocionais e mentais, especialmente entre os homens. Ao longo desta travessia, você terá a oportunidade de explorar essa relação mais a fundo.

Cada exercício proposto é uma bússola, guiando sua mente e seu coração para que você enxergue com clareza o quão distante pode estar do seu verdadeiro eu. Esse é o caminho do autoconhecimento: assumir o leme da sua vida, mesmo que o destino final ainda não esteja completamente visível. O simples ato de encarar sua realidade de forma honesta já é um passo crucial na transformação que você busca.

Preste atenção a cada atividade realizada, a cada pensamento que surgir durante a leitura, e até mesmo aos sonhos que tiver nesse período. Estamos navegando por águas profundas da sua psique, e essas correntes certamente trarão valiosos *insights* e direcionamentos para encontrar as respostas que você precisa para sua transformação.

Agora que você está plenamente consciente de quem você aparenta ser e de quem realmente deseja se tornar, aproveite este momento para listar, sem racionalizar demais, os principais motivos que o impedem de viver de acordo com sua essência. Pergunte a si mesmo: *por que ainda estou preso à versão que descrevi no primeiro exercício, como um observador externo, e não à pessoa idealizada no segundo exercício, que eu tanto desejo ser?* Seja brutalmente honesto com suas emoções e deixe seu coração falar.

É o medo? A insegurança financeira? A vergonha? A influência social? Ou o receio de desagradar e não ser aceito? Anote os verdadeiros motivos que o mantêm afastado de sua essência.

ESSES SÃO OS PRINCIPAIS MOTIVOS PELOS QUAIS AINDA SOU O INDIVÍDUO DO PRIMEIRO TEXTO, E NÃO O DO SEGUNDO:

Guarde bem essas anotações, pois elas são a chave para compreender os motivos pelos quais você tem vivido uma vida desconectada de seu verdadeiro eu. Com as ferramentas e informações que este livro ainda trará, você terá a oportunidade de trabalhar esses pontos e iniciar uma nova fase em sua vida.

Agora que você tem um entendimento mais profundo de onde está e para onde deseja ir, podemos avançar para os próximos capítulos com uma consciência renovada e uma maior sensação de controle sobre sua jornada.

Até aqui, você percorreu um caminho significativo:

Explorou sua autobiografia, revisitando momentos cruciais de sua vida para entender como seu passado moldou sua realidade atual.

Refletiu sobre a pessoa que representa ser hoje, identificando máscaras e comportamentos que o afastam de sua essência verdadeira.

Visualizou quem você gostaria de ser em sua essência, criando uma imagem clara de uma versão idealizada e autêntica de si mesmo.

Identificou os obstáculos que o impedem de viver de acordo com essa essência, enfrentando as barreiras que limitam sua transformação.

Essa travessia mal começou, mas já tem sido desafiadora e reveladora. Cada passo dado trouxe você mais perto da construção de um novo rumo. Siga firme no leme, pois o horizonte de uma nova vida já começa a se desenhar.

NAS GRANDES BATALHAS DA VIDA, O PRIMEIRO PASSO PARA A VITÓRIA É O DESEJO DE VENCER.

MAHATMA GANDHI

CAPÍTULO 13

TRAÇANDO NOVOS HORIZONTES

Agora que desbravamos o passado, exploramos quem aparentamos ser e quem somos em nossa essência, chegou o momento de olharmos para o horizonte e projetar o que desejamos ser em um futuro próximo. Imagine isso como a preparação de um mapa para a próxima grande travessia – um plano claro que será sua bússola, guiando suas decisões e ações. Sem uma rota definida, corremos o risco de nos perder em tempestades diárias que, embora pareçam urgentes, nos afastam dos verdadeiros destinos que almejamos.

O ditado "colhemos o que plantamos" resume perfeitamente onde estamos. Agora, você tem a oportunidade de escolher conscientemente o que deseja plantar, para que, no futuro, possa colher os frutos que realmente deseja. Essa é a magia da vida: o passado é imutável, mas o presente é o leme que podemos segurar firmemente para moldar o nosso futuro.

Muitos navegadores à deriva, sem um rumo claro, vivem no piloto automático, executando tarefas sem questionar o verdadeiro propósito delas. Isso nos deixa ansiosos, vazios, como se estivéssemos navegando em círculos, sem nunca alcançar a terra prometida. Compreender que somos os capitães do nosso destino – que cada decisão tomada hoje tem o poder de moldar nosso amanhã – é libertador. Ao invés de culpar fatores externos como o sistema, a política ou o clima, devemos assumir o controle de nossas vidas e aceitar a responsabilidade pelas rotas escolhidas.

Saber aonde queremos chegar é crucial para decidir como velejar. Nossas ações de hoje só têm sentido se forem guiadas por um propósito claro. Não é preciso ter metas grandiosas ou ambições gigantescas – o essencial é ter um norte, um farol que ilumine nosso caminho, justificando os desafios e sacrifícios que encontraremos ao longo da viagem.

Independentemente de onde você está agora, todos nós precisamos de um propósito. Sem ele, nosso barco fica à mercê das correntes, e nosso estado emocional se torna um caos. Metas bem definidas são como as estrelas que guiam os navegadores em noites escuras, ajudando-nos a ajustar o curso quando a vida tenta nos desviar.

Esse exercício simples, mas poderoso, de refletir sobre onde você quer estar nos próximos anos e colocar isso no papel é a bússola que o guiará em direção a uma vida com mais sentido. Escrever seus objetivos transforma sonhos em destinos alcançáveis. Quando sabemos para onde estamos indo, até os obstáculos mais difíceis se tornam suportáveis – eles se transformam em marcos de uma jornada maior.

Ter clareza sobre seus objetivos não apenas dá motivação, mas também acalma a ansiedade, trazendo paz ao espírito. Por exemplo, se seu objetivo é financeiro, trabalhar com esse propósito em mente faz com que os desafios diários pareçam menores, pois cada esforço é um passo em direção aos seus maiores sonhos.

Agora, convido você a se sentar, olhar para o horizonte e escrever sinceramente sobre seus objetivos para os próximos cinco anos. Permita-se sonhar, imaginar o que você realmente deseja alcançar em áreas importantes da sua vida. Deixe suas aspirações fluírem como uma brisa, guiando seu navio em direção a uma nova e promissora travessia.

Escreva sobre o que realmente deseja alcançar dentro das possibilidades de sua realidade. Abra seu coração e deixe suas aspirações fluírem livremente em palavras.

ESCREVA A SEGUIR OS SEUS OBJETIVOS NO PRAZO DE CINCO ANOS

Objetivos relacionados à saúde física e emocional:

Objetivos pessoais referentes a relacionamentos:

Objetivos pessoais relacionados a filhos:

Objetivos pessoais relacionados a trabalho/financeiro:

Objetivos pessoais relacionados à moradia:

Objetivos pessoais relacionados à alimentação/atividades físicas/peso:

Objetivos pessoais relacionados a lazer/viagens:

Objetivos pessoais relacionados a compras materiais/carros/objetos:

Objetivos pessoais relacionados à forma de se expor ao mundo:

Objetivos pessoais relacionados a amizades:

Demais objetivos pessoais a longo prazo, pensando em dez anos ou mais.

Quais são seus verdadeiros sonhos futuros? O que falta para você ser uma pessoa realizada nesta vida?

TODO VENTO É FAVORÁVEL PARA QUEM SABE AONDE VAI.

SÊNECA

APROVEITE O MOMENTO: TRAÇANDO O CAMINHO COM CLAREZA

Agora que você dedicou tempo para refletir sobre seus sonhos e objetivos, convido-o a revisitar essa atividade com ainda mais profundidade. Embora pareça simples, este exercício é como um mapa que revela valiosos *insights* sobre a direção que sua vida precisa tomar, alinhando-a com seus verdadeiros desejos. Cada sonho e objetivo que você listou é um reflexo daquilo que você realmente valoriza e busca conquistar.

Tire um momento para olhar novamente para cada um deles. Sem racionalizar demais, anote o que precisa mudar em sua rota para que esses sonhos se tornem realidade. Se sentir que precisa de mais espaço para explorar suas ideias, pegue uma nova folha de papel e deixe seus pensamentos fluírem livremente. A escrita é uma ferramenta poderosa – ela clarifica o horizonte e revela o caminho diante de você.

Agora, faça uma pausa. Analise cada item com a atenção de um navegador experiente que revisa seu mapa antes de uma grande travessia. Pergunte a si mesmo: *se eu continuar velejando da maneira que estou hoje, quais são as chances reais de alcançar esses objetivos?* Medite sobre essa questão, e não tenha pressa em seguir para o próximo capítulo. Aqui pode estar a chave para uma mudança significativa em sua vida.

Se perceber que continuar no mesmo curso torna quase impossível alcançar seus sonhos, questione: *qual o sentido de seguir nessa direção?* Navegar por águas que não nos levam ao destino desejado apenas nos exaure, física e emocionalmente, gerando angústia e ansiedade. Viver sem um propósito claro é como estar à deriva, sem um farol para guiar nossa jornada – e isso é uma das principais causas dos sentimentos negativos que muitos de nós enfrentamos.

Não espere que uma tempestade ou um milagre sobrenatural mude o rumo da sua vida de repente. A verdadeira transformação é um processo gradual, construído passo a passo, dia após dia. Este é o seu momento de tomar consciência de seus sonhos e ajustar o leme na direção correta.

Crie um plano de navegação. Comece com pequenos ajustes, mas não viva mais nenhum segundo sem metas claras que o conduzam aos seus objetivos. Seu psicológico não o deixará em paz enquanto você continuar plantando sementes que não deseja colher no futuro. Essa é uma das grandes causas de sua angústia e ansiedade diárias. Mas, ao longo desta jornada, você encontrará inúmeras razões para não viver mais de forma inconsciente e fora do seu caminho.

Embora muitas outras atividades e reflexões estejam por vir, dê a devida atenção a este momento. Alinhar suas atitudes diárias com seus sonhos e objetivos já dará início a uma grande transformação em sua vida. Quando você tiver clareza sobre aonde deseja chegar e começar a agir com propósito, verá a ansiedade diminuir, sua confiança crescer e, pouco a pouco, sentirá a paz de estar navegando na rota certa.

A MELHOR MANEIRA DE PREVER O FUTURO É CRIÁ-LO.

PETER DRUCKER

CAPÍTULO 14
QUANTO TEMPO VOCÊ TEM?

Agora que navegamos profundamente pelas águas do nosso passado, exploramos quem éramos, quem somos, quem aparentamos ser e quem verdadeiramente desejamos nos tornar, além de termos traçado nossos objetivos futuros, chegou a hora de enfrentar uma verdade que pode ser tão reveladora quanto perturbadora. Se até aqui você ainda não percebeu a urgência da sua transformação pessoal, o próximo exercício trará a clareza necessária.

Nosso tempo na Terra é limitado, finito, como um oceano que, embora vasto, tem suas margens. É uma realidade que muitos de nós evitamos encarar. Cada dia que passa é uma onda que se dissipa, um dia a menos em nossa travessia – e esse tempo nunca retorna. Para colocar isso em perspectiva, vamos calcular, com base na expectativa média de vida dos brasileiros, quanto tempo de navegação nos resta antes que o destino final nos alcance. Esse cálculo não é apenas uma estatística; ele é um alerta, uma bússola que nos dá uma visão clara do tempo que temos para mudar o rumo, transformar nossas vidas e realizar nossos sonhos antes que o inevitável nos alcance.

Tempo médio de expectativa de vida: 73 anos.

73 anos – sua idade atual (   ) = (   )

Esse resultado é, em média, o tempo restante para sua jornada de vida.

Agora, escreva isso de forma bem grande:

Provavelmente só tenho mais ______ anos de vida.

Sim, esse é o número médio de anos que você ainda tem pela frente, *se tudo der certo*. Pois a verdade é que pode acabar bem antes – hoje, amanhã, quem sabe? – Então, o que está esperando para mudar sua vida agora e viver todo o seu potencial?

Imagine se você pudesse acordar todos os dias com essa clareza, sabendo que sua vida está passando e pode acabar a qualquer momento. Será que você continuaria carregando as máscaras e se afastando dos seus sonhos? Não faz sentido algum viver essa vida curta e preciosa sustentando uma aparência para agradar aos outros, sacrificando sua verdadeira essência pelo desejo de "ter" em vez de "ser".

Somos como navios únicos, navegando com um propósito singular. Cada um de nós está aqui com uma missão, um chamado. A maior forma de gratidão ao universo por essa jornada é viver em essência e verdade, deixando o rastro de uma travessia genuína, em que cada momento é aproveitado ao máximo.

Não desperdice mais tempo navegando à deriva. Este é o momento de ajustar suas velas, mudar o curso e viver com propósito.

NO FIM DAS CONTAS NÃO LEVAREMOS NADA DAQUI, VIEMOS NUS E VOLTAREMOS NUS. O ÚNICO BEM QUE DEVEMOS FOCAR É NOSSO BEM-ESTAR E A ÚNICA HERANÇA QUE DEVEMOS DEIXAR SÃO NOSSOS EXEMPLOS E ATITUDES.

@GUSTAVOTAIT

Até agora, em nossa jornada pelo **novo rumo**, mergulhamos fundo no autoconhecimento e transformação. Se você se entregou de coração a todas as atividades anteriores, saiba que já faz parte de um grupo seleto. Você está entre uma pequena parcela de homens que possuem o autoconhecimento necessário para uma transformação verdadeira. Ao realizar esses exercícios simples, mas poderosos, você já deu um passo gigante em sua evolução pessoal.

É assustador pensar que a maioria das pessoas passa pela vida como náufragos à deriva, apenas produzindo e sendo levadas pela correnteza, sem sequer olhar para dentro de si e responder às perguntas mais importantes: *quem eu era? Quem eu sou? Para onde quero ir?* Essa falta de reflexão é uma das principais causas do surto global de depressão e ansiedade. Viver sem clareza sobre essas questões é como navegar sem destino, impossibilitando alcançar equilíbrio e paz interior.

As atividades de revisitar o passado, compreender o presente e projetar o futuro são como âncoras para sua saúde integral. Com a conscientização do tempo limitado que temos, traçamos um mapa poderoso que nos guia para as profundezas do nosso ser, transformando de vez o rumo de nossa jornada.

Ao longo desta travessia, você perceberá que muita poeira será levantada. Esteja atento a cada atividade, pensamento e questionamento que surgir. Isso é o começo de uma nova aventura, um novo capítulo em sua vida. Com uma compreensão clara de sua biografia e com o conhecimento de quem você é e onde deseja chegar, seguimos juntos em busca de transformação pessoal e do verdadeiro entendimento do que significa ser um verdadeiro homem nos dias de hoje.

O caminho para a transformação pessoal pode ser mais desafiador do que você imaginava, mas cada passo é uma pedra fundamental na construção de um novo rumo. Acorde a cada dia com a certeza de que essa jornada é a mais valiosa que você pode empreender. Continue avançando com coragem, pois cada momento de honestidade consigo mesmo ilumina o caminho não só para sua transformação, mas para a renovação do mundo ao seu redor.

Tome um copo de água, respire fundo e vamos juntos continuar essa linda jornada.

ORGULHE-SE.

VOCÊ ESTÁ EXATAMENTE ONDE DEVERIA ESTAR.

@GUSTAVOTAIT

ADENDO

Vou confessar uma coisa: disparei a escrever sem racionalizar muito, deixando minha alma ecoar todas as linhas aqui escritas de uma forma tão intensa e entregue que se passaram horas e horas e mal percebi. Somente me dei conta de tanto tempo que estou aqui sentado porque anoiteceu e tive que buscar uma blusa por conta do vento.

Não sei quanto tempo você levou para chegar a esta parte do livro, mas, caso não se recorde, estou em Santa Catarina, na Barra de Ibiraquera, em um momento de retiro e introspecção. Horas atrás, decidi seguir um chamado do meu coração e começar a escrita deste livro.

Sobre os seis cachorros que estavam ao meu lado, quatro agora estão nos meus pés, encolhidos de frio, um em cima do outro. Dois deles fugiram quando o portão abriu e estão aprontando pelas desertas ruas da Barra de Ibiraquera.

Já a bela araucária continua a me observar, vibrando de alegria por eu ter aceitado esse chamado.

Nessas primeiras páginas, trouxe a você um compilado de exercícios poderosíssimos de autoconhecimento, exercícios que já tive a oportunidade de experimentar e colher seus benefícios em muitas oportunidades e vivências com que me deparei em minha jornada.

Espero que você tenha se entregado e feito de todo coração essas atividades, pois dessa maneira você estará um passo mais próximo do seu objetivo de mudar o rumo de sua jornada e muito mais preparado para os capítulos que virão a seguir.

Por hoje, acredito que a missão foi cumprida com sucesso, agora vou curtir esse lugar maravilhoso, encontrar uns amigos e brindar à vida.

Espero que o sopro do universo volte amanhã com essa mesma força e energia, para que eu possa seguir esse chamado, que até então aparenta ser tão especial.

ATÉ VOCÊ TORNAR O INCONSCIENTE CONSCIENTE, ELE IRÁ DIRECIONAR SUA VIDA E VOCÊ O CHAMARÁ DE DESTINO.

CARL JUNG

CAPÍTULO 15

RECONHECENDO NOSSAS ALGEMAS

Chegamos a um ponto crucial da nossa jornada. É hora de encarar as algemas invisíveis que nos mantêm ancorados a crenças limitantes – as algemas que carregamos desde a infância, que nos impedem de navegar livremente rumo à nossa verdadeira essência.

Essas algemas, silenciosas e invisíveis, foram forjadas nas profundezas de nossa psique ao longo de nossa formação. Elas surgiram em palavras, gestos e expectativas que absorvemos sobre o que significa ser um "HOMEM de verdade". Desde cedo, ouvimos comandos como "Isso é coisa de mulherzinha", "Homem não chora", "Seja macho", que se enraizaram como correntes invisíveis, nos forçando a esconder nossa vulnerabilidade e distorcendo nossa verdadeira essência.

Para continuar essa travessia em direção à liberdade, precisamos identificar essas algemas e entender de onde vieram. E o mais desafiador dessa jornada é reconhecer que muitas dessas correntes foram colocadas por aqueles que mais amamos – pais, irmãos, amigos e professores. Eles, por sua vez, também carregavam suas próprias algemas, transmitidas de geração em geração. Não por maldade, mas por repetição, como um ciclo que precisa ser quebrado.

A neurociência nos ensina que essas crenças, mesmo implantadas de forma sutil, moldam as sinapses do nosso cérebro. São como trilhas que definem como reagimos, como pensamos e como navegamos pelas tempestades da vida. Uma vez estabelecidas, essas rotas se tornam automáticas, levando-nos a repetir padrões de comportamento sem sequer perceber. São como âncoras, mantendo-nos presos a comportamentos autodestrutivos – sejam vícios, depressão, ansiedade ou até pequenos hábitos que, somados, nos afastam do nosso potencial.

"A MENTE ESTÁ INCORPORADA, NÃO APENAS NO CÉREBRO. SUAS ORIGENS E FUNCIONAMENTO RESIDEM NA INTERAÇÃO CONTÍNUA ENTRE CORPO, CÉREBRO E AMBIENTE."
ANTÓNIO DAMÁSIO

Os grandes filósofos e sociólogos também nos oferecem uma perspectiva poderosa sobre essas algemas. Jean-Paul Sartre discutiu como as normas sociais moldam e limitam nossa identidade, enquanto Pierre Bourdieu explorou como o *habitus* – um conjunto de disposições inculcadas pela sociedade – influencia nosso comportamento de maneiras que não percebemos.

"O HOMEM É AQUILO QUE ELE FAZ COM O QUE FIZERAM DELE."
JEAN-PAUL SARTRE

Essas algemas, que parecem parte de quem somos, foram forjadas na infância e juventude, quando nossa personalidade estava sendo moldada. A verdade, meu irmão, é que grande parte das batalhas que enfrentamos hoje tem raízes no que fomos ensinados a acreditar sobre ser homem. Para transformar nossas vidas, precisamos revisitar esses momentos e encarar as algemas que nos prenderam – seja em palavras, olhares, ou expectativas silenciosas.

Sei que muitos evitam olhar para o passado, temendo o desconforto de revisitar as memórias familiares. Parece que criamos barreiras para evitar o confronto com o que nos machuca. Mas, meu amigo, olhar para trás é essencial para qualquer processo de cura. Não há como traçar um novo rumo sem entender o ponto de partida.

Não se preocupe em reviver essas memórias. Ao contrário do que possa parecer, olhar para o passado é a base de nossa libertação. E sim, você encontrará dezenas de algemas, algumas tão sutis que jamais imaginaria. Mesmo que ache que está livre, ao final desta jornada, você reconhecerá as correntes que têm limitado sua vida.

Essas algemas, embora invisíveis, são a causa daquele peso nas costas, das brigas com sua parceira ou seu parceiro, da insônia, de vícios e até das dores físicas. São elas que te prendem, e é por isso que você ainda não se libertou. E, por mais incrível que pareça, tudo começa com algo pequeno – uma frase, um olhar, uma experiência aparentemente insignificante que plantou a semente de seus dilemas atuais.

Os grandes mestres afirmam que as respostas para nossos maiores problemas estão na infância. É lá que absorvemos as lições que moldam nossa vida adulta. Nossos pais e educadores, muitas vezes, nos ensinaram o que sabiam, presos às mesmas algemas que hoje carregamos. Mas o poder está em nossas mãos. Não devemos culpar nossos pais; em vez disso, precisamos reconhecer, perdoar e ressignificar, quebrando essas correntes para que não as transmitamos às futuras gerações.

Sim, pode parecer que coisas "simples" não têm o poder de causar tantos problemas, mas lembre-se: as maiores árvores nascem de pequenas sementes. E os seus problemas, por maiores que sejam, tiveram início em um detalhe pequeno – algo que parecia inofensivo, mas que cresceu com o tempo.

CRENÇAS LIMITANTES SÃO AS RAÍZES INVISÍVEIS QUE SUSTENTAM OS SEUS PRINCIPAIS PROBLEMAS VISÍVEIS.

@GUSTAVOTAIT

VAMOS AOS FATOS:

- *FOMOS CRIADOS PARA SERMOS MACHOS ALFA.*
- *ENSINADOS QUE MULHERES SÃO SEXO FRÁGIL E NOSSOS OBJETOS DE PRAZER E DESEJO.*
- *FOMOS CRIADOS PARA SERMOS OS PROVEDORES.*
- *APRENDEMOS QUE JAMAIS DEVEMOS CHORAR OU DEMONSTRAR EMOÇÕES.*
- *APRENDEMOS QUE TEMOS PAPO DE HOMEM E QUE MULHER FALA DEMAIS.*
- *FOMOS CRIADOS PARA SERMOS OS FORTÕES E JAMAIS PARA FALAR DE SENTIMENTOS.*
- *FOMOS ENSINADOS QUE QUANTO MAIS MULHERES "PEGARMOS" MAIS "HOMENS" SEREMOS.*
- *FOMOS EDUCADOS A ACHAR QUE OLHAR A BUNDA DE UMA "GOSTOSA" QUE ESTÁ PASSANDO É SINAL DE MASCULINIDADE.*
- *QUE VER PORNOGRAFIA É COISA DE MACHO.*
- *QUE DISCUSSÃO SE RESOLVE NA PORRADA.*
- *QUE TAMANHO DO PINTO É SINAL DE PODER.*
- *DEVEMOS SEMPRE PROCURAR AS VIRGENS, E MULHER QUE JÁ BEIJOU MAIS DE DOIS DA MESMA TURMA É "RODADA" OU PUTA.*
- *DEVEMOS TER MÚSCULOS, IMPOR NOSSO PODER.*

- *TER MUITO DINHEIRO E NÃO DAR SATISFAÇÃO PARA AS MULHERES QUE SÓ "ENCHEM O SACO".*

- *DEVEMOS MENTIR PARA NOS DEFENDER E QUE, SE NÃO ENGANARMOS NOSSAS COMPANHEIRAS, SOMOS "FROUXOS".*

- *VESTIR ROSA É COISA DE "FRUTINHA".*

- *QUEM DANÇA OU MEXE O QUADRIL É "BICHA".*

- *DEVEMOS SEMPRE ESTAR DE PAU DURO E DAR "VÁRIAS" NA MESMA NOITE.*

- *DEVEMOS VER FILME PORNÔ E MANDAR "NUDES" DE MULHERES PARA NOSSOS AMIGOS.*

- *DEVEMOS SER BEM-SUCEDIDOS, TER CARRO DO ANO.*

- *FAZER UMA DESPEDIDA DE SOLTEIRO EM LAS VEGAS.*

- *DEVEMOS LEVAR A MOLECADA NA "ZONA".*

- *BUZINAR PARA TODA MULHER BONITA.*

- *DEVEMOS BEBER PARA NÃO SERMOS "VIADINHOS".*

- *JAMAIS PODEMOS LEVAR DESAFORO PARA CASA.*

- *CHORAR, JAMAIS; ALIÁS, SEGURA ESSE CHORO, MOLEQUE...*

Essas frases que surgiram à minha mente são apenas a ponta do iceberg, um primeiro vislumbre do número de crenças distorcidas que foram implantadas em nosso subconsciente desde a infância. Ao seguir essa linha de pensamento, poderíamos passar dias desvendando os inúmeros absurdos que, de forma sutil, foram colocados em nossas mentes enquanto ainda éramos apenas projetos de homens. Embora muitas dessas crenças pareçam triviais, acredite: elas são raízes profundas que influenciam nossas decisões e comportamentos diários, muitas vezes sem que percebamos.

Pense nisso: uma criança que ouve "homem não chora" não apenas interpreta essa frase como uma proibição às lágrimas, mas como uma ordem para não sentir. E assim, a repressão emocional começa. Essa repressão, quando carregada ao longo da vida, transforma-se em um fardo pesado, afetando relações, saúde mental e até mesmo a maneira como lidamos com o mundo.

Quando olhamos para a infância, o terreno é fértil e profundo. Cada um desses ensinamentos, que atuam como algemas em nossa alma, representa feridas profundas em nossa masculinidade. Se não nos dermos ao trabalho de encarar essas feridas, continuaremos repetindo ciclos de dor, colhendo os frutos de uma educação machista e patriarcal que nos foi imposta. Tudo o que fazemos hoje tem suas raízes em crenças plantadas no passado. Homens fragilizados, presos nessas algemas, perpetuam um ciclo que impacta não apenas suas vidas, mas a de toda a sociedade.

Consegue sentir o peso dessa revelação?

Sua necessidade incontrolável de acumular dinheiro, o desejo de ser reconhecido, o impulso por produtividade sem propósito, a paralisia que às vezes o impede de seguir em frente, sua insegurança, vícios, agressividade – até mesmo a maneira como você se veste ou fala: tudo isso pode estar diretamente ligado a essas algemas. Identificar isso já é um passo monumental em sua evolução pessoal.

Desde muito cedo, fomos expostos a conceitos destrutivos e expectativas inalcançáveis. Se você permanecer comprometido até o fim desta jornada, verá claramente como essas feridas, que foram impostas para proteger nossa criança interior, nos afastam de sermos os homens verdadeiros e livres que poderíamos ser.

A verdade é que muitas das crenças que consideramos "normais" são reflexos de uma educação distorcida, perpetuada por séculos de condicionamento patriarcal e machista. E essas crenças moldaram profundamente nossa forma de pensar e agir, mesmo que não percebamos. Lembra-se de quando ouviu pela primeira vez: "Onde está a namoradinha?" ou "Fale como homem"? Essas perguntas, aparentemente inocentes, carregam um peso gigantesco e moldam de forma profunda nossas atitudes e crenças, especialmente em relação às mulheres.

Quantas vezes engolimos as lágrimas ou reprimimos sentimentos, lembrando inconscientemente da voz severa de nossos pais dizendo: "Homem não chora"? Quantos relacionamentos sabotamos por não respeitar as mulheres, acreditando que elas eram apenas objetos de desejo, como nos ensinaram desde cedo?

Infelizmente, vivemos em uma sociedade cheia de crianças aprisionadas em corpos de adultos.

Esse desequilíbrio emocional, acentuado pelas rápidas mudanças tecnológicas e sociais das últimas décadas, criou uma geração de homens que não sabem quem realmente são. Homens que, embora fisicamente crescidos, continuam emocionalmente imaturos, vivendo em constante conflito.

Se você está buscando se tornar um novo homem, é imperativo que resolvamos essa questão. Por mais que ostentemos músculos, barba ou sucesso financeiro, se não confrontarmos essas feridas, permaneceremos crianças que buscam aprovação em tudo o que fazemos.

"QUEM OLHA PARA FORA, SONHA;
QUEM OLHA PARA DENTRO, DESPERTA."
CARL JUNG

Agora, chegou o momento de fazermos um mergulho profundo em nossas crenças mais enraizadas. Vamos investigar não só o que nos ensinaram sobre ser homens, mas também o que nos foi ensinado sobre as mulheres. Sim, precisamos compreender essas algemas relacionadas ao sexo feminino, porque elas moldam diretamente nossas relações e o estado atual de nossos relacionamentos.

Mais adiante, teremos um capítulo dedicado exclusivamente a essas algemas relacionadas às mulheres. Mas, por enquanto, aproveite esta oportunidade para mentalizar o quão distorcidas e absurdas algumas dessas crenças podem ter sido. Vamos nos preparar para desafiar esses paradigmas e libertar nossa mente para que nossa navegação fique cada vez mais leve.

A seguir, listei dez crenças limitantes – ou "algemas" – relacionadas à masculinidade tóxica. Agora, convido você a fazer o mesmo: resgatar outras crenças que ouviu ao longo de sua jornada. Este é o primeiro passo para identificar e quebrar as correntes que nos prendem.

1. **"HOMEM NÃO CHORA"** – A ideia de que expressar emoções, especialmente tristeza, é um sinal de fraqueza e que os homens devem ser sempre fortes e resilientes.
2. **"HOMEM DE VERDADE É PROVEDOR"** – A crença de que o valor de um homem está diretamente ligado à sua capacidade de prover financeiramente para sua família, ignorando outras formas de contribuição emocional e social.
3. **"HOMEM NÃO PODE DEMONSTRAR VULNERABILIDADE"** – A noção de que admitir medos, inseguranças ou dificuldades é algo inaceitável para um homem, levando ao isolamento emocional.
4. **"HOMEM QUE É HOMEM PEGA TODAS"** – A visão de que a masculinidade é medida pela quantidade de conquistas sexuais, promovendo comportamentos irresponsáveis e desrespeitosos em relação às mulheres.
5. **"HOMEM NÃO FAZ TRABALHOS DOMÉSTICOS"** – A crença de que tarefas domésticas são exclusivas das mulheres, reforçando a divisão de gênero e perpetuando a desigualdade nas responsabilidades familiares.
6. **"SER HOMOSSEXUAL É SINAL DE FRAQUEZA"** – A crença homofóbica de que ser gay diminui o valor de um homem, promovendo a discriminação e a intolerância.

7. **"HOMEM TEM QUE SER DURÃO"** – A ideia de que o homem deve sempre adotar uma postura agressiva ou autoritária, para não ser visto como fraco ou vulnerável.
8. **"HOMEM NÃO PODE LEVAR DESAFORO PARA CASA"** – A noção de que um homem deve sempre responder a qualquer afronta com força ou violência, perpetuando comportamentos agressivos.
9. **"HOMEM NÃO REBOLA E NÃO GOSTA DE COISAS FEMININAS"** – A ideia de que certos comportamentos ou gostos associados ao feminino são inaceitáveis para homens, restringindo a expressão individual e reforçando estereótipos de gênero.
10. **"HOMEM DE VERDADE TEM QUE SER HETEROSSEXUAL"** – A crença limitante de que a verdadeira masculinidade está ligada exclusivamente à heterossexualidade, o que marginaliza e discrimina homens de outras orientações sexuais.

Agora deixo a seguir mais dez algemas, crenças limitantes, que todos nós homens desde pequenos ouvimos sobre as mulheres:

11. **"LUGAR DE MULHER É NA COZINHA"** – A ideia de que as mulheres devem se restringir ao ambiente doméstico e às tarefas de casa, limitando sua participação no mercado de trabalho e na sociedade em geral.
12. **"MULHER NÃO ENTENDE DE POLÍTICA/ECONOMIA/ESPORTES"** – A crença de que as mulheres são naturalmente menos competentes ou interessadas em assuntos considerados "masculinos", desvalorizando suas opiniões e conhecimentos.
13. **"MULHER TEM QUE SER SUBMISSA AO MARIDO"** – A visão de que o papel da mulher é obedecer e seguir as decisões do homem, reforçando uma dinâmica de poder desigual no relacionamento.
14. **"MULHER QUE SE VESTE DE FORMA PROVOCANTE ESTÁ PEDINDO"** – A crença que culpa a mulher por ser assediada ou violentada com base em suas escolhas de vestimenta, ao invés de responsabilizar os agressores.

15. **“MULHER É FRÁGIL E PRECISA DE PROTEÇÃO”** – A ideia de que as mulheres são naturalmente mais frágeis e incapazes de se defender ou tomar decisões sozinhas, perpetuando a dependência dos homens.
16. **“MULHER NÃO SABE DIRIGIR”** – O estereótipo de que as mulheres são menos habilidosas ou confiáveis no volante, desvalorizando suas capacidades em áreas onde os homens tradicionalmente dominam.
17. **“MULHER INTELIGENTE ESPANTA OS HOMENS”** – A noção de que as mulheres devem esconder sua inteligência ou sucesso para não intimidar os homens, perpetuando a ideia de que o sucesso é masculino.
18. **“MULHER SOLTEIRA DEPOIS DOS 30 É ENCALHADA”** – A crença de que o valor de uma mulher está ligado ao seu estado civil e que, se ela não é casada até certa idade, há algo de errado com ela.
19. **“MULHER É EMOCIONAL DEMAIS PARA LIDERAR”** – O estereótipo de que as mulheres são governadas por suas emoções e, portanto, incapazes de tomar decisões racionais em posições de liderança.
20. **“MULHER PRECISA DE UM HOMEM PARA SER COMPLETA”** – A ideia de que uma mulher só pode ser verdadeiramente feliz ou realizada se estiver em um relacionamento amoroso com um homem, ignorando sua individualidade e capacidade de ser independente.

Agora, está mais claro do que nunca o impacto devastador dessas algemas que nos foram impostas ao longo dos anos. As crenças limitantes que aceitamos como verdades absolutas moldaram nossas ações, nossos sentimentos e até mesmo nossos relacionamentos. Cada uma delas carrega em si o peso de gerações de equívocos, e, ao revisitar esses pensamentos, você começa a perceber o quão absurdas e prejudiciais elas realmente são.

Vamos refletir sobre a mais básica de todas: “Homem não chora”. Pense no quão devastador foi ouvir isso ao longo da vida. De onde veio essa ideia? Qual o impacto real dessa crença na vida de tantos homens que, ao se recusarem a expressar suas emoções, tornaram-se prisioneiros de si mesmos? Quantas lágrimas foram contidas, quantos sentimentos foram sufocados, tudo por causa de um conceito antiquado e sem fundamento.

Agora, imagine quantas outras algemas, assim como essa, estão ocultas em sua vida, moldando silenciosamente seus comportamentos e limitando sua liberdade. Quantas emoções reprimidas, quantas oportunidades deixadas de lado, quantos laços familiares e de amizade quebrados por conta dessas crenças ultrapassadas sobre como nós, homens, “deveríamos” agir?

Talvez algumas dessas crenças ainda pareçam verdadeiras para você, especialmente aquelas que envolvem as mulheres. Mas, garanto que, ao final desta jornada, muitas dessas antigas convicções serão desconstruídas, ressignificadas, e você perceberá que viver preso a elas é como navegar em um oceano cheio de correntes que o arrastam para longe de quem você realmente é.

Entender essas forças ocultas é o primeiro passo para se libertar. Ao desvendar e romper essas correntes, você não apenas liberta a si mesmo, mas também pavimenta o caminho para que outros ao seu redor sigam sua trilha. Cada barreira que você quebra ilumina o caminho para aqueles que estão navegando nas mesmas águas turbulentas.

Continue com coragem nessa jornada de autodescoberta e transformação, sabendo que cada passo dado em direção à sua verdadeira essência é um passo rumo a um novo mundo – um mundo onde os homens são livres para viver plenamente, sem as algemas do passado.

Lembre-se, não é uma corrida. Respeite seu ritmo. O verdadeiro propósito desta jornada não é chegar rapidamente ao final, mas, sim, aproveitar cada etapa, se transformar profundamente em cada passo, e emergir como o homem que você nasceu para ser. Juntos, estamos criando um novo rumo, não apenas para nós mesmos, mas para toda a sociedade.

CAPÍTULO 16

LIBERTANDO-SE DAS ALGEMAS

Chegamos a um ponto crucial de nossa jornada: a libertação das algemas que nos restringem e nos impedem de atingir nosso verdadeiro potencial. Conforme exploramos anteriormente, essas algemas são as crenças limitantes, as expectativas sociais desatualizadas, e os papéis de gênero que nos foram impostos desde a infância. Essas ideias podem ter sido transmitidas por nossos pais, amigos, ou através dos meios de comunicação, mas é essencial que as reconheçamos e nos desfaçamos delas para progredir verdadeiramente em liberdade.

Carl Jung, um dos psicólogos mais influentes do século XX, nos ensinou que enfrentar nossas "sombras" – ou seja, aquelas partes de nós mesmos que reprimimos ou negamos – é fundamental para a nossa saúde mental e evolução pessoal. Segundo ele, **"Aquele que olha para fora, sonha; aquele que olha para dentro, desperta"**.

É com essa inspiração que devemos olhar para as algemas como partes de nossas sombras, reconhecendo-as e integrando-as conscientemente em nossas vidas para superá-las.

Agora, vamos traçar o plano de fuga. Para romper essas correntes, precisamos de estratégia, coragem e ação. E o primeiro passo é reconhecer as algemas que o prendem.

Para começar o processo de libertação, você precisará:

- **RECONHECER AS ALGEMAS** – Liste as crenças e comportamentos que você identificou como limitantes em sua vida. Seja tão específico quanto possível. Por exemplo, se você cresceu ouvindo que "homens não choram", reconheça como isso pode ter reprimido sua capacidade de expressar emoções de maneira saudável.
- **ENTENDER A ORIGEM** – Tente entender de onde essas crenças vieram. Quem te influenciou? Que eventos ou informações reforçaram essas ideias? Esta compreensão pode ajudar a desmistificar e "desempoderar" as crenças.
- **RESSIGNIFICAR** – Reflita sobre como você pode alterar essas crenças para se alinhar mais com quem você deseja ser. Por exemplo, transformar "homens não choram" em "é humano expressar emoções", pode permitir uma experiência emocional mais completa.
- **AÇÃO PRÁTICA** – Crie pequenos passos ou ações que você pode tomar para começar a mudar esses comportamentos. Pode ser algo como permitir-se chorar durante um filme ou expressar abertamente quando você se sentir magoado ou feliz.

UM NOVO HORIZONTE À VISTA

Lembre-se de que, a libertação das algemas é contínua. Não se trata de romper todas as correntes de uma vez, mas de soltar uma a uma, com paciência e persistência. Cada pequena vitória é um passo adiante na construção de uma vida mais autêntica e livre.

Essa travessia vai além de você. Ao desafiar as expectativas que o prenderam, você se torna uma inspiração para outros navegadores. Sua transformação cria ondas, ressoando por todo o oceano de possibilidades e ajudando a mudar as marés da sociedade como um todo. Cada algema rompida não apenas liberta você, mas também edifica o caminho para que outros homens encontrem sua própria liberdade.

Continue navegando, meu amigo, com coragem e determinação. A liberdade está à vista, e o rumo agora é guiado pela verdade de quem você realmente é.

OLHA QUE LINDA JORNADA PERCORREMOS ATÉ AGORA:

- **NOS INTRODUZIMOS À JORNADA DE TRANSFORMAÇÃO PESSOAL** – Demos o primeiro passo em direção à nossa própria transformação. Reconhecemos que essa jornada é necessária e corajosa, e nos comprometemos a seguir adiante, mesmo sabendo que os desafios seriam grandes.
- **ENTENDEMOS O CONTEXTO SOCIAL EM QUE ESTAMOS INSERIDOS** – Analisamos o mundo ao nosso redor, um ambiente marcado por profundas desigualdades, pressões e preconceitos. O Brasil, conhecido por sua cultura vibrante, também é o país com alarmantes níveis de depressão e violência, especialmente entre os homens. Esse contraste foi o ponto de partida para nossa travessia.
- **EXPLORAMOS O BRASIL COMO UM PAÍS COM ALTOS ÍNDICES DE DEPRESSÃO E VIOLÊNCIA, ESPECIALMENTE ENTRE OS HOMENS, E COMO ISSO AFETA A SOCIEDADE** – Compreendemos que não estamos navegando sozinhos por mares calmos. A depressão e a violência permeiam nossa sociedade, e os homens, frequentemente silenciados por seus próprios medos e expectativas, estão no centro dessa tempestade.
- **DISCUTIMOS AS PRESSÕES SOCIAIS PARA SER UM "HOMEM DE VERDADE"** – Nos deparamos com a carga pesada que carregamos desde a infância, forçados a nos conformar com um ideal de masculinidade que nos obriga a esconder nossas emoções e a nos manter em constante estado de alerta. A expectativa de sermos fortes, dominantes e insensíveis nos transformou em prisioneiros de nós mesmos.

- **ENTENDEMOS COMO AS EXPECTATIVAS ARCAICAS SOBRE MASCULINIDADE PREJUDICAM OS HOMENS E AS CONSEQUÊNCIAS DISSO** – Exploramos o impacto devastador dessas expectativas, que criam uma desconexão interna, alimentando vícios, depressão e comportamentos autodestrutivos. Vimos que essas imposições não nos fortalecem; elas nos enfraquecem.
- **INICIAMOS A DESCONSTRUÇÃO DA IDEIA TRADICIONAL DE MASCULINIDADE** – Começamos a soltar as amarras das velhas crenças que nos mantinham presos, desconstruindo, camada por camada, o que significa ser "homem" no sentido tradicional. Começamos a ver que ser homem vai muito além dos estereótipos de força bruta ou insensibilidade.
- **ABORDAMOS OS NÚMEROS ALARMANTES DE DEPRESSÃO E VIOLÊNCIA** – Encaramos os dados que nos mostram como a fragilidade emocional está profundamente ligada à pressão de manter a imagem de um "verdadeiro homem". Compreendemos que muitos de nossos irmãos estão afundando, silenciosamente, nas profundezas da depressão e da solidão.
- **CONCLUÍMOS QUE ESSES PROBLEMAS ESTÃO DIRETAMENTE LIGADOS A UMA MASCULINIDADE FRAGILIZADA** – Entendemos que nossa cultura, que exige que escondamos nossas fragilidades, está diretamente ligada aos altos índices de depressão, violência e vícios entre os homens. A masculinidade frágil não é uma falha pessoal, mas, sim, o reflexo de uma sociedade que precisa urgentemente de cura.
- **RECONHECEMOS A IMPORTÂNCIA DO AUTOCONHECIMENTO E DA PRÁTICA CONTÍNUA PARA ALCANÇAR UMA MUDANÇA SIGNIFICATIVA** – Assim como qualquer navegador necessita de mapas precisos e bússolas bem calibradas, percebemos que o autoconhecimento é a chave para navegar com segurança pelos desafios internos e externos. A prática contínua desse conhecimento nos permitirá crescer e evoluir como seres humanos.

- **ANALISAMOS QUEM APARENTAMOS SER** – A diferença entre a imagem que projetamos e nossa verdadeira essência: nos confrontamos com as máscaras que usamos diariamente, as fachadas que criamos para atender às expectativas dos outros. Descobrimos que, muitas vezes, quem aparentamos ser não tem nada a ver com nossa verdadeira essência.
- **DESCOBRIMOS A NOSSA VERDADEIRA ESSÊNCIA** – A importância de alinhar as ações com a essência para uma vida mais autêntica: ao remover essas máscaras, começamos a enxergar a nossa verdadeira essência, aquele "eu" que estava escondido por trás de tantas camadas de expectativas. Vimos que alinhar nossas ações com essa essência é o único caminho para uma vida autêntica e plena.
- **CONFRONTAMOS AS DISPARIDADES ENTRE QUEM SOMOS E QUEM GOSTARÍAMOS DE SER. COMO A INCOERÊNCIA ENTRE ESSAS DUAS IMAGENS GERA INÚMEROS PROBLEMAS DE SAÚDE MENTAL** – A diferença entre o que somos e o que queremos ser ficou clara. Compreendemos que essa incoerência alimenta a ansiedade, a depressão e nos impede de viver uma vida plena. Começamos a traçar os caminhos para superar essa lacuna.
- **ESTABELECEMOS METAS PARA O FUTURO. A IMPORTÂNCIA DE TER UM PLANO CLARO PARA O FUTURO E COMO ISSO PODE REDUZIR A ANSIEDADE** – Estabelecemos nossas próprias metas para o futuro. Compreendemos que, ao ter um plano claro e um rumo definido, a ansiedade se dissipa e a clareza toma conta de nossas decisões e ações.
- **REFLETIMOS SOBRE O NOSSO TEMPO DE VIDA RESTANTE. COMO A CONSCIÊNCIA DA FINITUDE DA VIDA PODE MOTIVAR MUDANÇAS SIGNIFICATIVAS** – Encaramos o tempo de vida que ainda nos resta e percebemos a urgência de vivê-lo de maneira significativa. Ao nos conscientizarmos da finitude da vida, ganhamos uma nova perspectiva sobre a importância de cada momento e cada escolha.

- **IDENTIFICAMOS AS NOSSAS CRENÇAS LIMITANTES SOBRE NÓS, HOMENS, E SOBRE NOSSOS PENSAMENTOS LIMITANTES SOBRE AS MULHERES. COMO ESSAS "ALGEMAS" MOLDAM NOSSO COMPORTAMENTO E LIMITAM NOSSA LIBERDADE** – Reconhecemos as correntes invisíveis que moldam nosso comportamento e restringem nossa liberdade. As crenças limitantes, tanto sobre nós mesmos quanto sobre as mulheres, foram identificadas como barreiras que precisamos romper.
- **RESSIGNIFICAMOS AS CRENÇAS LIMITANTES** – Transformamos essas crenças, ressignificando o que antes nos aprisionava. Entendemos que as limitações que nos foram impostas podem ser reescritas e transformadas em novos conceitos de masculinidade, mais saudáveis e libertadores.
- **ENTENDEMOS QUE, AO REFLETIR E RESSIGNIFICAR ESSAS CRENÇAS, ABRIMOS O PORTAL PARA INICIAR O PROCESSO DE TRANSFORMAÇÃO PESSOAL** – Ao ressignificar essas crenças, abrimos um portal para um novo começo. A jornada de autotransformação está apenas começando, e cada passo à frente nos aproxima de uma nova versão de nós mesmos.

CAPÍTULO 17

O PESO DE SER HOMEM

No último capítulo, encaramos as algemas que nos foram colocadas pelo patriarcado e os modelos ultrapassados de masculinidade. Agora, chegou o momento de enfrentar o peso que carregamos – aquele fardo invisível, mas que todos sentimos. Talvez, sem perceber, você tem levado uma vida em que o peso de ser "um homem de verdade" é esmagador.

Imagine que está no convés de um grande navio em meio ao oceano, com uma tempestade se formando no horizonte. O vento sopra forte, e as ondas batem contra o casco. O peso que você carrega é como a âncora que o impede de navegar livremente, prendendo você a um lugar, enquanto o horizonte chama. Esse peso – as expectativas, os medos, as pressões – não é algo que você escolheu, mas que foi colocado sobre seus ombros desde cedo.

Vamos explorar esse tema com mais profundidade. Afinal, como podemos seguir adiante em nossa jornada de transformação se estamos arrastando correntes que nos limitam a cada passo? O primeiro passo para aliviá-las é reconhecer seu impacto.

OS PESOS QUE CARREGAMOS

Você sabe o que é esse peso: a pressão de ganhar mais dinheiro, de sempre ter que produzir mais, de segurar todas as barras sozinho, de ser o "macho alfa" invencível. Existe o medo de falhar, de broxar, de não estar à altura das expectativas, de nunca poder mostrar fraqueza, e, claro, de jamais chorar. Você já deve ter ouvido frases como "segura as pontas", "não demonstre fraqueza" e "homem não chora". Essas são as correntes invisíveis que carregamos, forjadas pelas expectativas da sociedade.

Sente essa carga nos ombros, não é? Pois saiba que você não está sozinho nessa travessia. A maioria dos homens que conhece está enfrentando os mesmos desafios, mas o silêncio impera. Em nossa sociedade, fomos ensinados a não dividir nossas dores, a não buscar apoio. Ao invés disso, muitas vezes buscamos válvulas de escape, como vícios, violência ou o isolamento emocional.

Mas hoje, aqui, estamos prontos para mudar isso. Para lançar fora essas âncoras e navegar em águas mais calmas.

O INÍCIO DA LIBERTAÇÃO

Precisamos revisar o que carregamos. Agora, é a hora de olhar para os pesos que tem nas costas e começar a identificar aquilo que está prendendo sua jornada. Você pode até não reconhecer todos de imediato, mas confie no processo. Quando você se libertar, verá o quão leve a vida pode ser.

Quais são os pesos que você carrega? O que tem tirado seu sono? Quais são as preocupações que você evita enfrentar? Talvez seja o medo do fracasso, a insegurança sobre o futuro, ou até mesmo a sensação de inadequação constante. É importante dar nome a esses pesos e compreendê-los. Esse é o passo essencial para qualquer transformação.

UM EXERCÍCIO DE PROFUNDIDADE

Imagine que está prestes a mergulhar nas águas mais profundas de si mesmo. Feche os olhos, respire profundamente, e permita-se esse momento de introspecção. Coloque para claridade as preocupações que estão pesando sobre você. Nada é insignificante demais. Seja brutalmente honesto consigo mesmo. Pense em tudo que o impede de seguir em frente: as dúvidas, os medos, as pressões. O que dói em você? O que evita pensar por medo de enfrentar?

Não existe cura sem esse mergulho profundo. O alívio que você busca, a leveza que deseja, está do outro lado dessas barreiras que você mesmo criou ou que foram criadas para você. O verdadeiro homem não é aquele que nunca cai, mas aquele que se levanta após enfrentar seus medos e fraquezas.

O CAMINHO ADIANTE

Este é o ponto de virada. Ao identificar esses pesos, você estará pronto para começar o processo de libertação. Vai perceber que muitos dos pesos que carrega não são seus – foram impostos pela sociedade, pela família, pelos amigos. Ao reconhecê-los, você pode começar a soltar essas amarras, uma a uma, até se sentir leve o suficiente para seguir seu rumo.

Agora, respire fundo, tome o tempo que precisar e enfrente esse exercício com coragem. Só assim, navegaremos para além da tempestade, em direção a um horizonte de autoconhecimento, liberdade e autenticidade.

Esse é o primeiro passo para nos tornarmos homens verdadeiros, não por correspondermos a expectativas sociais, mas por termos a coragem de sermos quem realmente somos.

OS SERES HUMANOS SÃO FEITOS DE TAL FORMA QUE ACHAM MAIS FÁCIL SUPORTAR O INFORTÚNIO DO QUE A FELICIDADE.

SIGMUND FREUD

Freud ressalta a complexidade dos desafios emocionais que enfrentamos e como, muitas vezes, nos acostumamos com nossas cargas, a ponto de nos sentirmos desconfortáveis com a mudança, mesmo que para melhor.

Ao reconhecer e nomear os pesos que carrega, você dá o primeiro passo corajoso em direção a uma vida mais autêntica e satisfatória. Não permita que os fardos do passado definam seu futuro. Cada página que você virou neste livro não foi apenas uma leitura, mas um passo em direção ao verdadeiro você, liberando-se das algemas invisíveis que o limitam.

Olhe para seu trabalho, saúde, relacionamentos, amigos, família e escreva. Use essa oportunidade para pôr para fora aqueles sentimentos que martelam sua mente o dia todo, aquelas coisas que estão perturbando seu dia e seu sono, aqueles problemas que você ainda não conseguiu solucionar...

Tente até pensar nos motivos pelos quais você comprou este livro. Preciso que escreva a seguir tudo o que, de certa forma, esteja pesando sua vida hoje. Seja o que for e do tamanho que for, para termos sucesso em nosso objetivo e dar sentido para o restante de todo o livro, é extremamente imprescindível e necessária essa atividade.

ESCREVA COM TODA VERDADE E CORAÇÃO:

O QUE HOJE É UM PESO EM SUA VIDA? ESCREVA TUDO QUE ESTÁ PESANDO EM SEU CORAÇÃO.

Note que, se você fez essa atividade com verdadeira entrega, na página anterior temos tudo o que está impedindo sua vida de ser leve e plena. Se pensarmos racionalmente, todos os esforços de sua vida devem ser focados na resolução desses problemas de alguma forma. O foco agora não é mais a vida dos outros nas redes sociais, muito menos qual time ganhará a Libertadores, o foco agora é sua transformação e evolução pessoal.

Meu papel aqui é, por meio de atividades e reflexões, auxiliar a encontrar o seu caminho de cura e transformação de tudo o que está atrapalhando sua jornada. Caso você não tenha colocado para fora tudo o que está gritando aí dentro, volte, escreva e se dê essa prova do quão comprometido está em seu processo de evolução.

Agora que esses pesos estão claramente identificados, é hora de confrontá-los. Vamos ficar cara a cara com essas barreiras, entender sua origem e traçar um plano para superá-las. Imagine-se como um explorador em uma caverna escura, cada um desses pesos é uma rocha no caminho, e sua missão é encontrar uma maneira de movê-las, escavá-las ou contorná-las. Precisamos identificar se são genuínos da sua alma ou se são impostas pela sociedade e pelo meio em que vive, se são pesos que não estariam aí se você não tivesse pai e mãe, se são pesos que não estariam aí se você morasse em outra cidade, se são pesos que não estariam aí se você não estivesse em um determinado círculo social, se são pesos que não estariam aí se você não tivesse que provar nada para ninguém... Ou se realmente são verdadeiros pesos sem solução momentânea.

Nesse momento, olharemos para esses pesos, iremos rastrear a sua origem e, quem sabe, este seja o início para sua exclusão ou simplesmente uma forma de deixá-los mais leves.

Se eles são os causadores de todo nosso atual sofrimento, nossa maior missão nesse momento é conhecer exatamente cada um desses pesos e suas reais origens.

Nosso próximo passo é usar essa clareza para começar a aliviar esses pesos, um a um. A verdadeira jornada de transformação começa quando paramos de carregar o que não é nosso e começamos a abrir espaço para o que realmente importa. Cada peso que você alivia é como soltar a âncora de um navio, permitindo que ele siga adiante em sua rota, sem obstáculos.

Vamos a algumas perguntas-chave para ajudar nesse processo:

Este peso é genuíno ou foi imposto? Reflita se essa cobrança ou responsabilidade realmente vem do seu interior ou se foi algo que você assumiu por pressão externa.

Esse peso é solucionável ou inevitável? Há pesos que não têm solução imediata, como responsabilidades familiares, financeiras ou de saúde. Porém, a forma como lidamos com eles pode ser transformada. O que você pode mudar em sua abordagem para aliviar a carga?

Esse peso ainda faz sentido? Muitos fardos que carregamos ao longo da vida não fazem mais sentido, mas continuamos a arrastá-los por hábito. Questione se essas antigas expectativas ainda têm relevância no seu contexto atual.

O que seria diferente se você simplesmente deixasse de carregar esse peso? Imagine por um instante como sua vida seria sem esse fardo. O que mudaria? Quanta energia seria liberada para outras áreas?

A partir dessas reflexões, você pode começar a criar um plano para eliminar ou aliviar os pesos desnecessários. Cada pequena ação rumo à liberdade vai abrir mais espaço para uma vida leve, fluida e autêntica.

Esse processo de libertação não acontece da noite para o dia, mas começa com pequenos passos. Talvez seja o momento de buscar ajuda profissional, ou, quem sabe, você já tenha suas próprias técnicas para lidar com esses pesos. O importante é dar início a esse movimento. Cada pequeno ajuste na rota pode fazer uma enorme diferença no destino final.

Você tem total liberdade de se debruçar sobre esses pesos da forma que preferir, utilizando técnicas que você já possua para resoluções de problemas ou até mesmo buscando o tão indicado e fundamental auxílio de profissionais da área terapêutica.

Aqui deixarei uma técnica que indico muito para rastrearmos mais profundamente esses pesos que você colocou para fora, a famosa técnica dos "5 Whys". Essa técnica, utilizada milenarmente na cultura oriental, ficou mundialmente conhecida nos anos 1970 quando a empresa Toyota começou a utilizá-la para resolver problemas de difícil resolução.

A técnica dos "5 Whys" foi popularizada pela Toyota nos anos 1970, como parte do Toyota Production System (TPS), uma abordagem que revolucionou a manufatura e gestão de qualidade. Taiichi Ohno, um dos grandes pensadores por trás do TPS, acreditava que a repetição sistemática da pergunta "por quê?" poderia ajudar a desenterrar a causa raiz de qualquer problema. Ao questionar cinco vezes, ele observou que a verdadeira natureza do problema se revelava, permitindo uma solução mais eficaz.

Essa técnica, que começou no ambiente industrial, demonstrou ser tão poderosa que foi rapidamente adotada por outras indústrias e áreas, incluindo o desenvolvimento de software, saúde, e gestão de negócios. A chave para sua eficácia reside na simplicidade: ela força uma exploração mais profunda do problema, eliminando suposições superficiais e revelando as verdadeiras causas subjacentes.

Embora a técnica tenha suas raízes na resolução de problemas industriais, sua aplicação pode ser igualmente transformadora no campo do autoconhecimento e desenvolvimento pessoal. Quando aplicada a problemas emocionais, comportamentais ou relacionais, a técnica dos "5 Whys" pode nos ajudar a desenterrar crenças limitantes profundamente enraizadas e padrões comportamentais que operam no subconsciente.

Por exemplo, ao identificar por que você se sente constantemente ansioso ou estressado, pode-se perguntar "por quê?" repetidamente até chegar à raiz do problema, que pode estar relacionado a medos e inseguranças enraizados na infância ou a padrões de comportamento inculcados pela sociedade.

A técnica dos "5 Whys" também encontra respaldo em abordagens psicológicas modernas. A psicoterapia cognitivo-comportamental (TCC), por exemplo, utiliza técnicas semelhantes para ajudar os pacientes a identificar e desafiar pensamentos automáticos e distorcidos, que muitas vezes têm raízes em crenças limitantes ou experiências passadas. Ao questionar esses pensamentos, os indivíduos podem começar a substituir padrões negativos por abordagens mais saudáveis e realistas.

Você irá escolher os principais pesos que conseguiu rastrear e irá fazer o processo de explanação desse sentimento, conforme a técnica indica. Sugiro que faça isso para todos os sentimentos.

Deixarei três espaços e sugiro que, sempre que tiver um peso em seu coração e um problema tirando seu sono, faça esse exercício de rastreamento para entender de onde surgiu esse problema e se ele realmente merece tamanha atenção. Se a resposta for sim, ficará fácil entender como deverá agir para resolvê-lo.

Se ao final deste livro você colocar isso em prática em sua vida, pode ter certeza de que já valeu a pena o tempo que destinou a esta leitura. Você irá perceber que, com o passar do tempo, conseguirá fazer esse rastreamento de forma automática em sua mente, será algo libertador e transformador em sua jornada. Primeiro, vou dar um exemplo na vida empresarial de como essa técnica ajuda a rastrear a real causa de um problema.

O primeiro passo, assim como em nossas vidas, é reconhecer que existe um problema, olhar de frente para ele e aceitá-lo. Sim, esse problema existe.

O segundo passo é nomear esse problema e, aí sim, começar o rastreamento profundo de suas reais origens. Com isso, mesmo se não conseguirmos solucionar de imediato, teremos a total consciência do porquê de ele existir.

Essa atividade é fundamental para pessoas que sofrem de ansiedade e angústia, e somente com esse exercício poderemos diminuir, e muito, seu sofrimento diário. Com tantos problemas mascarados, sem que olhemos de frente e tomemos total controle, nossa mente fica buscando soluções vazias a cada segundo, acabando com nossa saúde física e mental.

Observe a seguir como funciona a técnica dos porquês.

Nesse exemplo de uma indústria, a principal máquina da empresa quebrou no meio do expediente sem qualquer explicação.

O primeiro passo foi reconhecer: existe um problema na máquina. O segundo passo foi nomear: a máquina está quebrada. E depois entra em ação a atividade dos porquês, questionando, no mínimo, cinco vezes os desdobramentos das respostas.

PROBLEMA: ______________

POR QUÊ?

POR QUÊ?

POR QUÊ?

POR QUÊ?

POR QUÊ?

CAUSA RAIZ

PROBLEMA: A MÁQUINA QUEBROU

1. Por que ela quebrou?
Porque estragou o compressor.
2. Por que estragou o compressor?
Porque estava muito velho e não foi feita a reposição da peça.
3. Por que o departamento de compras não comprou um novo?
Porque não tinha dinheiro no caixa da empresa.
4. Por que não tinha dinheiro no caixa?
Porque o faturamento está baixo e o comercial não está conseguindo vender o suficiente.

[Se nossa análise parasse aqui, ficaria claro que a culpa está na "fraca equipe comercial", mas vamos dar sequência a mais alguns porquês.]

5. Por que o comercial não vendeu?
Porque o preço é muito caro comparado com a concorrência.
6. Por que o preço está muito caro?
Porque nosso custo do produto é muito alto.
7. Por que nosso custo é muito alto?
Porque o comprador está ganhando propina e comprando mal.

Pronto, com esse simples exercício de rastreamento, encontramos o problema da máquina quebrada. Se olhássemos de forma superficial, como costumamos olhar para todos os nossos problemas, apenas trocaríamos a peça, mandaríamos o operador da máquina embora ou, com uma análise um pouco mais profunda, trocaríamos a equipe comercial. Mas, se conseguirmos fazer esse exercício dos porquês até as últimas instâncias, de questionar até a camada mais profunda, conseguiremos chegar na raiz de todos os problemas. Com essa poderosa técnica, dificilmente haverá um problema cuja verdadeira raiz não possa ser encontrada!

Nesse caso, o problema da máquina quebrada foi culpa de um comprador corrupto. Agora, veja a quantidade de problemas que uma atitude estaria ocultando se não houvesse um olhar mais profundo. Isso vale para todas as coisas em nossa vida. Jamais a resposta estará na superficialidade. Só conseguimos enxergar a ponta do iceberg, mas a parte submersa dele está muito além da nossa visão periférica.

Temos a incrível mania de sempre observar tudo na superficialidade; infelizmente, nos tornamos uma sociedade preguiçosa, buscamos respostas e soluções rápidas e quase nunca nos aprofundamos na raiz das coisas. Por esse motivo, na maioria das vezes, estamos tentando resolver nossas dificuldades tratando a causa totalmente errada.

Olhe para nosso país, para os casamentos, para as amizades; todas as nossas relações estão em uma crise gigantesca. Estamos buscando resolver todos os problemas sem ao menos tentar enxergar a raiz. É impossível a resolução de qualquer problema apenas analisando a superficialidade; isso vale para tudo. Entramos em grandes polaridades e discussões sem profundidade, sem saber realmente as raízes por trás de nossos argumentos.

"NOSSAS PRÓPRIAS DEFICIÊNCIAS SÃO OS MELHORES PROFESSORES. QUANTO MAIS OLHAMOS PARA DENTRO, MAIS MAESTRIA TEREMOS SOBRE NOSSAS VIDAS EXTERNAS."

BUDA

É hora de encarar a verdade sem filtros e olhar para as raízes de tudo o que afeta sua vida diária. Não adianta fugir; é preciso enfrentar as questões que carregam peso em sua vida. A técnica dos "5 Whys" é uma ferramenta essencial nesse processo. Para cada problema que você identificou, aplique essa técnica e vá o mais fundo que puder. Você pode descobrir que as broxadas que o incomodam têm raízes nas mentiras que você conta no trabalho. Talvez a pressão por trocar de carro ou mudar para uma casa maior seja, na verdade, uma tentativa de mostrar aos outros que você está bem, tentando preencher um vazio interno. E talvez o peso de manter uma amante seja apenas uma forma de se autoafirmar como "machão", ainda preso em traumas e crenças limitantes do passado.

Seja honesto consigo mesmo: por que você sente ciúmes doentios? Pode ser que a resposta esteja em uma autoestima frágil, que começou a ser moldada lá nos tempos de escola. Entender essas raízes é libertador, mas exige coragem.

Alguns tentam mudar de cidade, de emprego ou até de país para fugir da pressão social. Mas a verdadeira liberdade vem quando você encara essas pressões, entende que não precisa agradar ninguém além de si mesmo, e se sente seguro sobre quem realmente é. Isso é algo que nenhum dinheiro pode comprar.

Agora, chegou a hora de você entender o que realmente está pesando em sua vida e rastrear essas origens, por mais dolorosas que possam ser. Doenças, perdas, traumas, traições, dívidas... seja qual for o problema, este é o momento de trazê-los à tona e encará-los.

Mesmo que você não chegue a uma conclusão imediata, não siga adiante no livro sem ao menos tentar. Não se sabote. Nós, homens, somos mestres em mascarar nossas fraquezas e encontrar desculpas para nossas ações. Mas aqui, neste momento, você precisa se despir dessas defesas e se comprometer com seu objetivo de transformar sua vida.

O psiquiatra Carl Jung nos lembra: **"A vida não vivida é uma doença da alma que nunca se cura, e que só pode ser redimida ao nos reconciliarmos com a nossa sombra"**. Não aceite viver uma vida menor do que a que você merece. Cada dia é um passo mais perto do fim. É hora de tomar as rédeas e fazer valer a pena. Eu confio em você!

Aqui está um exemplo prático de como usar a técnica dos "5 Whys" para autoconhecimento:

Por que estou me sentindo tão ansioso no trabalho?
Porque sinto que nunca faço o suficiente.

Por que sinto que nunca faço o suficiente?
Porque tenho medo de que, se eu falhar, serei julgado pelos outros.

Por que tenho medo de ser julgado pelos outros?
Porque já fui criticado no passado e isso me fez sentir inadequado.

Por que a crítica no passado me fez sentir inadequado?
Porque internalizei a ideia de que meu valor está atrelado à minha performance.

Por que meu valor está atrelado à minha performance?
Porque fui criado em um ambiente onde o sucesso era visto como a única medida de valor pessoal.

EXERCÍCIO DE RASTREAMENTO

PROBLEMA 1

Por quê?

Por quê?

Por quê?

Por quê?

Por quê?

Por quê?

Por quê?

Por quê?

PROBLEMA 2

Por quê?

Por quê?

Por quê?

Por quê?

Por quê?

Por quê?

Por quê?

Por quê?

PROBLEMA 3

Por quê?

Por quê?

Por quê?

Por quê?

Por quê?

Por quê?

Por quê?

Por quê?

Observação: Continue realizando o mesmo exercício em uma folha à parte, para todos os problemas necessários.

Com essas informações visualmente aparentes, fica muito mais fácil olhar de forma fria e direta e tomar uma grande decisão sobre o que fazer com esses pesos, principalmente para aqueles que você identificou como totalmente relacionados a fatores externos, a algemas e busca de aprovação dos outros.

Sugiro que, para todos os pesos que tenham essa relação externa, você crie um plano de ação para eliminá-los de sua vida. Não faz sentido algum seguirmos adiante carregando pesos que não precisamos carregar simplesmente para sermos aceitos ou para não desagradar outras pessoas. Lembre-se: essa vida está cada dia mais próxima do fim, não faz sentido estarmos aqui vivendo uma mentira, nosso único objetivo é nossa evolução. Tenha consciência de que a maioria dos problemas físicos e emocionais que você enfrenta hoje são consequências desses pesos que você carrega.

É óbvio que, durante nossa jornada, teremos muitos problemas e com certeza vamos carregar muitos pesos, mas, para conseguirmos lidar com os reais desafios que a vida nos apresenta, precisamos ter nossa mochila o mais leve possível. Sei o quanto você está querendo e buscando sua transformação, o simples fato de estar lendo este livro prova isso; então, meu amigo, não fique mais nenhum segundo carregando um fardo desnecessário.

Se for preciso, pegue esse peso de suas costas e entregue-o à pessoa que deveria estar carregando-o. Muitas vezes, passamos nossa vida toda carregando pesos de outras pessoas, a fim de protegê-las. Isso não é justo com a sua jornada. Lembre-se de que carregar esse peso às vezes será de real importância no processo de evolução de quem realmente deve carregá-lo.

Viemos sós e iremos sós, cada ser é único e precisa viver sua jornada individual. Ajudar ao próximo é uma coisa, agora, carregar os pesos dos outros é injustiça com você e um desperdício de vida e evolução para o outro.

Então, eu o convido a analisar todos esses pesos, olhar de forma verdadeira e fria para eles e tomar a decisão se você quer ou não seguir com eles em suas costas. Se você realizou apenas os três rastreamentos para os quais deixei espaço, dê-se o presente de pegar um papel e fazer o mesmo rastreamento para os demais dilemas de sua vida.

Todos esses exercícios, de uma forma ou de outra, trazem a clareza de muitos pontos até então não explorados em nossa vida. Dessa forma, criamos um autoconhecimento poderoso que nos liberta para seguir adiante com muito mais confiança e foco. Tudo isso faz com que, passo a passo, você conheça cada vez mais sua história e dilemas. Acredite, ter a visão real sobre sua vida irá, de forma indireta, diminuir muito sua ansiedade e outras consequências.

Às vezes, ficamos procurando respostas extremamente complexas para nossos dilemas, mas, na verdade, não nos atentamos a algo tão básico como simplesmente olhar de forma verdadeira e profunda para nosso interior. Imagine tentar subir uma montanha com uma mochila cheia de pedras; é assim que passamos nossa vida, carregando um peso quase insuportável em nossas costas. O pior é que, mais cedo ou mais tarde, vamos descobrir que 90% das pedras de nossa mochila não eram nossas ou não precisávamos estar carregando-as.

Mais uma vez digo, mesmo que realmente precisemos carregar essas pedras, o mínimo que devemos saber é qual o nome da pedra, seu peso exato, por que estamos carregando-a e se vamos carregá-la até o final ou se vamos descarregá-la em algum momento... Assim conseguiremos seguir nossa jornada com total consciência de nossa realidade, sem ficar nessa confusão mental buscando respostas vazias para justificar nossa difícil e pesada caminhada. Uma coisa é carregar uma mochila com 50kg sem saber o conteúdo; outra coisa é carregar a mesma mochila sabendo precisamente cada grama que consta nela.

TODO SIM QUE DAMOS PARA OS OUTROS QUE NECESSITA DE UM NÃO (PARA NÓS) PRECISA SER REVISTO.
@GUSTAVOTAIT

Olhe para seu coração e veja se realmente vale a pena carregar esses pesos, veja se realmente eles são seus, lembre-se sempre dos efeitos colaterais deles e faça sua escolha. Quanto mais peso carregamos, menos força teremos para lidar com os obstáculos que fazem parte de nosso caminho.

A forma como você fará isso é muito individual. Dedique um tempo para meditar, escreva todos os detalhes de cada peso que carrega, entenda que saber exatamente tudo sobre eles é a coisa mais fundamental que você deve realizar em sua vida, isso deve ser sua prioridade máxima a partir de agora...

Crie um plano de ação. Se possível, busque ajuda de um profissional da área terapêutica, mas não viva mais nem um segundo sem ter um plano de ação para deixar sua carga mais leve.

Para lhe auxiliar, deixo aqui um resumo passo a passo de como lidar e iniciar o processo de libertação dos pesos da sua vida:

RECONHECIMENTO:

Aceite que há problemas ou "pesos" em sua vida que precisam ser abordados. Isso é essencial antes de você poder começar a trabalhar para se livrar deles.

IDENTIFICAÇÃO:

Identifique esses pesos detalhadamente. Isso inclui entender o que eles são, como afetam sua vida, e por que eles estão presentes. Escreva sobre cada um para clarificar seus pensamentos.

ANÁLISE DE ORIGEM:

Investigue a origem de cada peso. Pergunte-se por que esses problemas existem. Use a técnica dos "5 Whys" para aprofundar suas causas raízes.

AVALIAÇÃO DE INFLUÊNCIAS EXTERNAS:

Determine quais pesos são influenciados por fatores externos, como expectativas sociais, pressões familiares ou crenças limitantes impostas pela sociedade.

PLANO DE AÇÃO:

Para os pesos que são devidos a influências externas ou que não são essenciais para sua própria jornada, crie um plano para reduzir ou eliminar esses fardos. Isso pode incluir definir limites, comunicar suas necessidades aos outros, ou simplesmente parar de priorizar as expectativas alheias.

AUTOACEITAÇÃO:

Trabalhe na aceitação de si mesmo. Reconheça que não é necessário carregar pesos que não contribuem positivamente para sua vida. Pratique a autocompaixão e o perdão por erros passados ou falhas percebidas.

BUSCA DE APOIO:

Considere buscar ajuda de profissionais como terapeutas ou conselheiros para lidar com problemas mais profundos ou persistentes. Eles podem oferecer suporte e estratégias eficazes para lidar com os pesos emocionais.

IMPLEMENTAÇÃO DE TÉCNICAS DE ALÍVIO:

Aplique técnicas de redução de estresse e gerenciamento de ansiedade, como meditação, exercícios físicos e técnicas de respiração, para ajudar a lidar com o peso diário.

REAVALIAÇÃO CONSTANTE:

Regularmente, revise os pesos que você está carregando. Decida conscientemente quais você continua a carregar e quais você escolhe deixar para trás.

VIVA CONSCIENTEMENTE:

Faça escolhas diárias alinhadas com seus verdadeiros valores e quem você quer ser, em vez de viver de acordo com as expectativas dos outros. Isso irá ajudá-lo a viver uma vida mais leve e autêntica.

Seguindo estes passos, você poderá iniciar o processo de se desvencilhar dos pesos desnecessários, permitindo um caminho mais leve e autêntico em sua vida.

Mas, sim,, entendo que existem pesos que não podem ser retirados, que são problemas realmente nossos que, mesmo rastreando os porquês, não terão solução. É aqui que entra a nova conversa sobre aprendermos enfim a deixar mais leves esses pesos que de fato temos que sustentar.

Nesse momento, vamos aprender a dividir o nosso peso com aqueles que teoricamente teriam essa função de nos ajudar, minimizar, acolher ou apenas escutar sobre nossos pesos.

“AMIGO DE VERDADE, A GENTE NUNCA ESQUECE / PRESENTE QUE A VIDA OFERECE, QUE O TEMPO NÃO APAGA / E SE AS PEDRAS DO CAMINHO FOR TROPEÇO PRA VOCÊ / EU TÔ CONTIGO, MEU AMIGO, TÔ AQUI PRA TE ACOLHER.”

FABIO BRAZA

CAPÍTULO 18
DIVIDINDO NOSSOS PESOS

Chegamos a um ponto vital da nossa jornada: olhar de frente para os pesos que não podem simplesmente ser descartados. Aqueles que se enraizaram em nossas vidas e, de alguma forma, parecem estar aqui para ficar. Talvez sejam desafios permanentes, responsabilidades inescapáveis, ou questões emocionais profundas que carregamos desde sempre. O fato é que esses pesos existem, e, para continuarmos nossa travessia com mais leveza, precisamos aprender a carregá-los de forma mais sábia.

Sabemos que há pedras que não podem ser jogadas fora, mas isso não significa que precisamos carregá-las sozinhos. Um dos maiores segredos que podemos descobrir ao longo dessa caminhada é a força que reside em compartilhar nossos fardos. Imagine por um instante se você pudesse dividir parte desse peso com outras pessoas, em especial com aqueles ao seu redor que também, provavelmente, estão carregando suas próprias cargas.

Sabe aquele seu grupo de amigos – os caras do futebol, da faculdade, do trabalho? Já parou para pensar que, assim como você, eles também estão lutando suas próprias batalhas internas? E se vocês, juntos, começassem a abrir espaço para conversas que vão além das superficialidades do dia a dia? E se, ao invés de falar apenas sobre futebol ou comentar sobre mulheres, vocês se permitissem discutir os desafios que realmente estão pesando sobre seus ombros?

Eu sei que essa ideia pode soar estranha. Afinal, fomos condicionados a acreditar que homens devem ser duros, inabaláveis, e que expressar fragilidade é sinônimo de fraqueza. Essas são algumas das algemas mais poderosas que carregamos, impedindo-nos de acessar um dos maiores recursos à nossa disposição: o apoio de outros homens.

Mas aqui está o ponto: ao nos permitirmos ser vulneráveis, criamos uma corrente de força genuína. Um verdadeiro guerreiro não teme expor suas fraquezas, porque ele sabe que reconhecer suas limitações é o primeiro passo para superá-las. Ao dividir suas dores e fardos com outros homens, você não apenas alivia o peso sobre suas costas, mas também cria um espaço onde outros podem fazer o mesmo.

Pense bem: quantas vezes você já passou por momentos em que se sentiu esmagado por responsabilidades, medos ou inseguranças, mas, ao invés de compartilhar isso com alguém, preferiu sofrer em silêncio? Essa prática não nos torna mais fortes. Na verdade, ela nos enfraquece.

Precisamos compreender que existe uma grande diferença entre conversar e se abrir.

Veja este simples exemplo. Estatisticamente, quase 50% dos homens têm ejaculação precoce ou impotência, então por que um homem, ao expor sua dor em uma roda de dez amigos, em vez de tirarem sarro para o resto da vida, os outros cinco amigos que sofrem o mesmo não podem se abrir? E os demais, que não têm esse problema, não podem ajudar?

Seria algo tão simples, porém, para manter essa pose de macho alfa, milhões e milhões de homens sofrem calados a mesma dor que seu melhor amigo pode estar passando. No entanto, só se abrem para o Google, onde buscam de forma desesperada e solitária ajuda imediata para suas dores que, na maioria das vezes, só vai piorar as coisas.

Que amizade é essa que não pode servir para ajudar a curar uma dor?

Gostaria que nesse momento você parasse para pensar em todos os problemas que está passando ou passou calado, esses pesos que você está carregando para os quais, mesmo rastreando as raízes, não encontrou uma solução.

Pense também em quantas vezes quis dividir com alguém algum sentimento, mas se calou, com medo ou vergonha do que iriam pensar. Tente pensar em quantos problemas seus amigos e conhecidos passaram e sofreram calados por medo de se mostrarem vulneráveis e frágeis em conversas, com medo de serem zoados ou terem sua masculinidade questionada.

Pense na quantidade de homens que tiram suas próprias vidas todos os dias, homens que não tiveram a coragem de se abrir para um amigo sequer para dividir seus dilemas. Às vezes já aconteceu com sua família ou com alguém próximo, a pessoa aparentava ter uma vida ótima, mas "do nada" foi encontrada morta.

Precisarei dar muito enfoque a esse tema pois é a grande raiz de muitos outros, e também pode ser o começo da transformação de todos eles.

Existe uma frase de que gosto muito: **A CURA DE UM É A CURA DE TODOS.**

Desse modo, torna-se impossível alguém se curar calado, é quando liberamos nossas emoções e sentimentos que conseguimos iniciar uma verdadeira transformação.

Somente quando nos abrirmos em vulnerabilidade o outro também se sentirá empoderado para fazer o mesmo e, assim, criaremos uma grande corrente de homens que falarão de sentimentos e se ajudarão a resolver pesos que aparentemente parecem gigantescos, mas que, com um olhar de um amigo, pode se tornar uma simples pedrinha.

Historicamente, o mundo foi moldado pela conquista, tanto de territórios quanto de poder e status. Desde as primeiras civilizações, a força física e a bravura foram cruciais para garantir a sobrevivência e a liderança. Nas sociedades antigas, como as de Esparta e Roma, a força e a capacidade militar eram altamente valorizadas, e a masculinidade era definida pela habilidade de proteger e expandir impérios. O historiador Yuval Noah Harari, em seu livro *Sapiens: Uma breve história da humanidade*, destaca como a violência e a conquista foram fundamentais para a formação de sociedades complexas, e como essas práticas deixaram marcas profundas nas culturas humanas.

"A VIOLÊNCIA É O MOTOR DA HISTÓRIA, MAS A COOPERAÇÃO É O SEGREDO DO SUCESSO."

YUVAL NOAH HARARI

No mundo animal, comportamentos similares são observados, em que a demonstração de força física muitas vezes determina o status e a capacidade de reprodução. Charles Darwin, em sua teoria da seleção natural, já mencionava que certas características, como a força e a agressividade, são selecionadas porque ajudam os machos a garantir parceiros e a perpetuar seus genes.

Essa construção histórica de masculinidade moldada pela força e pela bravura persiste até hoje, mesmo que o contexto tenha mudado drasticamente. A sociedade moderna não exige mais que os homens protejam seus lares com espada na mão, mas as expectativas sociais em torno da masculinidade permanecem anacrônicas.

O filósofo norueguês Lars Svendsen, em seu livro *A filosofia do medo*, discute como os homens continuam a agir sob a sombra de medos irracionais que não correspondem mais às realidades atuais. Ele argumenta que a sociedade ainda impõe aos homens uma necessidade de esconder suas vulnerabilidades, perpetuando uma cultura de bravura que, na verdade, leva a um "esgoto interno" de emoções não expressas e, muitas vezes, mal compreendidas.

Portanto, precisamos reconhecer que as condições que exigiam essa repressão emocional e demonstração constante de força já não existem. O mundo mudou, e é hora de redefinir o que significa ser homem. Vulnerabilidade, expressividade emocional, e a capacidade de buscar apoio são sinais de força na sociedade moderna, e não fraquezas a serem escondidas. Ao fazer isso, não estamos apenas melhorando a saúde emocional dos homens, mas também construindo uma sociedade mais saudável e equilibrada.

VIVEMOS SOB A DITADURA DO MEDO, NA QUAL A VULNERABILIDADE É VISTA COMO FRAQUEZA, E O SILÊNCIO EMOCIONAL, COMO BRAVURA.

SVENDSEN

A consequência dessa trava no fluxo de emoções é fatal. O corpo humano é inteligente e precisa escoar essas emoções de alguma forma. Então surgem os grandes problemas que os homens estão enfrentando na atualidade, que podem aparecer em forma de depressão, alcoolismo, drogas, agressividade, insônia, impotência e outras infinitas formas de vícios, nas quais o corpo tenta eliminar essas emoções.

O pior de tudo é que, além de fazer mal para si mesmos, os homens hoje são os responsáveis pelas maiores atrocidades da humanidade. Acabando com tudo ao seu redor e, principalmente, com suas próprias vidas.

Temos o triste número apontado pelo anuário brasileiro de segurança pública: todos os dias, mais de 30 homens tiram sua própria vida por não saber lidar com seus dilemas internos. Sim, estamos vivendo um surto de suicídio entre homens, simplesmente por não conseguirmos carregar mais tanto peso sozinhos.

Desde cedo, fomos treinados para não sentir, para não compartilhar nossas emoções, e fomos envolvidos em preconceitos que nos afastam de buscar ajuda profissional na área da saúde emocional. É como se tivéssemos sido instruídos a navegar solitários, sem bússola ou mapa, enfrentando tempestades interiores sem jamais pedir socorro.

Imagine passar uma vida inteira ao lado de alguém sem que essa pessoa conheça seus anseios, sonhos e dores mais profundas. Infelizmente, isso é uma realidade comum para muitos homens casados. As estatísticas mostram que apenas dois em cada dez homens conversam sobre seus sentimentos com suas companheiras. Isso significa que a maioria está navegando em silêncio, carregando fardos pesados sem compartilhar o peso com aquela que está ao seu lado.

Se o universo o presenteou com uma companheira ou um companheiro de jornada, saiba que o que ela/ele mais deseja é ter um verdadeiro homem ao seu lado – e, como dissemos, um verdadeiro homem não esconde seus sentimentos. Para que sofrer sozinho, enfrentando tempestades internas sem apoio? Por que carregar esse peso sozinho quando você tem alguém disposto a dividir as cargas? Pode ter certeza de que você não será menos homem ou mais frágil por abrir seu coração. Pelo contrário, essa é a marca de um verdadeiro guerreiro.

Muitos homens, temendo que suas parceiras os vejam como fracos, fingem ser uma rocha inabalável. Mas, meu amigo, não se engane. As mulheres são navegadoras sábias; por mais que você tente esconder, elas sempre percebem quando algo está errado. O que você pensa que está ajudando a manter sua imagem pode, na verdade, gerar desconfiança e insegurança. Ao esconder suas emoções, você ergue barreiras que impedem uma verdadeira conexão, deixando ambos à deriva.

É importante esclarecer que expressar sentimentos e vulnerabilidades é muito diferente de adotar uma postura de vitimismo. Mostrar que você está sofrendo, chorar, ou externalizar suas emoções é completamente distinto de se comportar de forma infantil, buscando atenção e carinho como uma criança perdida. Esta é uma linha tênue que devemos navegar com cuidado.

O vitimismo é como um redemoinho que puxa todos ao redor para baixo. É uma das atitudes mais prejudiciais que um homem pode adotar, especialmente quando usado como forma de manipulação emocional em relação às mulheres. É crucial identificar se suas emoções são autênticas ou se estão sendo usadas como uma maneira de obter atenção e carinho indevidos.

Em nossa sociedade, os homens ainda possuem infinitos privilégios em comparação com as mulheres. Ao reconhecer e questionar esses privilégios, e ao diferenciar entre expressar vulnerabilidades genuínas e adotar uma postura de vitimismo, os homens podem começar a desconstruir a masculinidade tóxica. Isso não só beneficia as relações entre homens e mulheres, mas também permite que os homens vivam vidas mais autênticas e emocionalmente saudáveis.

HOMEM CHORA, HOMEM NÃO FAZ MANHA.

Você vai ver a mágica linda que ocorre quando nos abrimos em vulnerabilidade ao outro. Quando falamos de nossos medos e dores, a outra pessoa se sente livre para fazer o mesmo, aí o diálogo e a troca fluem e, na maioria das vezes, ambos conseguem se ajudar ou deixar esses pesos mais leves. Mas, por favor, não confunda dividir pesos se abrindo com querer que as outras pessoas carreguem seus pesos. Novamente digo, se a pessoa que escolheu para abrir seus sentimentos não o acolher, entenda que ela está no processo dela. Busque estar ao lado de pessoas que estão no mesmo processo de busca que você.

"QUANDO NÃO PODEMOS MAIS MUDAR UMA SITUAÇÃO, SOMOS DESAFIADOS A MUDAR A NÓS MESMOS."
— VIKTOR FRANKL

Agora, vamos retornar ao tema da amizade e encarar um desafio que pode ser um divisor de águas em sua jornada. Este exercício exigirá coragem e disposição para se abrir de uma forma que talvez você nunca tenha feito antes. Mas é um passo crucial para se tornar o HOMEM que você deseja ser e transformar sua vida.

DESAFIE-SE: O PODER TRANSFORMADOR DE COMPARTILHAR SEUS PESOS

O desafio é simples: durante esta semana, escolha um amigo de confiança para compartilhar os sentimentos que têm pesado em seu coração. Convide-o para um café, um açaí, uma cerveja, ou qualquer momento de descontração. O objetivo é claro: abra seu coração e fale sobre os pesos que você carrega, sobre os medos que têm atormentado sua mente. Pode parecer assustador no começo, mas é assim que começamos a quebrar as correntes que nos mantêm prisioneiros.

Esse primeiro passo deve ser feito em uma conversa individual. A abertura para um grupo de amigos pode vir com o tempo, de forma gradual e estratégica. No entanto, começar se abrindo para um amigo é um movimento corajoso e essencial. Se a ideia de começar essa conversa parece desconfortável, seja direto e honesto.

Imagine que seu amigo se chama André. Convide-o para sair e, no momento certo, diga: "André, estou passando por algumas coisas na vida e confio em você. Estou lendo um livro que tem me ajudado muito, e acho que seria bom desabafar um pouco. Você estaria disposto a ouvir?"

Acredite, uma simples conversa pode ser a chave para liberar um fardo que você nem sabia o quanto estava carregando. Quando externalizamos nossos medos e problemas, eles parecem perder metade do peso. Muitas vezes, seu amigo já passou por algo semelhante, conhece alguém que passou, ou estará lá apenas para escutar e oferecer apoio.

DIVIDIR O FARDO É LIBERTAR-SE

Expressar seus sentimentos e vulnerabilidades é um ato de coragem que define o verdadeiro HOMEM. Só o ato de falar sobre o que está sentindo já tem um poder de cura gigantesco. Quando enfrentamos nossos dilemas e verbalizamos o que nos aflige, percebemos que muitas vezes esses problemas, que antes pareciam intransponíveis, são bem menores do que imaginávamos.

Cuidar da nossa saúde mental e física é fundamental para uma vida plena. Precisamos entender o que está drenando nossa energia, o que está nos acelerando, e, principalmente, o que está nos levando ao esgotamento. Fingir que não estamos sobrecarregados só prolonga o sofrimento. Ser um HOMEM de verdade significa encarar o que está nos destruindo por dentro. Se esses fardos estão gerando ansiedade, dores físicas, ou problemas emocionais, não há razão para continuar carregando-os sozinho.

Se ainda estiver hesitante em compartilhar com um amigo, considere falar com sua parceira ou seu parceiro, procurar um terapeuta, ou, em última instância, tenha uma conversa honesta consigo mesmo no espelho. O importante é que você não mantenha esses sentimentos presos. Verbalizar seus medos e fardos é uma ferramenta poderosa para o alívio imediato.

ACEITE O DESAFIO E TRANSFORME-SE

Pode parecer simples, mas, muitas vezes, os maiores segredos da vida estão nas ações mais simples. Ao aceitar esse desafio, você está dando um passo gigantesco em direção à sua transformação pessoal. Cada conversa, cada desabafo, cada peso compartilhado é uma prova de sua determinação em se tornar uma versão mais leve, mais forte, e mais autêntica de si mesmo.

AQUI ESTÁ UM GUIA PASSO A PASSO PARA AJUDÁ-LO A INICIAR ESSA JORNADA DE PARTILHA:

- **ESCOLHA UM AMIGO DE CONFIANÇA** – Pense em alguém que sempre esteve ao seu lado, alguém com quem você sente que pode se abrir. Não precisa ser o amigo mais próximo, apenas alguém com quem você tenha uma conexão.
- **PLANEJE O ENCONTRO** – Convide-o para um momento casual, seja para tomar um café ou fazer algo que vocês costumam apreciar juntos. O ambiente descontraído facilita a abertura da conversa.
- **SEJA HONESTO E DIRETO** – No momento certo, seja sincero. Diga que está passando por uma fase complicada e gostaria de compartilhar seus sentimentos. A simplicidade e honestidade no pedido já fazem uma grande diferença.
- **COMPARTILHE SEUS SENTIMENTOS** – Não tenha medo de mostrar suas vulnerabilidades. Fale sobre o que tem pesado em seu coração, sem a preocupação de parecer frágil. Isso é um sinal de força, não de fraqueza.
- **ESTEJA ABERTO A OUVIR** – Permita que a conversa flua. Pode ser que seu amigo também precise desabafar. Esteja presente para ouvir e apoiar, assim como ele estará para você.
- **ABRACE A SENSAÇÃO DE ALÍVIO** – Após a conversa, você sentirá o peso diminuir. Esse é o poder de compartilhar. Guarde essa sensação e use-a como motivação para continuar se abrindo.

Ao seguir esses passos, você perceberá que dividir o peso não só alivia sua carga, mas fortalece laços de amizade e cria uma corrente de apoio. Não estamos nesta jornada sozinhos, e é na partilha que encontramos a verdadeira força para seguir em frente.

Aceite esse desafio e veja a mágica acontecer!

NOVO RUMO – O LEGADO DO HOMEM

O MUNDO É PORTÃO PEQUENO PRA QUEM VOA EM BANDO.

EMICIDA

ADENDO

Aposto que nesse momento você até já se esqueceu do seu escritor. Mas aqui estou, na Barra de Ibiraquera, em meu momento de retiro e introspecção, onde mais um dia se foi por completo nesse paraíso natural. Confesso que jamais imaginaria que estes dias de descanso que programei seriam utilizados para dar início a um livro. Estou completamente em êxtase com essa situação... Escrevo e escrevo sem parar e parece que não vejo o dia passar. Estou completamente entregue a esse chamado e muito feliz em conseguir externalizar esses sentimentos que gritam em meu coração.

Os capítulos estão sendo construídos sem planejamento algum, simplesmente estão nascendo da forma que precisam ser.

Por mim, entraria a noite escrevendo, mas, aqui na Barra de Ibiraquera, em Santa Catarina, o vento é extremamente forte em alguns dias. Tanto que muitos praticam kitesurf por aqui. Esse mesmo vento, porém, me expulsou há pouco do jardim, de modo que estou já aqui no quarto finalizando a escrita por hoje...

Agora decidi dar um pulo na praia ao lado, a famosa Praia do Rosa, onde já tive a oportunidade de morar por uma temporada e construir verdadeiras amizades. Uma em especial, meu querido amigo Pedro Schin. Caso não conheça esse nome, busque nas plataformas digitais e se encante com o talento musical desse mano!

Quero deixar registrado aqui o quanto esse mano influenciou a minha jornada, simplesmente por sua forma de viver e toda energia depositada nas letras de suas músicas!

Ele vai tocar em um barzinho agora à noite e vou cair pra lá e dar uma energizada na alma. Pois amanhã quero continuar essa escrita entrando em um dos temas que penso ser dos mais polêmicos...

ENTENDA QUE BASTA ESCUTAR O CORAÇÃO

SE DESPRENDA DE TODO O MEDO, TODO O MAL
QUE APERTA O TEU PEITO, ENTÃO.

QUAL É A MENSAGEM QUE VOCÊ QUER PASSAR

QUAL A MARCA NA HISTÓRIA VOCÊ VAI DEIXAR

DEIXA O BEM, FAÇA O BEM
LEVE A VIDA LEVE

SEJA VERDADEIRO COM O SEU CORAÇÃO
ESCUTE BEM A MÚSICA DA SUA ALMA
E LEVE A VIDA COM UM POUCO MAIS DE CALMA.

VIDA LEVE – PEDRO SCHIN

CAPÍTULO 19

DESVENDANDO O PESO DAS MENTIRAS

A jornada continua, meu amigo, e agora vamos encarar um inimigo sorrateiro que muitos de nós carregamos sem sequer perceber: a mentira. Assim como uma corrente pesada amarrada ao tornozelo, a mentira nos mantém presos, impedindo que avancemos com leveza e verdade em nossa travessia.

Você já se perguntou quantas vezes, mesmo sem perceber, usou a mentira como um escudo? No calor de uma discussão, em momentos de fraqueza, ou talvez para evitar a dor de uma verdade inconveniente. As mentiras, pequenas ou grandes, podem até parecer ferramentas úteis para fugir de situações difíceis, mas, na verdade, são pesos que corroem nossa essência.

Mahatma Gandhi, um grande guerreiro da verdade, uma vez disse: *"A verdade nunca danifica uma causa que é justa"*. E com essa sabedoria, vamos embarcar juntos nessa exploração das camadas que envolvem a mentira em nossas vidas. Como os ventos traiçoeiros que mudam o rumo de um barco em mar aberto, as mentiras também nos desviam do caminho que deveríamos trilhar. Elas criam uma falsa sensação de segurança, enquanto nos afastam daquilo que somos de verdade.

Neste capítulo, vamos mergulhar nas profundezas desse oceano traiçoeiro das mentiras e entender como elas se infiltram em nossas vidas, muitas vezes disfarçadas de proteção ou força. Você já sentiu que uma pequena mentira poderia resolver algo temporariamente? Talvez tenha pensado que era necessário para proteger alguém ou para manter sua imagem intacta. Mas, assim como uma pequena pedra no sapato, cada mentira, por menor que seja, acaba por ferir nossa alma e nos desconectar de nossa verdadeira essência.

Prepare-se, pois o que vamos descobrir aqui pode ser desconfortável, mas é vital. Assim como removemos as algemas e os pesos em capítulos anteriores, agora é hora de encarar as verdades que você pode estar evitando. Vamos juntos nessa jornada de libertação, desvendando como as mentiras nos moldam, nos aprisionam, e, principalmente, como podemos nos libertar desse fardo para finalmente navegar com o vento a nosso favor.

A MENTIRA MAIS COMUM É AQUELA QUE UM HOMEM CONTA A SI MESMO.

FRIEDRICH NIETZSCHE

Você pode pensar: "Ah, mas são só pequenas mentiras, não fazem mal a ninguém". Mas eu lhe digo, amigo, que são exatamente essas pequenas mentiras que acumulam peso ao longo da vida. Aquelas desculpas disfarçadas de conveniência, as pequenas omissões para manter as aparências, ou até as grandes mentiras contadas para sustentar uma imagem falsa de si mesmo – todas essas distorções da verdade pesam em sua alma como correntes invisíveis.

Lembra-se das algemas que discutimos nos capítulos anteriores? Pois bem, a mentira é uma das algemas mais antigas e pesadas que carregamos. Desde pequenos, aprendemos a mentir para esconder nossas fraquezas, por medo de não sermos aceitos ou de decepcionarmos os outros. E assim, pouco a pouco, essas mentiras começam a moldar nossa identidade.

Você sabia que, segundo pesquisas, a maioria das pessoas mente, no mínimo, dez vezes por dia? Em alguns casos, esse número pode chegar a cem! E por que fazemos isso? Porque fomos condicionados a acreditar que a verdade, muitas vezes, é insuportável. Seja para agradar os outros, esconder nossas inseguranças, ou parecer mais fortes do que realmente somos, as mentiras viram uma muleta, algo que nos impede de enfrentar nossa própria realidade.

Mas como guerreiros desta jornada, precisamos fazer diferente. Precisamos encarar o fato de que mentir não nos torna mais fortes. Pelo contrário, nos afasta de quem realmente somos e nos coloca em uma posição de constante defensiva, como se estivéssemos sempre à beira de sermos descobertos. Carregar essa carga extra de mentiras não só nos exaure mentalmente, mas também nos distancia do verdadeiro propósito de nossa jornada.

Quando mentimos para os outros, estamos, na verdade, mentindo para nós mesmos. A cada pequena mentira, uma parte de nossa autenticidade se perde, e o peso em nossa consciência aumenta. No longo prazo, isso gera ansiedade, estresse e, em alguns casos, doenças físicas, porque o corpo sente o peso da verdade não dita.

E é aqui, neste capítulo, que você vai começar a se libertar desse peso. Assim como rastreamos os outros fardos em nossa jornada, agora é o momento de olhar para as mentiras que você tem contado – para si e para os outros. Vamos explorar as razões por trás dessas mentiras, entender o que elas estão escondendo e, mais importante, começar a nos libertar desse ciclo de autossabotagem.

Se você achou que já havia encontrado todas as raízes dos pesos que carrega, prepare-se, pois estamos apenas começando. A mentira, seja grande ou pequena, é um fardo invisível que consome sua energia vital. Chegou a hora de colocar a verdade à frente e seguir essa jornada com o coração leve, pronto para navegar por mares mais tranquilos.

Lembre-se, não há aventura mais transformadora do que aquela que nos leva de volta à nossa própria essência. E a verdade é o mapa que nos guiará de volta para casa.

Um estudo publicado no *Journal of basic and applied social psychology* por Robert S. Feldman, especialista em psicologia social, revela que mentir está associado a uma série de malefícios à saúde mental e física. Feldman explica que "mentir causa um aumento do estresse e da ansiedade, o que, por sua vez, pode levar a uma deterioração da saúde física e mental ao longo do tempo". Além disso, o estudo aponta que o esforço cognitivo necessário para manter uma mentira exige muito mais energia do que simplesmente dizer a verdade, contribuindo para sintomas como fadiga, aumento da pressão arterial e até problemas de imunidade.

De nada adianta adentrarmos o autoconhecimento acerca de nossos pesos e fazermos todo o processo de identificação como fizemos nos capítulos anteriores sem olhar também para as mentiras que tanto pesam em nossa jornada.

Estudos mostram que, já aos três anos de idade, as crianças começam a mentir, imitando o comportamento dos adultos ao seu redor. Elas percebem que, ao distorcer a verdade, podem obter aprovação dos pais e evitar desapontá-los. Com o tempo, aprendem também que a mentira pode ser uma ferramenta eficaz para conseguir o que desejam.

Esse aprendizado inicial estabelece uma base problemática: a ideia de que mentir é vantajoso e que existem "tipos" de mentiras aceitáveis, como as "mentiras do bem" ou "mentiras para não machucar os outros". Assim, desde a infância, a sociedade nos ensina que a verdade pode ser dolorosa e que, em muitos casos, é melhor escondê-la.

Durante o primeiro setênio de nossas vidas, somos como esponjas, absorvendo tudo o que observamos. Crescemos vendo as pessoas mentirem de várias maneiras, e isso fixa em nossa mente a normalidade do ato. Quando associamos esse comportamento ao conceito de masculinidade ferida, os homens, em especial, tendem a intensificar o uso de mentiras como uma forma de se reafirmar socialmente.

Pior ainda são as mentiras que contamos desde pequenos para nos reafirmarmos como os "fodões" no quesito sexualidade. Quantas histórias inventamos de mulheres que nunca chegamos perto, mas contamos para todo o grupo sobre as noites incansáveis de amor? Já parou para pensar em tantas pessoas que já expomos de forma injusta por conta de nossas mentiras?

DOA A QUEM DOER, A REALIDADE É QUE A MENTIRA É UM DOS MAIORES ATOS DE COVARDIA QUE PODEMOS REALIZAR.

Muito além de pesar ainda mais em nossas costas, a mentira também é extremamente destruidora para a vida de todos os envolvidos. Quando mentimos, por qualquer motivo que seja, estamos roubando das pessoas envolvidas a oportunidade da verdade, e a única pessoa que realmente estamos "beneficiando" somos nós. Digo beneficiando com aspas porque isso é uma ilusão, carregar o peso de uma mentira, por menor que seja, causa danos gigantescos em nossas vidas em longo prazo. Hoje, com as redes sociais, podemos multiplicar de forma exponencial essa vida de mentiras. É mentira jorrada nas redes a todo segundo. Fingimos felicidade a todo custo, inventamos momentos para fotografar e filtros para esconder nossas realidades, tudo em troca de reconhecimento e autoafirmação. Um verdadeiro surto destruidor de falsas vidas e realidades.

Não importa quão dolorosa seja a verdade, todos nós somos seres humanos vivenciando essa vida com o objetivo de evolução. Cada ser aqui na Terra é único e tem seu papel, sua vida, seus dilemas e seus desafios. Quando agimos em inverdade, por menor que ela seja, estamos impedindo o processo da outra pessoa de viver a sua verdade em sua jornada.

A REALIDADE É QUE, QUANDO MENTIMOS, NÃO ESTAMOS PROTEGENDO O OUTRO DA VERDADE, E, SIM, ESTAMOS SENDO COVARDES, PROTEGENDO-NOS DA REAÇÃO DA OUTRA PESSOA SOBRE A VERDADE CONTADA.

Falando novamente sobre as mentiras que os "HOMENS" contam, essas inverdades alimentam uma cultura patriarcal, machista e tóxica, que nos faz mentir para os amigos sobre mulheres, conquistas sexuais, dinheiro e status. E o pior: essas mentiras criam um ciclo interminável de mais mentiras, onde todos querem aparentar ser mais do que realmente são. O resultado? Mais pressão psicológica e uma cobrança interna insustentável. Aqueles que ouvem essas histórias e acreditam nelas acabam se sentindo insuficientes, fracassados por não terem a mesma "vida de macho" que seus amigos fingem ter.

Sabe quando você inventa para seus amigos que "deu cinco" na mesma noite? Esse seu amigo, ao ouvir isso, vai se sentir mal por não conseguir a mesma performance. Na próxima oportunidade, ele provavelmente vai inventar uma história ainda maior para não ficar por baixo. E assim, seguimos alimentando diariamente um ciclo de mentiras e ilusões, que só agravam os transtornos psicológicos e aumentam a insatisfação.

Essas mentiras, grandes ou pequenas, não apenas impactam negativamente sua vida, mas também a de todos que recebem essas falsas informações. Sabe aqueles *posts* nas redes sociais, onde você aparece sorrindo, mesmo nos dias em que está sofrendo por dentro? Isso é apenas a ponta do iceberg de um oceano de mentiras que contamos diariamente para manter uma aparência. E essas mentiras têm um custo: elas nos desconectam da nossa verdade e nos aprisionam em um ciclo de falsas realidades.

Amigo, acredite em mim, não há atitude mais honrada e digna de um verdadeiro HOMEM do que viver em verdade. Sim, pode ser um caminho difícil, e exigirá força, mas, se o seu objetivo é ser um HOMEM de verdade, lembre-se: um HOMEM de verdade não mente.

O objetivo central deste livro é proporcionar reflexões profundas para que você possa rastrear as raízes dos problemas que enfrenta. Nesse processo de autoconhecimento, é essencial olhar de frente para todas as questões abordadas, por mais simples ou desconfortáveis que possam parecer. Afinal, a transformação só começa quando aceitamos a verdade como ela é.

Confesso que esse foi um dos temas mais difíceis em meu processo pessoal de transformação. Com exemplos familiares, exemplos de amigos e profissionais, a mentirinha inocente foi enraizada em minha vida e causou muitos e muitos problemas em minha jornada. Mentia para fingir ser melhor do que eu era, mentia para ganhar prestígio, mentia para esconder minhas falhas, mentia para não ter que me explicar, mentia para tudo e qualquer coisa que fosse me dar trabalho, pois, infelizmente eu era um verdadeiro medroso e covarde, assim como todo mentiroso é.

Voltando a uma das principais funções da mentira, que é a proteção, nós, HOMENS, com medo de sermos expostos em nossa fragilidade, aprendemos a utilizar a mentira de forma assustadora para servir de escudo contra tudo o que possa invadir o nosso secreto mundo. Juntando esse escudo com as famosas algemas machistas que estão enraizadas em nós, temos uma gigantesca arma de destruição em nossas mãos, que utilizamos para afundar ainda mais nossas emoções e para mentir para todos que convivem conosco.

Como eu disse, esse é o tema mais difícil que enfrentei e enfrento até este momento. Por anos achei que, omitindo a verdade, estava protegendo os outros do sofrimento, mas felizmente caí na real e finalmente entendi que a única pessoa que eu estava protegendo com minhas mentiras, por menores que fossem, era eu mesmo. Tive o *insight* sobre esse tema em um dos primeiros momentos de lucidez de autoconhecimento que tive em minha vida.

Estava com vinte e poucos anos, passando uma temporada na Califórnia, lá tive a primeira grande oportunidade de entrar em contato com o meu eu interior. Por muitos acontecimentos daquela viagem, tive que lidar com sentimentos antes jamais acessados, enfim, detalhes à parte, nessa viagem comecei a leitura de um famoso livro, *A cabana*, de William P. Young. Naquela leitura, há uma passagem extraordinária em que tudo começou a clarear em minha vida a respeito da mentira.

O personagem da história, Mack, para proteger sua esposa de uma situação desconfortável, omite a verdade e vai sozinho para a tal cabana atrás de sua filha que estava desaparecida. Porém, nessa ida à cabana, ele acaba tendo um encontro único e mágico com Deus. No meio desse formidável encontro, ele diz: “Como eu queria que minha esposa estivesse aqui”. Nesse momento, Deus abre a mente dele dizendo que a esposa dele não estava ali e perdeu aquele momento mágico, exclusivamente pela covardia de Mack não ter lhe contado a verdade... Mack tenta justificar de todas as formas que não contou a verdade para sua esposa para protegê-la, mas Deus escancara a verdade nua e crua na cara de Mack, quando fica claro que a única pessoa que Mack estava protegendo era ele mesmo, pois não queria lidar com a demanda emocional que poderia vir de sua esposa ao saber da verdade...

Foi exatamente com essa passagem que o mundo se abriu para mim a respeito da mentira. O ano era 2016 e, em uma busca rápida em meus arquivos de fotos, encontrei o registro desse exato momento que fiz questão de eternizar. Jamais imaginaria que essa imagem faria parte de um livro no futuro, mas tenho certeza de que o universo já tinha isso em seus planos.

CAPÍTULO 20

CHEGOU A HORA DA VERDADE

Meu irmão de jornada, chegamos a um dos momentos mais decisivos e, sim, possivelmente o mais desafiador até agora. Sei que encarar a verdade pode ser doloroso, talvez até aterrorizante, mas acredite, é exatamente aqui que começa a verdadeira libertação. A partir deste ponto, estou comprometido com você e com o mundo: jamais agirei em inverdade, independentemente da situação. E agora, é hora de você se comprometer também.

Se o seu objetivo é transformar sua vida, chegou a hora de uma atitude que pode ser a mais revolucionária que você já tomou. Digo isso porque, ao contrário das máscaras que carregamos para nos reafirmar como homens, a verdade nos liberta de uma forma que nada mais consegue. Sei que, no começo, pode parecer assustador. As pessoas ao seu redor podem até estranhar. Mas, com o tempo, você perceberá que não há preço que pague a leveza de agir com autenticidade, de ser fiel à sua essência.

Se a sua vida inteira foi marcada por sofrimentos silenciosos, mentiras contadas para esconder suas fragilidades e ações forçadas para provar sua masculinidade, entenda que a atitude mais honrada que você pode tomar daqui para frente, e transmitir para as gerações futuras, é viver em verdade – custe o que custar.

Imagine, por um momento, as palavras que serão ditas no seu funeral. Se há algo que você deveria querer que as pessoas se lembrassem, é: "Esse homem vivia em verdade". Porque, ao final, é isso que realmente importa. A verdade não apenas torna a vida mais leve, mas também é a característica mais honrada e nobre que um ser humano pode ter.

Agora, amigo, convido você a dar mais esse passo corajoso rumo à sua verdadeira essência. Chegou o momento de assumir a responsabilidade por quem você é e pelo que deseja ser. Não existe volta, mas a jornada em verdade é uma aventura que poucos têm coragem de embarcar – e você, agora, está preparado para vivê-la.

"E CONHECEREIS A VERDADE, E A VERDADE VOS LIBERTARÁ."
JOÃO 8:32

TIRANDO O PESO DA MENTIRA

Nesse momento, entraremos em mais uma atividade com o objetivo de rastrear todos os pesos de mentiras que você carrega atualmente. Será um desafio e tanto olhar de frente para esse tema que guardamos a sete chaves. Porém, para seguir em nossa jornada, essa atividade é extremamente necessária.

Recapitulando, adentramos capítulos atrás nesse tema "peso de ser HOMEM" e deixei claro que seguiríamos nesse assunto por muito tempo. Já deve ter ficado claro por aí que é impossível vivermos uma vida com leveza e nos livrarmos da maioria dos problemas psicológicos que enfrentamos, carregando um fardo gigantesco em nossas costas. Por isso, tratarei aqui neste livro sobre as principais formas que nós, HOMENS, utilizamos para deixar nossas vidas cada vez mais pesadas e, consequentemente, mais distantes de nossa cura e transformação. Sendo assim, com essa atividade, identificaremos essas mentiras que carregamos, analisaremos caso a caso e criaremos uma estratégia para estancar esse mal em sua vida e, se possível, jogar muitas pedras para fora de nossa mochila.

MÃOS À OBRA

Para iniciar essa atividade, mais uma vez precisarei de sua entrega de corpo e alma. Será necessário que você se abra sem filtros e escudos para rastrear minuciosamente todas as mentiras que precisa sustentar todos os dias. Digo aquelas mentiras que precisa sustentar. Não aquelas que já contou e o caso se encerrou. O foco aqui é a mentira corriqueira, aquela que ainda está viva todos os dias em sua vida.

Sendo assim, eu o convido a escrever a seguir todas as mentiras que causam desconforto que você sustenta diariamente neste momento. Aquelas em que você não gosta de pensar, que chegam a doer, que envolvem outras pessoas. Abra seu coração e, por mais que seja doloroso, escreva e externalize aqui neste papel essas mentiras.

Eu duvido que exista algum leitor que não tenha uma mentira para escrever, mas, caso você exista, gostaria muito de parabenizá-lo do fundo do meu coração.

Essa é uma oportunidade única de você olhar para um campo intocável de sua vida.

Eu confio em você, e eu sei que quer ser uma pessoa melhor para você mesmo e para todos ao seu redor. Então chegou a hora. Apenas coloque no papel aquilo que está em sua mente e que só você sabe. Garanto-lhe que, no decorrer deste livro, tudo irá fazer sentido e essa atividade será um divisor de águas em sua vida.

MENTIRAS, MENTIRINHAS E MENTIRONAS QUE SUSTENTO:

Olhar de frente para as mentiras que sustentamos é um ato de extrema coragem, algo que muitos evitam por toda a vida. Se, por algum motivo, você ainda não escreveu todas as suas mentiras – mesmo sabendo que este é um livro pessoal, só seu, e que ninguém além de você verá o que está escrito – eu sugiro, do fundo do meu coração, que volte e as coloque no papel. O simples ato de nomeá-las já é o início de um processo de libertação profundo.

Agora que você externalizou essas mentiras ou, ao menos, as mentalizou, quero convidá-lo para uma atividade ainda mais reveladora. Retorne à página anterior, reveja cada uma dessas mentiras e reflita sobre o verdadeiro motivo pelo qual você as contou, e mais importante, sobre por que você continua sustentando-as até hoje. A princípio, sua mente poderá oferecer desculpas e justificativas – pensamentos como "eu fiz isso para proteger alguém da dor" ou "foi melhor assim para evitar um problema maior". Mas, meu amigo, é hora de ir mais fundo.

Seja sincero consigo mesmo e vá além dessas desculpas superficiais. Quando você realmente se confrontar com a verdade, perceberá que, em grande parte das vezes, essas mentiras existem para esconder uma falha ou fragilidade sua, para mascarar uma insegurança ou um medo que você preferiu não enfrentar.

Estou deixando aqui alguns espaços para que você escreva novamente essas mentiras e, desta vez, se aprofunde nos motivos pelos quais as contou e ainda as mantém. Este exercício é vital, pois, ao fazê-lo, você terá a clareza necessária para finalmente começar a liberar esses pesos da sua vida, avançando em direção à liberdade que tanto busca.

LEMBRE-SE, ESTE É UM DOS PASSOS MAIS IMPORTANTES EM SUA JORNADA DE TRANSFORMAÇÃO.

MENTIRA:

POR QUAL MOTIVO CONTEI:

POR QUE AINDA SUSTENTO:

MENTIRA:

POR QUAL MOTIVO CONTEI:

POR QUE AINDA SUSTENTO:

MENTIRA:

POR QUAL MOTIVO CONTEI:

POR QUE AINDA SUSTENTO:

Faça esse levantamento de todas as mentiras de sua vida em um papel à parte ou em seu bloco de notas, mas não siga sem explorar exatamente todas as mentiras de sua vida.

RESPIRE FUNDO, TOME UM GOLE DE ÁGUA, E VAMOS CONTINUAR NESSA JORNADA!

Agora que você listou as mentiras que tem sustentado e refletiu sobre o verdadeiro motivo por trás de cada uma delas, chegou o momento de dar um passo decisivo: criar um plano de ação para eliminar esse peso de vez. Sei que o processo de abandonar as mentiras pode parecer desafiador e, muitas vezes, doloroso. É um caminho cheio de resistência interna, mas absolutamente necessário para alcançar a verdadeira leveza que você busca.

Assim como compartilhei minha própria experiência, posso dizer que, embora tenha tido momentos de lucidez sobre o peso da mentira anos atrás, ainda hoje não estou completamente livre desse mal. Há ocasiões em que, sem perceber, recorro à mentira como uma defesa para meus medos e fragilidades. No entanto, com a consciência que construímos até aqui, minha esperança é que, a partir deste ponto, ambos possamos caminhar com mais verdade em nossas vidas.

E isso nos leva ao próximo passo: a decisão consciente de viver em verdade, custe o que custar.

Este primeiro passo talvez seja um dos mais difíceis, mas também será um dos mais transformadores. A partir de hoje, toda vez que você se deparar com a tentação de mentir, lembre-se deste momento. Tenha em mente que o peso de sustentar uma mentira é infinitamente maior do que o desconforto de encarar a verdade. A verdade, mesmo dolorosa, liberta; a mentira aprisiona.

Este é um exercício de presença e atenção constante. O hábito de mentir, muitas vezes, é tão arraigado que nem percebemos quando o fazemos. Mas, a partir de agora, é sua responsabilidade estar atento. Sempre que mentir, mesmo que seja um reflexo automático, pare e se pergunte: “Por que eu fiz isso? Qual medo estou tentando esconder?”.

Essa prática de rastrear a raiz de suas mentiras não só o ajudará a se fortalecer como também o preparará para agir com mais autenticidade, dia após dia. E lembre-se, não será um processo imediato. Pode levar tempo para desapegar desse comportamento, mas, a cada mentira que você contar e refletir sobre o erro, você se aproximará da mudança.

A cada verdade que você falar, por mais difícil que seja, você sentirá o orgulho de estar no caminho certo. Sempre que possível, corrija suas mentiras no momento em que perceber o erro. Diga a verdade logo em seguida, explique o porquê de ter mentido, e, se sentir que pode, abra-se sobre suas fragilidades. Esse ato de vulnerabilidade pode ser assustador, mas é profundamente libertador.

A hora é agora. Vamos dar o primeiro passo juntos. De hoje em diante, assuma o compromisso de agir em verdade, e se, por acaso, tropeçar em uma mentira, retorne à honestidade o mais rápido possível. Isso é o que significa ser um verdadeiro homem.

O MAIOR COMPROMISSO QUE UM HOMEM PODE TER É COM ELE MESMO.
@GUSTAVOTAIT

Olha que poderoso isso: o passado já não existe mais. Se você tomar a decisão, hoje, de não criar novas mentiras, a partir de agora, sua única missão será lidar com as mentiras do passado que ainda carrega. Imagine a tranquilidade de saber que nenhum novo peso será colocado em suas costas. Todos os dias, quando acordamos, temos a oportunidade de reescrever nosso futuro, basta termos a coragem necessária para assumir essa jornada de verdade.

A VIDA MUDA NA PROPORÇÃO DA SUA CORAGEM.
@GUSTAVOTAIT

Estudos comprovam que manter mentiras e segredos pode ter impactos negativos significativos na saúde física e mental. A mentira aumenta os níveis de estresse e ansiedade, e a repressão de emoções associadas a esses atos está diretamente relacionada ao surgimento de doenças psicossomáticas. O corpo, sob constante pressão para manter a consistência das mentiras, pode manifestar sintomas como dores de cabeça, insônia, e problemas digestivos, além de prejudicar a saúde emocional e mental a longo prazo (Cleveland Clinic).

Então, agora é o momento de criar um plano de ação para eliminar essas mentiras. Pode parecer assustador à primeira vista, mas a verdadeira loucura é viver essa curta vida carregando fardos insustentáveis. Vá com calma, no seu ritmo. Comece eliminando uma mentira de cada vez, até sentir a leveza de saber que você é um homem que age com honra e verdade.

Após realizar a próxima atividade, na qual você vai examinar cada mentira que ainda carrega, sugiro chamar as pessoas envolvidas e pedir perdão. Sim, abra seu coração com sinceridade. Explique os motivos que o levaram a agir dessa maneira no passado. Fale sobre os medos que o impulsionaram e os desafios que ainda enfrenta. Seja honesto sobre os prós e contras de sustentar essas mentiras e o quanto esse gesto é fundamental para seu crescimento e para os outros.

Diga que você está em busca de transformação, que deseja evoluir como ser humano, e que está pedindo perdão não só por eles, mas também por si mesmo. Pode ser que a reação inicial das pessoas não seja a que você espera, mas tenha certeza de uma coisa: o respeito que você ganhará, por agir com coragem e verdade, será inestimável.

Por pior que seja a reação imediata, com o tempo, você perceberá que esse ato de verdade traz consigo um profundo respeito, tanto dos outros quanto de si mesmo. E esse é o verdadeiro prêmio: viver em paz, sabendo que cada gesto, cada palavra, e cada ação são verdadeiros reflexos de quem você realmente é.

Para facilitar, deixo a próxima página como exemplo do que você pode fazer com cada mentira que sustenta. Explane sobre cada uma delas com honestidade. Preencha os espaços com as mentiras que ainda pesam, e, à medida que for enfrentando essas verdades, vá eliminando, uma a uma, até que sua mochila esteja mais leve para a próxima etapa da sua jornada.

MENTIRA:

POR QUE MENTIU:

O QUE CONTAR A VERDADE LHE TRARÁ DE CONSEQUÊNCIA:

O QUE VOCÊ ESTÁ PRIVANDO OS ENVOLVIDOS DE SABEREM:

O QUE CONTAR A VERDADE LHE TRARÁ DE ALÍVIO:

QUERO CONTINUAR CARREGANDO ESSA MENTIRA PARA SEMPRE E SUSTENTANDO TODAS AS CONSEQUÊNCIAS FÍSICAS E EMOCIONAIS QUE O PESO DA MENTIRA ME TRARÁ?

( ) SIM ( ) NÃO

PLANO DE AÇÃO PARA RESOLUÇÃO:

MENTIRA:

POR QUE MENTIU:

O QUE CONTAR A VERDADE LHE TRARÁ DE CONSEQUÊNCIA:

O QUE VOCÊ ESTÁ PRIVANDO OS ENVOLVIDOS DE SABEREM:

O QUE CONTAR A VERDADE LHE TRARÁ DE ALÍVIO:

QUERO CONTINUAR CARREGANDO ESSA MENTIRA PARA SEMPRE E SUSTENTANDO TODAS AS CONSEQUÊNCIAS FÍSICAS E EMOCIONAIS QUE O PESO DA MENTIRA ME TRARÁ?

( ) SIM ( ) NÃO

PLANO DE AÇÃO PARA RESOLUÇÃO:

MENTIRA:

POR QUE MENTIU:

O QUE CONTAR A VERDADE LHE TRARÁ DE CONSEQUÊNCIA:

O QUE VOCÊ ESTÁ PRIVANDO OS ENVOLVIDOS DE SABEREM:

O QUE CONTAR A VERDADE LHE TRARÁ DE ALÍVIO:

QUERO CONTINUAR CARREGANDO ESSA MENTIRA PARA SEMPRE E SUSTENTANDO TODAS AS CONSEQUÊNCIAS FÍSICAS E EMOCIONAIS QUE O PESO DA MENTIRA ME TRARÁ?

( ) SIM ( ) NÃO

PLANO DE AÇÃO PARA RESOLUÇÃO:

É, meu amigo, como já mencionei, esta não é uma jornada simples. Se você chegou até aqui, tenha certeza de que está fazendo um trabalho profundo e verdadeiro. Não estamos apenas resolvendo problemas superficiais; estamos indo ao coração das questões que moldam nossa vida.

"MENTIR PARA SI MESMO É SEMPRE A PIOR MENTIRA."
– RENATO RUSSO

Agora que chegamos ao final deste capítulo sobre as mentiras que carregamos, o que aprendemos é mais do que simplesmente identificar os enganos que contamos aos outros. O verdadeiro ponto de transformação ocorre quando reconhecemos o peso que essas mentiras têm sobre nossa saúde emocional, mental e física. Cada pequena inverdade é um obstáculo que colocamos no caminho da nossa evolução, e sustentar essas barreiras é um dos maiores desafios que enfrentamos.

A verdade é libertadora. Cada vez que escolhemos ser honestos, estamos soltando uma dessas pedras que carregamos sem necessidade. Não estamos apenas nos libertando – estamos abrindo caminho para uma vida mais leve, com conexões mais autênticas e profundas. O exercício da verdade nos aproxima de quem realmente somos, nos alinha com nossa essência e transforma nossas relações em algo muito mais significativo.

Nos próximos capítulos, você vai continuar essa jornada com a força renovada que vem da escolha de ser verdadeiro. Lembre-se, ser honesto consigo mesmo e com os outros é a base de uma vida plena. E essa coragem que você já demonstrou até aqui é a chave para o crescimento contínuo. Como homens, o peso que carregamos muitas vezes parece insuportável, mas a verdade é o caminho que nos guia para uma vida mais leve e com propósito.

Agora, aqui está um guia prático para te ajudar a manter esse compromisso com a verdade, criando um plano que vai te conduzir a uma vida mais autêntica:

AUTOAVALIAÇÃO HONESTA:

Reserve um momento tranquilo e reflita sobre as mentiras que você conta regularmente.

Anote cada mentira e os motivos pelos quais você sente a necessidade de mentir.

RECONHECIMENTO DOS IMPACTOS:

Considere como cada mentira afeta você e as pessoas ao seu redor.

Pense nas consequências emocionais, relacionais e práticas de continuar mentindo.

ESTABELECER COMPROMISSOS:

Decida firmemente parar de mentir.

Comprometa-se publicamente com uma pessoa de confiança ou escreva um compromisso para si mesmo.

DESENVOLVER CONSCIÊNCIA:

Tente estar mais consciente no dia a dia, especialmente em situações que normalmente provocam mentiras.

Pratique a atenção plena para reconhecer quando a vontade de mentir surge.

SUBSTITUIÇÃO POR VERDADES:

Antes de falar, faça uma pausa e reformule sua resposta para garantir que ela seja verdadeira.

Se uma verdade completa for muito difícil, opte por não dizer nada ou desviar gentilmente a conversa.

CONFRONTAR AS CONSEQUÊNCIAS:

Prepare-se para enfrentar as consequências de revelar a verdade em situações nas quais você anteriormente mentiria.

Lembre-se de que, a longo prazo, as consequências da verdade são mais fáceis de lidar do que o peso das mentiras.

BUSCAR APOIO:

Converse sobre suas lutas com amigos confiáveis, um terapeuta ou grupos de apoio.

O apoio externo pode fornecer encorajamento e manter você responsável.

CELEBRAÇÃO DE PEQUENAS VITÓRIAS:

Reconheça e celebre cada momento em que você opta pela verdade em vez de mentir.

Estas pequenas vitórias são os blocos de construção para uma mudança duradoura.

REFLEXÃO E AJUSTE:

Regularmente, reflita sobre seu progresso e ajuste seu plano conforme necessário.

Seja paciente consigo mesmo; mudanças de comportamento significativas levam tempo.

PERDÃO E APRENDIZADO:

Perdoe-se por deslizes e entenda que erros fazem parte do processo de aprendizado.

Use erros como oportunidades para fortalecer sua resolução em viver com honestidade.

Veja que linda jornada trilhamos até agora! Você deve se orgulhar, pois são poucos os que têm a coragem e a determinação de encarar suas verdades e agir em busca de transformação. Ao seguirmos, nos tornaremos cada vez mais leves, prontos para enfrentar as próximas reflexões que surgirão. Daremos uma pausa nas atividades práticas, mas cada página trará novas oportunidades para você remover mais pesos e avançar rumo à evolução. Como disse Sócrates: **"UMA VIDA NÃO EXAMINADA NÃO MERECE SER VIVIDA"**. Que sua jornada seja de contínuo crescimento.

ADENDO

Olá, meus amigos leitores. Sigo aqui em minha missão abraçado pela imensidão da natureza. Meu coração está transbordando de alegria em conseguir colocar para fora tudo o que o universo está soprando em meus ouvidos.

Tenho que confessar que, após escrever o parágrafo anterior, dei uma longa pausa para refletir sobre tudo o que já havia escrito até agora. Fui caminhando até a magnífica praia do Luz, que fica na divisa com a praia de Ibiraquera, na qual estou hospedado.

Nessa caminhada, me veio um baita sentimento que faltou dizer muita coisa no capítulo que falei sobre nos abrirmos em vulnerabilidade e trabalharmos o diálogo com nossos amigos como uma forma poderosa de diminuir nossos pesos.

Penso que esse tema é de extrema relevância para nós, HOMENS. Estava quase retornando para complementar aquela parte, mas não quero ficar racionalizando muito com edições dos capítulos. Então acabo de tomar a decisão, por ser tão importante, vou dedicar um capítulo inteiro a esse tema.

O diálogo, além de nos ajudar muito a diminuir nossos pesos, é uma ferramenta básica para a vida em comunidade, quando mal usado pode ocasionar muitos prejuízos para nossa vida, pesando mais e mais nossa mochila e jornada. Afinal, veja quantas brigas políticas, quantas guerras já aconteceram, quantas famílias destruídas, casamentos arruinados, tudo por não sabermos dominar a arte da comunicação.

Agora, vamos aprofundar essa conversa.

CAPÍTULO 21
CONVERSAR NÃO MATA

Nós, homens, carregamos um peso cultural sobre a comunicação. Desde cedo, aprendemos que conversar é sinônimo de fraqueza, que abrir-se é "coisa de mulher", e que a verdadeira masculinidade se mede pelo silêncio ou pela força. Crescemos assistindo filmes em que os heróis, musculosos e destemidos, nunca expressam emoções, nunca conversam de verdade. Ao contrário, os homens que se abrem são vistos como fracos ou ridículos. Essas mensagens moldaram nossa visão de mundo, nos aprisionando em uma mentalidade limitada.

As "algemas" que falamos anteriormente – frases como "vira homem", "para de frescura", "homem não chora" – nos afastam do diálogo, transformando-o em uma batalha a ser vencida. E aí está o grande problema: evitamos a comunicação genuína, preferimos o silêncio defensivo ou a agressão verbal, e assim acumulamos mais pesos em nossas vidas.

O que não percebemos é que a falta de diálogo cria desastres em todos os âmbitos da sociedade. Conflitos que poderiam ser resolvidos com uma simples conversa acabam se transformando em guerras, relacionamentos desmoronam, e até a política se torna um campo de batalhas verbais onde ninguém está disposto a escutar o outro. Quando líderes não dialogam, a intolerância e a destruição tomam conta. E, se pensarmos bem, muitos dos problemas que enfrentamos hoje vêm da ausência de uma comunicação verdadeira e sincera entre os homens.

Na vida pessoal, isso é ainda mais visível. Homens que não sabem conversar, que fogem do diálogo com suas parceiras, criam ambientes carregados de desconfiança, tensão e solidão. Eu mesmo vivi isso: fui ensinado que "mulher só quer discutir a relação" e que "conversar é perda de tempo". Com isso, sempre que me via numa situação de confronto, eu fugia ou retrucava com agressividade, protegendo minhas vulnerabilidades e mentiras. O resultado? Relações desgastadas e uma comunicação completamente truncada.

Mas o diálogo não é apenas necessário; ele é a chave para diminuir nossos pesos emocionais. Quando você se abre e conversa, está tirando de suas costas o peso de carregar tudo sozinho. A mágica do diálogo é que ele permite que dois ou mais seres se conectem, se compreendam e cresçam juntos. E, se queremos nos transformar e transformar o mundo à nossa volta, precisamos, urgentemente, reaprender a arte de conversar.

Por isso, a partir de agora, convido você a observar sua própria comunicação. Como você reage quando alguém fala com você? Está realmente ouvindo ou apenas esperando sua vez de falar? Você interrompe, desvaloriza, ou fala com calma e clareza? Nós, homens, temos um hábito de não ouvir. Estamos tão preocupados em nos defender, em proteger nosso ego, que esquecemos de escutar.

Pratique ouvir. Simplesmente ouça sem se preparar para responder imediatamente. Dê espaço para a outra pessoa. E, ao falar, faça isso com verdade. Um verdadeiro homem age com verdade, lembra? Não há espaço para mentiras em uma comunicação honesta.

Sei que essa mudança não acontece de um dia para o outro, mas comece aos poucos. No próximo diálogo que você tiver, esteja presente. Escute com atenção. Responda com calma. E veja como essa simples prática pode transformar não só suas conversas, mas também suas relações.

Nos relacionamentos, especialmente, o diálogo é fundamental. Sua parceira ou seu parceiro deseja ser ouvida(o), assim como você deseja ser compreendido. Não tenha medo de abrir seu coração e compartilhar seus medos, dúvidas e anseios. Isso não o torna menos homem, pelo contrário, mostra o verdadeiro homem que você é.

Então, amigo, o desafio agora é simples, mas profundo: comece a praticar o diálogo consciente. Aprenda a ouvir de verdade e a se comunicar com clareza e verdade. Faça isso, e verá o poder transformador que o diálogo pode ter na sua vida e nas suas relações.

Sugiro muito o estudo aprofundado sobre comunicação não violenta (CNV). Essa técnica poderá ajudar de forma exponencial sua vida e melhorar sua relação com todas as pessoas de sua convivência, apenas lhe ensinando uma nova forma de comunicação.

Vou aproveitar o momento e deixar um breve resumo sobre essa técnica tão fundamental para uma vida harmoniosa em sociedade.

CAPÍTULO 22

COMUNICAÇÃO NÃO VIOLENTA – CNV

Neste capítulo, vamos explorar a Comunicação Não Violenta (CNV), uma abordagem poderosa de comunicação que Marshall Rosenberg detalhou em seu influente livro. A CNV nos ajuda a transformar nossa maneira de expressar e ouvir, promovendo conexões genuínas conosco e com os outros, permitindo que a compaixão floresça. Rosenberg inspirou-se nos princípios de Gandhi para definir a não violência como a condição compassiva que emerge quando a violência é eliminada do coração.

PRINCÍPIOS DA COMUNICAÇÃO NÃO VIOLENTA

OBSERVAÇÃO – Antes de mais nada, é crucial observar os acontecimentos sem julgamentos. Foque em identificar o que está ocorrendo sem atribuir valor, reconhecendo o que agrada ou desagrada no comportamento alheio. Esse passo é fundamental para uma comunicação desprovida de preconceitos e reações automáticas.

SENTIMENTOS – Após a observação, reconheça os sentimentos que a situação provoca. É vital distinguir sentimentos de pensamentos ou interpretações, permitindo-se ser vulnerável. Nomear os sentimentos, sejam eles de mágoa, medo, felicidade ou raiva, é o primeiro passo para lidar com eles de maneira construtiva.

NECESSIDADES – Com os sentimentos claros, o próximo passo é identificar as necessidades relacionadas a esses sentimentos. Compreender e expressar essas necessidades aumenta a probabilidade de serem atendidas. Esse entendimento reflete uma análise pessoal profunda e honesta.

PEDIDOS – Finalmente, articule pedidos claros e concretos. Ao expressar o que precisa, use uma linguagem afirmativa e específica para que seu interlocutor entenda claramente o que é esperado. Evite pedidos abstratos ou ambíguos que possam gerar confusão.

EXEMPLO PRÁTICO DE CNV – "Joana, quando você grita comigo no ambiente de trabalho (observação), sinto-me diminuído e irritado (sentimento) porque preciso de respeito e apoio para meu desenvolvimento (necessidades). Poderíamos conversar em particular quando você se sentir irritada comigo? (pedido)".

APLICABILIDADE DA CNV – A Comunicação Não Violenta não é apenas uma ferramenta para expressão honesta, mas também para receber de forma empática o que os outros têm a dizer. A empatia se manifesta quando há um alívio de tensão ou o fim do fluxo de palavras, indicando que a mensagem foi compreendida e acolhida.

Incorporar a Comunicação Não Violenta (CNV) em nossa jornada é mais do que apenas uma técnica; é uma forma de viver com mais empatia, compreensão e respeito. Como vimos, ela vai além dos relacionamentos pessoais, impactando ambientes profissionais, negociações e até resoluções de conflitos em zonas de guerra. Quando aplicamos a CNV, criamos conexões verdadeiras, construímos pontes e transformamos nossos relacionamentos.

A partir de agora, lembre-se da CNV em cada conversa. Ela é a chave para aliviar nossos pesos, fortalecer vínculos e criar uma vida mais leve e autêntica.

CAPÍTULO 23

RECAPITULANDO NOSSA JORNADA

Provavelmente já chegamos a mais da metade do nosso livro *Novo rumo*. Neste ponto, faremos uma pausa para refletir sobre o caminho percorrido até aqui, revisitando os capítulos que moldaram esta jornada de autoconhecimento e transformação pessoal.

PRIMEIROS PASSOS E COMPROMETIMENTO

Desde o início, destacamos a necessidade de comprometimento total com cada atividade proposta, essencial para iniciar a transformação de nossas vidas. Este compromisso tem sido a base para explorar profundamente nosso interior, conectando diferentes aspectos da vida e aliviando o peso que carregamos, preparando-nos para adentrar um novo caminho.

PRINCIPAIS CONQUISTAS E APRENDIZADOS:

INÍCIO DA JORNADA – Nos lançamos em busca de transformação pessoal, enfrentando os desafios que a sociedade impõe aos homens. Refletimos sobre a pressão de ser o “homem ideal” e iniciamos o processo de desconstrução dessa masculinidade fragilizada.

CONTEXTO SOCIAL – Exploramos o Brasil, um país marcado por altos índices de depressão e violência, e vimos como essas questões estão diretamente ligadas às pressões sociais que nos moldam desde a infância.

A MASCULINIDADE E SUAS PRESSÕES – Descobrimos que muitos dos nossos dilemas derivam de expectativas arcaicas que carregamos. Nesse capítulo, começamos a reconhecer as crenças que nos aprisionam e a ver a importância de praticar o autoconhecimento.

AUTOCONHECIMENTO E ESSÊNCIA – Dedicamos capítulos inteiros à autoanálise. Analisamos nossa biografia, confrontamos quem somos no presente e visualizamos quem queremos ser. Vimos o abismo entre nossas ações e nossa verdadeira essência, e como isso gera ansiedade e depressão.

PLANOS PARA O FUTURO – Estabelecemos metas claras para os próximos cinco anos. Refletimos sobre o futuro, ancorando nossas ações no presente, e alinhamos nossas decisões com nossos valores.

REFLEXÃO SOBRE A VIDA E MORTE – Enfrentamos a realidade da finitude, uma das reflexões mais profundas até aqui. Ver como o tempo limitado que temos pode nos motivar a mudanças poderosas foi crucial para despertar a urgência da transformação.

ALGEMAS E CRENÇAS LIMITANTES – Exploramos as crenças que nos foram impostas sobre o que é ser homem. Revisamos nossas mentiras internas, especialmente aquelas enraizadas na infância e como elas ainda nos afetam, aprisionando-nos em comportamentos destrutivos.

LIBERTAÇÃO DAS ALGEMAS – Aprendemos a identificar esses pesos, entender suas origens, e começamos a desenvolver um plano de ação para nos libertar das limitações e padrões que carregamos há tanto tempo.

O PESO DE SER HOMEM – Discutimos o peso emocional que carregamos como homens, especialmente a pressão para sermos provedores, sempre fortes, e emocionalmente impenetráveis. Começamos a ver que essa armadura está nos destruindo.

COMPARTILHAMENTO DE DORES – Aprendemos a importância de compartilhar nossos problemas e dores com amigos, promovendo um diálogo aberto e vulnerável.

MENTIRAS E VERDADES – Enfrentamos as mentiras que contamos a nós mesmos e aos outros, e como elas se acumulam como pesos em nossas vidas. Decidimos nos comprometer com a verdade, reconhecendo que ela é a chave para uma vida mais leve e autêntica.

COMUNICAÇÃO E VULNERABILIDADE – Reconhecemos o poder da vulnerabilidade e do diálogo. Aprendemos que conversar não é sinal de fraqueza, mas uma ferramenta essencial para aliviar nossos pesos e fortalecer nossas conexões.

COMUNICAÇÃO NÃO VIOLENTA – Introduzimos a prática da CNV, aprendendo como ela pode transformar nossos diálogos e melhorar nossos relacionamentos. Compreendemos que falar e ouvir com empatia é fundamental para nossa evolução.

TRANSFORMAÇÃO PROGRESSIVA – Trabalhamos na construção de um plano de ação contínuo para viver de forma mais leve, lidando com os problemas com mais clareza e foco. Estabelecemos que, dia após dia, cada passo que damos é um avanço rumo à nossa verdadeira essência.

Amigo, olhe para essa trajetória incrível! Você já percorreu um caminho que poucos homens têm coragem de trilhar. Cada capítulo foi uma vitória e, a cada desafio superado, você se aproxima ainda mais de seu **novo rumo**. Mantenha-se firme, a jornada continua, e grandes conquistas ainda o aguardam!

Cada passo dado até agora foi planejado para construir uma base sólida para sua transformação. Convido você a se orgulhar do progresso feito e a se preparar para continuar esta jornada. As mudanças que começamos a implementar têm o poder de alterar significativamente a direção de nossas vidas, levando a uma existência mais plena e verdadeira.

Agora, mais leves e conscientes, estamos prontos para absorver ainda mais aprendizados nos capítulos seguintes. A jornada de transformação não termina aqui; ela apenas entra em uma nova fase, repleta de possibilidades e novos desafios.

ADENDO

Estou gostando desse formato de contar um pouco que seja do meu dia a dia para você, enquanto escrevo este livro. Nunca vi isso, nem sei se a editora irá gostar ou não, na verdade, nem sei se terei editora, muito menos como farei para dar vida a esse chamado.

Mas aqui estou, há dias seguidos escrevendo as primeiras páginas deste livro. Abraçado pela energia da natureza, estou completamente entregue a esse chamado. Entre trilhas, surf e bons brindes, continuo a escrever o que o universo sopra em meu coração.

Se não se lembra, comecei o livro dizendo que estou sozinho em um paraíso natural, retirado do mundo em um momento de conexão comigo mesmo e com o todo, onde nove dias atrás surgiu esse chamado de ecoar a voz do universo em forma de palavras.

Os seis cachorros que aqui habitam continuam ao meu lado, mostrando toda a alegria, porém um deles, o Chocolate, quase estragou todo esse trabalho. Enquanto eu comia meu cereal, um farelo caiu embaixo da pequena mesa de vidro em que eu apoiava meu computador. Nosso querido Chocolate, sem ter consciência do seu tamanho, simplesmente tentou entrar embaixo da mesa para comer o farelo, resultado: voou mesa, computador, cereal, café e tudo o que estava no caminho.

Nesse momento, após juntar os cacos de vidro e ter uma longa conversa com o Chocolate, volto a escrever, mas agora em outro local. Talvez para entrar nesse próximo tema, o universo gostaria que eu estivesse bem aqui, no telhado da casa, em um jardim verde, sentindo todo esse vento nordeste que, de tão forte, quase faz meu computador voar. Os bambus em frente à lagoa dançam com tanta energia que desafiam o poder de sua flexibilidade, talvez seja uma prova para a minha resistência, talvez uma luta para permanecer no mesmo lugar, mas vou ser otimista, vou encarar como uma ajuda divina, um empurrão que vem com esse forte sopro do universo me auxiliar a colocar para fora tudo o que grita no fundo de minha alma.

Confesso que subi aqui apenas para contemplar um pouco esse visual incrível, pois o plano era trocar energia com o mar em uma tarde de surf, mas o recado foi mais que entendido, fui buscar meu computador e continuarei a escrever.

Em meio a toda essa energia, decidi, neste momento, entrar na parte que talvez será a mais polêmica e necessária deste livro. Algo que é responsável por um dos maiores pesos de nossas vidas, uma verdadeira âncora em nossa jornada, mas que não deveria ser assim.

Não faço ideia do que vou escrever, mas garanto que o universo já preparou tudo.

Então, vamos lá!

CAPÍTULO 24

O PESO DA RELAÇÃO COM AS MULHERES

Nossa jornada nos trouxe até um dos desafios mais pro-fundos: a complexidade de nossas relações com as mulheres. Aquilo que deveria ser uma parceria de crescimento mútuo frequentemente se torna uma âncora, fruto de crenças ultrapassadas e comportamentos tóxicos.

Desde o início, fomos moldados por uma sociedade que nos ensinou a olhar para as mulheres de forma equivocada. O patriarcado, que atravessou séculos, distorceu nosso papel nas relações, transformando o que deveria ser respeito e igualdade em dominação e privilégios. Somos condicionados a ver a mulher como inferior, um ser que deve servir e que está ali para sustentar o poder masculino.

Crescemos ouvindo frases como "mulher fala demais", "mulher não sabe o que quer", e seguimos agindo de forma a não as escutar, enquanto mantemos um ciclo de opressão, consciente ou inconsciente. Isso cria um peso enorme, tanto para elas quanto para nós. Ao tratarmos as mulheres como inferiores, acabamos presos nas expectativas de sermos provedores, fortes, dominadores, e carregamos nas costas o fardo de sustentar uma masculinidade forjada na agressividade e na falta de empatia.

Historicamente, a divisão de papéis entre homens e mulheres começou com as primeiras sociedades humanas. A biologia da mulher, que passava grande parte de sua vida grávida ou cuidando dos filhos, levou a uma divisão natural de tarefas, em que o homem era o provedor e protetor. No entanto, essa divisão, que inicialmente pode ter sido uma questão de sobrevivência, evoluiu para uma justificação da subordinação feminina. Filósofas como Simone de Beauvoir, em *O segundo sexo*, argumentam que a história da humanidade tem sido a história da dominação masculina, em que a mulher foi reduzida a "outra", uma categoria inferior na qual o homem se define por oposição.

Nos tempos modernos, as mulheres começaram a romper com esses papéis restritivos, conquistando espaços na política, na economia e em outras esferas sociais. No entanto, essa ascensão foi marcada por intensa resistência, frequentemente manifestada em forma de violência, discriminação e marginalização. O movimento feminista, em suas várias ondas, tem sido fundamental para essa transformação, forçando uma reavaliação do papel da mulher na sociedade e desafiando a narrativa patriarcal que domina há milênios. O movimento feminista, que muitas vezes interpretamos como ameaça, é, na verdade, um convite para que nos libertemos dessas algemas. Afinal, não é só a mulher que sofre com o patriarcado, nós também sofremos e muito.

Ainda assim, apesar de todos os avanços e lutas, o machismo permanece profundamente enraizado em nossa sociedade. Desde o berço, meninos e meninas são educados de maneiras que perpetuam essas desigualdades. Enquanto os meninos são incentivados a ser assertivos, competitivos e fortes, as meninas são muitas vezes ensinadas a serem cuidadoras, passivas e subservientes. Como resultado, muitos homens crescem com uma visão distorcida do que significa ser "homem" e de como devem tratar as mulheres.

O patriarcado também concedeu aos homens privilégios que muitas vezes passam despercebidos por eles mesmos. Desde salários mais altos por trabalho equivalente até uma representação desproporcional em posições de poder, esses privilégios reforçam a falsa ideia de superioridade masculina. Além disso, os homens são socializados para acreditar que não precisam se envolver nas tarefas domésticas ou na criação dos filhos, relegando essas responsabilidades às mulheres.

Pesquisas mostram que, embora as mulheres tenham feito grandes avanços, ainda enfrentam barreiras significativas no mercado de trabalho, como o famoso "teto de vidro", que impede sua ascensão a cargos de liderança. Além disso, as mulheres ainda são as principais vítimas de violência doméstica e discriminação de gênero, tanto no lar quanto no ambiente de trabalho.

No entanto, os tempos estão mudando, e é crucial que nós, homens, acompanhemos essas mudanças. Precisamos entender que a verdadeira masculinidade não é definida pela dominação, mas pela parceria, respeito e igualdade. A relação entre homens e mulheres deve ser de colaboração mútua, na qual ambos podem crescer e evoluir juntos. Essa mudança de paradigma não é apenas necessária para as mulheres, mas também para os homens, que muitas vezes se veem presos em papéis rígidos e limitadores.

A filósofa bell hooks nos lembra que **"o patriarcado tem sido nocivo tanto para os homens quanto para as mulheres, pois ensina os homens a reprimir suas emoções, a serem violentos e a subordinar outros para sentirem que têm valor"**. Isso nos coloca diante da necessidade de desconstruir essas narrativas e reconhecer que o respeito mútuo e a empatia são fundamentais para relações saudáveis e para o desenvolvimento pessoal e coletivo.

Portanto, convido você a refletir sobre suas próprias atitudes e crenças em relação às mulheres. O que podemos fazer para mudar? Como podemos contribuir para um mundo mais justo e igualitário? O primeiro passo é reconhecer nossos privilégios e a forma como eles impactam nossas interações diárias. O segundo é agir, não apenas mudando nossas atitudes, mas também desafiando as estruturas sociais que perpetuam essas desigualdades.

Este capítulo é um convite para um novo tipo de masculinidade, uma que não carrega o peso da opressão, mas que busca a liberdade e a igualdade para todos.

A CADA 8 MINUTOS, UMA MULHER É ESTUPRADA NO BRASIL.[1]

(FONTE: FÓRUM NACIONAL DE SEGURANÇA PÚBLICA)

A CADA 7 HORAS, UMA MULHER É VÍTIMA DE FEMINICÍDIO NO BRASIL.

(FONTE: FÓRUM NACIONAL DE SEGURANÇA PÚBLICA)

1. Estima-se que apenas 10% das mulheres registram queixas após serem violentadas.

A CADA 15 MINUTOS, UMA CRIANÇA MENOR DE 13 ANOS É ESTUPRADA NO BRASIL.

(FONTE: FÓRUM NACIONAL DE SEGURANÇA PÚBLICA)

A CADA 7,5 SEGUNDOS, UMA MULHER É VÍTIMA DE AGRESSÃO NO BRASIL.

(FONTE: FÓRUM NACIONAL DE SEGURANÇA PÚBLICA)

NO ÚLTIMO ANO, NO BRASIL, 17 MILHÕES DE MULHERES FORAM VÍTIMAS DE ALGUM TIPO DE VIOLÊNCIA PROVENIENTE DE UM HOMEM.

(FONTE: FÓRUM NACIONAL DE SEGURANÇA PÚBLICA)

75% DAS MULHERES ENTRE 18 E 24 ANOS AFIRMAM TER SOFRIDO ALGUM TIPO DE ASSÉDIO SEXUAL NO ÚLTIMO ANO.

(FONTE: DATAFOLHA)

72% DAS MULHERES DIZEM JÁ TER SOFRIDO ASSÉDIO SEXUAL NO TRABALHO.

(FONTE: ABERJE)

EM 84% DOS CASOS, O AGRESSOR É CONHECIDO DA MULHER VÍTIMA DA VIOLÊNCIA.

(FONTE: FÓRUM NACIONAL DE SEGURANÇA PÚBLICA)

95% DAS MULHERES REVELARAM TER O MEDO COTIDIANO DE SEREM ESTUPRADAS.

(FONTE: IPG)

Antes de continuarmos, o convido a analisar com muita presença os números a seguir:

Os dados são alarmantes. Vivemos em um país onde, diariamente, mais de 30 mulheres são vítimas de feminicídio, 180 sofrem agressões físicas e quase 200 são estupradas. Além disso, as crianças, muitas vezes as mais vulneráveis, também enfrentam uma realidade brutal, com mais de 60% dos estupros ocorrendo contra menores de 14 anos. Esses números não são apenas estatísticos; são vidas destruídas, famílias desfeitas, futuros arruinados. E, em sua maioria, esses atos são cometidos por homens.

"O AMOR É UM ATO DE VONTADE – TANTO UMA INTENÇÃO QUANTO UMA AÇÃO."

BELL HOOKS

Essa violência desenfreada não surge do nada. Ela é o resultado direto de uma masculinidade tóxica e fragilizada, cultivada e perpetuada por gerações. Desde cedo, muitos de nós, homens, somos ensinados a reprimir nossos sentimentos, a usar a força e a agressividade como meios de resolução, e a ver as mulheres como inferiores, meros objetos para satisfazer nossos desejos. Esse tipo de criação, enraizada em valores arcaicos e machistas, nos transforma em agressores, mesmo que não percebamos.

É emergencial que reconheçamos que essa cultura está destruindo a todos. Não apenas estamos tirando vidas e causando sofrimento inimaginável às mulheres, mas também estamos nos arruinando. A incapacidade de expressar nossas emoções de maneira saudável leva a uma explosão de violência, tanto contra os outros quanto contra nós mesmos. O suicídio entre homens é um reflexo doloroso disso – homens que se sentem incapazes de lidar com suas pressões internas, presos em uma armadura de invulnerabilidade que os sufoca até a morte.

Precisamos urgentemente reformular o que significa ser homem. Isso não é sobre fraqueza, mas sobre verdadeira força – coragem para enfrentar nossos medos, para expressar nossas vulnerabilidades, e para respeitar as mulheres como iguais, não como subordinadas.

Chegou a hora de quebrarmos essas correntes. Precisamos não apenas mudar nossas atitudes e comportamentos, mas também nos engajar em uma reflexão profunda sobre o que significa viver de forma justa, respeitosa e verdadeira. Porque a mudança começa em nós, e somente quando nos transformarmos poderemos transformar o mundo ao nosso redor. A jornada é difícil, mas ela é necessária. E é a única forma de nos tornarmos verdadeiros homens, dignos do respeito que tanto buscamos.

E sim, isso tem tudo a ver com nossa saúde emocional. Se não temos relações saudáveis com as mulheres de nossa vida, jamais conseguiremos viver uma vida plena e coerente.

Antes de mais nada, vamos deixar claras algumas coisas muito importantes para nos colocar em nossos devidos lugares. Mulheres não são apenas iguais aos homens em direitos e deveres, mas são infinitamente mais adaptadas ao universo em que vivemos do que nós.

Por mais que nosso cérebro machista tenha sido treinado desde cedo e historicamente para olhar as mulheres como seres inferiores e frágeis, precisamos enfrentar o fato de que isso simplesmente não existe; é uma algema destruidora que carregamos até hoje.

Para exemplificar o que estou dizendo, trago novamente alguns dados estatísticos bem interessantes, pois sei que contra fatos não há argumentos. Veja o que você acha destes dados:

- ***MULHERES VIVEM MAIS QUE OS HOMENS.***
- ***MULHERES ESTUDAM MAIS QUE OS HOMENS.***
- ***MULHERES SUSTENTAM 45% DOS LARES BRASILEIROS.***
- ***MULHERES DIRIGEM MELHOR E CAUSAM MENOS ACIDENTES QUE OS HOMENS.***
- ***MULHERES PERDOAM MAIS QUE OS HOMENS.***
- ***MULHERES MATAM MENOS QUE OS HOMENS.***
- ***MULHERES COMETEM MENOS CRIMES QUE OS HOMENS.***
- ***MULHERES SÃO MAIS HONESTAS E CONFIÁVEIS QUE OS HOMENS.***
- ***MULHERES SÃO MAIS FIÉIS EM RELACIONAMENTOS QUE OS HOMENS.***
- ***MULHERES SÃO MAIS SAUDÁVEIS QUE OS HOMENS.***
- ***MULHERES SE COMUNICAM MELHOR QUE OS HOMENS.***
- ***MULHERES MENTEM MENOS QUE OS HOMENS.***
- ***MULHERES SÃO MENOS CORRUPTAS QUE OS HOMENS.***

- ***MULHERES TÊM MENOS PROBLEMAS PSICOLÓGICOS QUE OS HOMENS.***
- ***MULHERES TIRAM MENOS SUAS PRÓPRIAS VIDAS QUE OS HOMENS.***
- ***MULHERES FAZEM MAIS CARIDADE QUE OS HOMENS.***

As estatísticas confirmam que as mulheres superam os homens em várias áreas, desde a longevidade até a capacidade de se comunicar e evitar comportamentos corruptos. Esses dados refletem como as mulheres, mesmo em uma sociedade patriarcal, demonstram resiliência, ética e uma abordagem mais cuidadosa à vida, contribuindo significativamente para o bem-estar social. Isso destaca a urgência de uma reavaliação das dinâmicas de gênero, especialmente no que se refere ao papel dos homens e suas responsabilidades na sociedade.

Se você pensa que o domínio mental das mulheres na sociedade é algo recente, está muito enganado. Essa dinâmica de poder vem de milhares de anos, e podemos entender de forma clara que a origem do machismo está profundamente enraizada no medo dos homens de serem superados pelas mulheres. Historicamente, os homens utilizaram todos os meios possíveis para rebaixar as mulheres a meros objetos, silenciar suas vozes, impedir sua participação política e restringir qualquer forma de expressão. Eles sabiam que, se as mulheres tivessem a oportunidade de se expressar livremente, exporiam as falhas e injustiças do sistema patriarcal.

E, por favor, não venha com o argumento simplista de que foram os homens que "generosamente" concederam os direitos às mulheres, como o direito ao voto. Esse é um dos piores argumentos que se pode utilizar. Claro que foram os homens que assinaram as leis – afinal, eram eles que detinham todo o poder. O machismo que nos foi incutido desde cedo tem raízes profundas, e é por isso que posso afirmar, com toda a certeza, que este comportamento precisa ser confrontado e transformado. O verdadeiro poder feminino sempre esteve presente, e é o medo desse poder que levou ao desenvolvimento de um sistema opressor.

Somente reconhecendo essa verdade podemos começar a desconstruir o machismo e caminhar em direção a uma sociedade mais justa e equitativa. Como bem disse a filósofa e ativista feminista Simone de Beauvoir: "Ninguém nasce mulher: torna-se mulher". Isso reforça a ideia de que os papéis e as limitações impostos às mulheres são construções sociais que podem e devem ser desafiadas e superadas. Mas a grande verdade é:

- ***NÓS, HOMENS, MORREMOS DE MEDO DAS MULHERES.***
- ***MORREMOS DE MEDO DA VERDADE DAS MULHERES.***
- ***MORREMOS DE MEDO DO DIÁLOGO DAS MULHERES.***
- ***MORREMOS DE MEDO DA CORAGEM DAS MULHERES.***
- ***MORREMOS DE MEDO DA LIBERDADE DAS MULHERES.***
- ***MORREMOS DE MEDO DA FORÇA DAS MULHERES.***
- ***MORREMOS DE MEDO DA AMIZADE DAS MULHERES.***
- ***MORREMOS DE MEDO DA INTELIGÊNCIA DAS MULHERES.***
- ***MORREMOS DE MEDO DA HONESTIDADE DAS MULHERES.***

É, meu amigo, chegou a hora de descer do pedestal e reconhecer, com verdadeira humildade, o valor inestimável das mulheres. Não se trata de uma competição entre nós, homens, e elas, mas de compreender que seu clamor por igualdade e respeito é justo. Precisamos apoiar os movimentos femininos, que muitas vezes criticamos sem entender. Ao nos colocarmos no lugar delas, percebemos o quanto elas foram subjugadas por séculos, mesmo possuindo habilidades e capacidades que, de forma alguma, ficam atrás das nossas.

Reconhecer isso não diminui nosso valor como homens; pelo contrário, nos eleva. Ser um verdadeiro homem é ter a coragem de entender que a luta delas não é contra nós, mas contra um sistema que impõe injustiças. A partir dessa consciência, temos a oportunidade de ser luz em um mundo ainda marcado por tanto sofrimento.

Quando olhamos os números da violência contra as mulheres, devemos fazer um exercício de empatia: pensar em nossas mães, irmãs, esposas, filhas. A violência que vemos nos dados pode, em qualquer momento, chegar a elas. E essa realidade só muda quando assumimos nossa responsabilidade na transformação. Nossa jornada de autoconhecimento e evolução não pode ser completa se ignorarmos a importância de tratar as mulheres com o respeito e a dignidade que sempre mereceram.

A mudança desse cenário depende de nós. É hora de agir.

A CADA 8 MINUTOS, UMA MULHER É ESTUPRADA NO BRASIL.

(FONTE: FÓRUM NACIONAL DE SEGURANÇA PÚBLICA)

A CADA 7 HORAS, UMA MULHER É VÍTIMA DE FEMINICÍDIO NO BRASIL.

(FONTE: FÓRUM NACIONAL DE SEGURANÇA PÚBLICA)

A CADA 15 MINUTOS, UMA CRIANÇA MENOR DE 13 ANOS É ESTUPRADA NO BRASIL.

(FONTE: FÓRUM NACIONAL DE SEGURANÇA PÚBLICA)

A CADA 7,5 SEGUNDOS, UMA MULHER É VÍTIMA DE AGRESSÃO NO BRASIL.

(FONTE: FÓRUM NACIONAL DE SEGURANÇA PÚBLICA)

NO ÚLTIMO ANO, NO BRASIL, 17 MILHÕES DE MULHERES FORAM VÍTIMAS DE ALGUM TIPO DE VIOLÊNCIA PROVENIENTE DE UM HOMEM.

(FONTE: FÓRUM NACIONAL DE SEGURANÇA PÚBLICA)

75% DAS MULHERES ENTRE 18 E 24 ANOS AFIRMAM TER SOFRIDO ALGUM TIPO DE ASSÉDIO SEXUAL NO ÚLTIMO ANO.

(FONTE: DATAFOLHA)

72% DAS MULHERES DIZEM JÁ TER SOFRIDO ASSÉDIO SEXUAL NO TRABALHO.

(FONTE: ABERJE)

EM 84% DOS CASOS, O AGRESSOR É CONHECIDO DA MULHER VÍTIMA DA VIOLÊNCIA.

(FONTE: FÓRUM NACIONAL DE SEGURANÇA PÚBLICA)

95% DAS MULHERES REVELARAM TER O MEDO COTIDIANO DE SEREM ESTUPRADAS.

(FONTE: IPG)

Ver esses números é devastador, não é? E o mais perturbador é saber que eles representam apenas uma fração da realidade; a maior parte dos crimes contra mulheres sequer é denunciada. Isso ocorre em uma sociedade patriarcal que muitas vezes culpabiliza as vítimas, desacredita suas histórias e normaliza a violência. Portanto, a profundidade do problema é muito maior do que esses dados podem revelar.

A cada segundo, mulheres são vítimas dessa masculinidade tóxica que tanto exploramos ao longo deste livro. Um dado impactante que emergiu recentemente foi a resposta de várias mulheres à pergunta: "O que você faria se não houvesse homens na Terra por um dia?". A resposta mais comum foi: "Sairia na rua com uma roupa confortável, sem medo de ser assediada". Este simples desejo revela o medo constante e a vigilância a que muitas mulheres são submetidas. A liberdade de caminhar sem medo é um direito básico que lhes foi negado por essa masculinidade fragilizada e agressiva que temos alimentado.

Nosso machismo está presente em gestos cotidianos, às vezes sutis, mas extremamente prejudiciais. O simples ato de olhar de forma maliciosa para uma mulher na rua pode parecer inofensivo, mas está imerso na mesma cultura de objetificação e violência. Pequenos atos como esse se somam e perpetuam o ciclo de abusos que estamos explorando e tentando quebrar ao longo desta jornada.

É o momento de desconstruir essas raízes machistas e cultivar novos hábitos que não apenas promovam nosso crescimento como homens, mas também ajudem a criar relações saudáveis, livres de pesos desnecessários. Ao fazer isso, não apenas aliviamos o sofrimento das mulheres, mas também reconhecemos a força e a sabedoria da energia feminina. E essa energia, presente também dentro de nós, precisa ser acolhida e respeitada. Negar nossa parte feminina só aprofunda o estrago em nossas vidas, nos tornando ainda mais distantes de nossa essência.

Freud e Jung, grandes estudiosos da psique humana, nos deixaram importantes reflexões sobre a coexistência dessas energias masculina e feminina dentro de cada ser.

Para **Freud**, a repressão de nossos sentimentos mais íntimos e a negação do feminino podem levar a neuroses e distúrbios emocionais. Freud introduziu a ideia de que todos os seres humanos têm energias masculinas e femininas em sua psique. Ele disse: "Cada um de nós tem uma natureza masculina e uma natureza feminina. Em alguns, o caráter masculino predomina; em outros, o feminino".

Já **Jung**, por sua vez, desenvolveu a teoria do *Anima* e *Animus*, onde o *Animus* representa o aspecto masculino na psique feminina e a *Anima* representa o aspecto feminino na psique masculina. Ele afirmou: "Todo homem carrega dentro de si a imagem eterna da mulher, não a imagem de determinada mulher, mas, sim, uma imagem arquetípica da feminilidade".

Ao aceitar e nutrir essa dualidade, abrimos caminho para uma transformação profunda e nos libertamos dos grilhões da masculinidade tóxica, vivendo em maior harmonia com nós mesmos e com aqueles que compartilham nossas vidas.

Essas citações ajudam a compreender a complexidade da psique humana e como as energias masculinas e femininas coexistem dentro de todos nós, influenciando nosso comportamento e emoções.

Atenção – Reconhecer e acolher sua energia feminina não significa rejeitar ou suprimir sua energia masculina. Muitos homens, ao perceberem os impactos da masculinidade tóxica, acabam buscando soluções extremas e desequilibradas, exaltando apenas as características femininas dentro de si e ignorando ou reprimindo o lado masculino. Isso não resolve o problema, apenas cria um novo desequilíbrio.

A chave está na integração. Devemos continuar honrando e valorizando nossa energia masculina, mas também aprender a harmonizá-la com as qualidades femininas. É esse equilíbrio que nos torna homens completos e saudáveis, capazes de viver com autenticidade e respeito. A ideia não é substituir um polo pelo outro, mas criar uma sinergia entre as duas energias.

Para você que acredita já respeitar as mulheres e que o machismo não é parte de suas atitudes, vamos analisar algumas questões fundamentais e refletir sobre como estamos aplicando esses valores no dia a dia.

ELAS POSSUEM OS MESMOS DIREITOS DO QUE NÓS

Igualdade de direitos vai além das leis – Mulheres possuem, teoricamente, os mesmos direitos que os homens, mas será que na prática isso acontece? A questão vai muito além das conquistas legais. Muitas mulheres ainda não possuem o direito mais básico: a liberdade. Liberdade para caminhar nas ruas sem medo de assédio, para vestir o que quiserem sem serem julgadas, para dizer "não" sem serem malvistas, para serem quem são sem os olhares masculinos as reduzirem a um estereótipo.

Reflita sobre o julgamento – Pense em todas as situações do cotidiano: você julga uma mulher por algo que seria "normal" se fosse feito por um homem? Acredita que existem coisas "de homem" e outras "de mulher"? A igualdade de direitos exige que nos perguntemos, honestamente, se estamos mantendo esses julgamentos antiquados. Um exemplo simples: você incentiva seu sobrinho a namorar livremente, mas teria a mesma atitude se fosse sua sobrinha de cinco anos? Sua parceira tem a mesma liberdade de sair com as amigas que você tem com os seus amigos? Quando vê uma mulher de top na rua, trata com o mesmo respeito que teria ao ver um homem sem camisa?

Pratique o que você acredita – A verdade é simples: o que o homem pode, a mulher também pode. Isso é o que significa igualdade de direitos. Um verdadeiro homem compreende e aplica isso em sua vida, respeitando o fato de que as mulheres merecem os mesmos direitos e liberdades em qualquer situação. Se eu posso, ela também pode – esse é o lema de quem realmente acredita em igualdade.

A missão é clara – Desigualdade é visível em muitas áreas. Mulheres ganham menos que homens em funções equivalentes, sofrem assédio nas ruas e são julgadas por padrões diferentes. Se você realmente quer ser um homem que preza pela igualdade, isso precisa ser praticado em todos os momentos. A cada julgamento, pergunte-se: "Se fosse um homem, eu pensaria o mesmo?". Esse é o compromisso que você precisa assumir, caso queira viver em coerência com os valores de respeito e igualdade. Qualquer coisa menos que isso é uma tentativa de esconder um machismo que ainda está enraizado.

EM CASA, NÃO EXISTE AJUDA, EXISTE RESPONSABILIDADE COMPARTILHADA

A ideia de "ajudar" nas tarefas domésticas carrega consigo uma mentalidade ultrapassada e machista. Quando um homem diz que "ajuda" em casa, ele implicitamente reforça a crença de que essas tarefas pertencem à mulher e que a participação masculina é uma concessão, quase um favor. Esse pensamento precisa ser transformado. A verdade é que a casa é de todos que ali vivem, e as responsabilidades são compartilhadas, sem distinção de gênero.

Um verdadeiro homem não "ajuda" em casa; ele assume sua parte das responsabilidades, colaborando de maneira ativa e justa. Isso vai além de simplesmente lavar a louça ou varrer o chão. Significa dividir o trabalho doméstico, cuidar dos filhos e contribuir igualmente para o bem-estar da família. Quando cuidamos dos nossos filhos, por exemplo, não estamos "de babá" – estamos exercendo nosso papel de pais, que é tanto nosso quanto de nossas parceiras.

A noção de que determinadas tarefas são "coisas de mulher" é um conceito retrógrado, uma "algema social" que precisa ser quebrada. A verdadeira igualdade começa em casa, e só se constrói uma relação saudável e equilibrada quando todas as responsabilidades são divididas. A mulher tem tanto direito quanto o homem de trabalhar, descansar, divertir-se e ter uma vida plena fora das atividades domésticas. Para que isso seja possível, a divisão das tarefas precisa ser justa e equilibrada.

Construir um relacionamento sólido exige diálogo contínuo e uma divisão clara de responsabilidades. O respeito à igualdade é praticado no dia a dia, e um homem de verdade entende que não há tarefa que seja exclusiva de um gênero. Somente quando todos assumem suas partes é que podemos alcançar uma verdadeira parceria, na qual ambos têm espaço para crescer e se realizar plenamente.

A VOZ DA MULHER TEM VALOR

Amigo, este é um convite para reavaliarmos profundamente como tratamos as mulheres no dia a dia. Escute com respeito quando uma mulher estiver falando. Não interrompa, não menospreze, e entenda que a opinião dela é tão valiosa quanto a de qualquer homem. A prática comum de interromper mulheres, presumindo que elas sabem menos ou não têm conhecimento suficiente, é um reflexo de padrões culturais antigos, mas ainda muito presentes.

Desde cedo, ouvimos frases como "mulher fala demais" ou "ela não sabe o que está dizendo" – e essas crenças foram enraizadas em nós, criando uma barreira silenciosa de desrespeito. A verdade é que isso não passa de uma armadilha cultural. Quando uma mulher fala, seja em casa, no trabalho ou em qualquer ambiente, sua voz merece ser ouvida com o mesmo respeito que damos aos homens.

A desigualdade no valor da voz feminina é visível, especialmente no ambiente profissional. Infelizmente, as opiniões das mulheres muitas vezes são subestimadas ou ignoradas. Este é o momento de fazermos diferente: seja o exemplo de um homem que respeita o espaço e a fala de uma mulher. Não basta apenas ouvir – é preciso ouvir com a intenção de entender e valorizar.

Observe-se em suas interações: como você reage quando uma mulher fala? Você a invalida ou menospreza suas palavras, talvez sem perceber? Esse é um comportamento que muitos de nós carregamos inconscientemente, mas que precisa ser corrigido.

Existem, inclusive, termos que descrevem essas práticas comuns de desrespeito: *manterrupting*, quando um homem interrompe uma mulher de forma constante, e *mansplaining*, quando um homem explica algo de forma condescendente, presumindo que a mulher não compreende. Esses comportamentos não só perpetuam o machismo, mas também silenciam as mulheres, enfraquecendo o diálogo e as trocas de ideias.

MANTERRUPTING:

Este termo descreve a interrupção frequente das mulheres por homens em discussões ou apresentações. A prática ocorre quando um homem interrompe uma mulher de maneira desnecessária, impedindo-a de concluir seu pensamento ou frase. Esse comportamento é notoriamente prevalente em ambientes como reuniões, palestras e processos decisórios onde homens e mulheres estão presentes. O homem pode começar a falar simultaneamente ou cortar a mulher para assumir a fala, minando sua contribuição e autoridade.

MANSPLAINING:

Este termo captura a situação em que um homem explica algo a uma mulher de maneira condescendente, assumindo que ela precisa de sua explicação simplificada, mesmo quando ela já possui conhecimento sobre o assunto ou quando o assunto é de compreensão básica. O *mansplaining* implica que o homem acredita saber mais simplesmente por ser homem, perpetuando a noção falsa e desatualizada de que as mulheres são menos capazes ou inteligentes. Esta prática não só subestima a inteligência das mulheres, mas também serve para reforçar uma dinâmica de poder desigual.

AÇÕES PRÁTICAS PARA A MUDANÇA:

- **RECONHECIMENTO E REFLEXÃO** – O primeiro passo é reconhecer esses comportamentos em si mesmo e nos outros. Estar ciente de quando você está interrompendo ou explicando desnecessariamente é crucial para a mudança.
- **ESCUTA ATIVA** – Pratique a escuta ativa. Permita que as mulheres ao seu redor expressem suas ideias completamente antes de responder. Este simples ato de respeito pode transformar significativamente a dinâmica de qualquer conversa.
- **IGUALDADE DE VOZ** – Trate as contribuições das mulheres com o mesmo respeito e seriedade que você trataria as dos homens. Assegure que todos os participantes em uma discussão tenham igual oportunidade de falar.
- **EDUCAÇÃO E DIÁLOGO** – Se você observar alguém praticando *manterrupting* ou *mansplaining*, considere abordar a situação de maneira construtiva. Um diálogo aberto sobre por que essas

atitudes são prejudiciais pode ser um ponto de partida para a conscientização e mudança.

- **PROMOÇÃO DA IGUALDADE NO AMBIENTE DE TRABALHO** – Encoraje e apoie políticas que promovam a igualdade de gênero no local de trabalho, incluindo treinamentos sobre viés de gênero e igualdade.

Ao nos comprometermos a eliminar o *manterrupting* e o *mansplaining* de nossas interações diárias, damos passos significativos não apenas em direção à igualdade de gênero, mas também à criação de ambientes mais respeitosos e inclusivos. Esta mudança de comportamento é essencial para que possamos evoluir como indivíduos e como sociedade, garantindo que todos sejam valorizados igualmente por suas contribuições e conhecimentos.

ASSÉDIO É VIOLÊNCIA

Vamos ser diretos: aquele assobio na rua, o olhar que ultrapassa o limite, o comentário sobre a aparência de uma mulher que está apenas passando. Tudo isso é assédio. E, sim, é uma forma de violência.

Se você tem o hábito de fazer isso, é hora de parar. Um homem de verdade jamais assedia uma mulher, seja onde for. Pense nas mulheres da sua vida – sua mãe, irmã, filha, esposa – e imagine o que sentiriam ao ser assediadas. Imagine o medo, a insegurança, o desconforto. Isso é o que milhões de mulheres enfrentam diariamente. Assédio, por mais "inofensivo" que possa parecer, não é um elogio: é uma agressão que reforça uma cultura de medo e opressão.

As mulheres vivem com receio constante, vigilantes a cada esquina, a cada movimento. Para elas, o simples fato de andar na rua pode ser uma batalha, tentando escapar de olhares e gestos invasivos que, para nós, homens, podem passar despercebidos. Como homens, temos a responsabilidade de mudar essa realidade. Assédio não é brincadeira, não é charme, muito menos uma demonstração de poder. É um comportamento que degrada, fere e ameaça. E, sim, é crime.

Se você chegou até aqui, significa que está comprometido com uma jornada de transformação. Parte desse compromisso é eliminar qualquer forma de assédio. Fomos ensinados, desde cedo, que "mexer" com mulheres na rua é algo normal, até um símbolo de masculinidade. Mas essa é uma das crenças mais destrutivas que carregamos e precisa ser abandonada. Se queremos um mundo melhor, a mudança começa com nossos comportamentos.

Respeito não é opcional. Respeitar o espaço de uma mulher é o mínimo que podemos fazer para corrigir o legado tóxico que herdamos. E se você, em algum momento, achar que há justificativa para o assédio com base em exemplos de mulheres que "fazem o mesmo", entenda que nada justifica essa violência. O assédio que elas enfrentam diariamente é brutal e inaceitável.

Uma citação famosa da escritora e ativista feminista Margaret Atwood, autora de *O conto da Aia*, reflete bem o medo que as mulheres sentem ao sair às ruas:

NOVO RUMO – O LEGADO DO HOMEM

OS HOMENS TÊM MEDO QUE AS MULHERES RIAM DELES. AS MULHERES TÊM MEDO QUE OS HOMENS AS MATEM.

MARGARET ATWOOD

Sem mais rodeios ou justificativas: assédio é inaceitável. Faça um compromisso firme consigo mesmo, a partir de agora, de jamais assediar uma mulher, em qualquer situação. Isso é o mínimo que se espera de um homem de verdade.

Sinceramente, não vou gastar o seu tempo nem o meu explicando a diferença entre uma "cantada", uma "paquera" e um assédio. O que importa é que um verdadeiro homem sabe a diferença, respeita os limites e entende que qualquer interação precisa ser baseada no respeito absoluto. O assédio nunca será aceito, e saber disso é o ponto de partida para uma mudança real. Se queremos transformar nosso comportamento, o primeiro passo é deixar para trás toda forma de agressão disfarçada de "brincadeira".

NÃO É NÃO. PARE É PARE

Este é um tópico que precisa ser tão direto e claro quanto as próprias palavras NÃO e PARE.

Grave isso na sua mente: quando uma mulher disser NÃO, significa NÃO. Quando ela disser PARE, significa PARE. Não há espaço para interpretação ou brincadeira quando se trata de consentimento.

Se você ouvir um NÃO, pare imediatamente. Se ela disser PARE, interrompa qualquer ação. E se você, por algum motivo, ficar em dúvida sobre o que foi dito, PARE IMEDIATAMENTE.

Consentimento não é algo a ser negociado, e o silêncio ou uma resposta vaga nunca deve ser interpretado como um "sim". Se não houver consentimento claro, qualquer avanço é uma violação dos direitos dela. Isso se aplica a todos os momentos e situações – seja no início, no meio, ou a qualquer ponto da interação.

Como a escritora feminista Rebecca Solnit afirma: **"O privilégio de ser ouvido e acreditado é um grande divisor de águas entre homens e mulheres"**. Quando uma mulher diz não, seu direito de ser ouvida deve ser absoluto e incontestável.

Além disso, segundo a Organização Mundial da Saúde (OMS), uma em cada três mulheres no mundo já sofreu algum tipo de violência sexual ou física. Esses números reforçam a importância de compreender que o respeito ao consentimento não é apenas sobre decência, mas sobre quebrar o ciclo de violência e abuso.

MULHER NÃO É OBJETO

Sim, desde muito cedo, fomos condicionados a ver as mulheres como seres inferiores, destinadas a cuidar da família e satisfazer os desejos dos homens. Essa visão distorcida é reforçada todos os dias pela mídia – músicas, filmes, novelas – que frequentemente reduzem as mulheres a simples objetos sexuais, utilizando seus corpos como instrumentos de poder e desejo. A indústria pornográfica, com a qual muitos de nós já tivemos contato, amplifica ainda mais essa objetificação, promovendo uma ideia de que o valor feminino está no prazer masculino. Mas isso será discutido em detalhes mais adiante.

É importante destacar que a objetificação não é exclusiva dos homens. Muitas mulheres, infelizmente, também reproduzem esse papel, seja através da música, da moda, ou nas redes sociais, ao reforçar estereótipos que as colocam como objetos de desejo. No entanto, assim como nós, elas foram educadas em uma sociedade patriarcal e machista. Elas também carregam suas próprias "algemas", resultado dessa mesma educação distorcida.

Porém, o foco deste livro é a nossa cura – nós, homens. Não estamos aqui para julgar ou criticar as algemas que as mulheres carregam, mas, sim, para reconhecer nossas próprias limitações e preconceitos. Precisamos começar a questionar como enxergamos as mulheres. Quando você vê uma mulher, está enxergando um ser humano completo ou apenas um objeto de prazer?

"A MALDADE ESTÁ NOS OLHOS DE QUEM VÊ."
PROVÉRBIOS

No estudo desenvolvido pela psicóloga Barbara Fredrickson sobre a *teoria da objetificação*, foi demonstrado como a objetificação frequente das mulheres leva a uma série de impactos negativos em sua saúde mental, incluindo problemas de autoestima, depressão e distúrbios alimentares. Fredrickson argumenta que a objetificação cria um processo de "auto-observação" constante nas mulheres, fazendo com que elas internalizem o olhar alheio e passem a enxergar seus corpos como objetos de julgamento externo. Isso resulta em sentimentos de inadequação, ansiedade social e, em casos mais graves, desordens emocionais profundas.

Um trecho marcante da pesquisa revela: **"A auto-objetificação pode fazer com que as mulheres fiquem mais preocupadas com sua aparência física do que com suas capacidades e habilidades, limitando seu potencial e causando significativos danos psicológicos"**.

Esse estudo reflete a profundidade dos impactos que a objetificação tem na vida de milhões de mulheres, reforçando a importância de combater essa prática e enxergar as mulheres como seres completos e não como objetos sexuais.

SUA ROUPA NÃO DEFINE SEU CARÁTER

Este tópico atinge diretamente uma das raízes mais profundas do machismo em nossa sociedade: o julgamento das mulheres com base em suas roupas. Desde muito cedo, nós, homens, somos condicionados a associar o caráter de uma mulher à sua vestimenta. Se ela usa uma saia curta ou decote, automaticamente ela é julgada como "vulgar" ou "provocativa". Esse julgamento injusto não tem base racional, mas, sim, uma visão distorcida que objetifica as mulheres.

Devemos desconstruir a ideia de que a aparência física ou a roupa de uma mulher define sua moral. A realidade é que a roupa que uma pessoa escolhe vestir não reflete seu caráter, integridade ou intenções. Estudos comprovam que essa visão errônea está diretamente ligada à cultura da objetificação feminina. Como a psicóloga Barbara Fredrickson apontou, a objetificação provoca uma auto-observação constante, na qual as mulheres são vistas como objetos sexuais em vez de seres humanos completos.

Além disso, pesquisas de instituições como o *Journal of social psychology* demonstram que o julgamento com base nas roupas alimenta comportamentos de assédio e discriminação. Um estudo revelou que mulheres que se vestem de forma mais "reveladora" são frequentemente vistas como menos inteligentes ou menos competentes, independentemente de suas capacidades.

Como homens que buscam desconstruir o machismo, devemos entender que o verdadeiro respeito vem da capacidade de enxergar além da superfície. Não são as mulheres que precisam mudar suas roupas, mas, sim, os homens que precisam mudar seus olhares. O que uma mulher veste é uma escolha dela, assim como nossas roupas são escolhas nossas, e isso não dá a ninguém o direito de julgá-la ou desrespeitá-la.

Como disse Chimamanda Ngozi Adichie: **"Ensine suas filhas que elas têm o direito de usar o que quiserem e de se sentirem seguras ao fazer isso. Ensine seus filhos a respeitarem isso"**. A mudança começa quando paramos de associar a moral de uma pessoa à sua aparência externa e começamos a vê-la como um ser humano completo, digno de respeito e consideração, independentemente de suas escolhas de vestuário.

PALAVRAS TÊM PODER

Um dos atos mais silenciosos e destrutivos de violência que nós, homens, frequentemente praticamos contra as mulheres é a agressão verbal, muitas vezes disfarçada de "brincadeira" ou "comentário inofensivo". As palavras que usamos têm o poder de moldar a realidade emocional das pessoas ao nosso redor, e, no caso das mulheres, podem devastar sua autoestima, abalar seu bem-estar psicológico e provocar um profundo desgaste emocional.

Agressão psicológica inclui qualquer conduta que cause dano emocional, reduza a autoestima ou busque controlar as ações e crenças de uma mulher. Frases aparentemente "sutis", mas que têm a intenção de desqualificar ou manipular, são formas de violência que corroem lentamente o espírito. Isso pode incluir gritos, ironias ou comentários que minam o valor e a confiança da mulher. O pior é que muitos homens fazem isso sem perceber, já que esses comportamentos estão enraizados em padrões machistas que passamos a vida reproduzindo.

Um exemplo devastador de agressão psicológica é o *gaslighting*, um tipo de manipulação emocional que visa fazer a mulher duvidar de sua sanidade ou percepção da realidade. Frases como "Você está exagerando", "Isso é coisa da sua cabeça", "Você não entende nada" ou "Você está louca" são tentativas de invalidar os sentimentos da mulher e distorcer a verdade, fazendo-a acreditar que a culpa é dela.

Estudos mostram que o impacto dessas formas de abuso verbal pode ser tão prejudicial quanto a violência física. Segundo a American Psychological Association, vítimas de abuso verbal e psicológico frequentemente apresentam sintomas de depressão, ansiedade, e até mesmo transtorno de estresse pós-traumático (TEPT). A psicóloga Patricia Evans, autora do livro *The verbally abusive relationship*, destaca que o abuso verbal destrói a autoestima e cria uma sensação de insegurança emocional nas vítimas, tornando-as reféns de suas próprias dúvidas.

Como homens que buscam evoluir, precisamos reconhecer o impacto devastador de nossas palavras. Um verdadeiro homem é aquele que entende o poder de suas palavras e as usa para construir, não para destruir. Ao invés de silenciar ou manipular as mulheres, devemos praticar a escuta ativa, validando seus sentimentos e reconhecendo o valor de suas vozes.

PALAVRAS TÊM PODER. ELAS PODEM FERIR PROFUNDAMENTE OU CURAR UMA ALMA, E ESCOLHER O USO DELAS DEFINE O HOMEM QUE VOCÊ É.

QUER MAIS OU ESTÁ BOM?

Esses são apenas alguns exemplos dos muitos comportamentos e atitudes que nós, homens, temos em relação às mulheres e que perpetuam um ciclo de desrespeito, dor e sofrimento. Mas sabemos que a realidade vai muito além desses exemplos; cada um de nós carrega dentro de si padrões e crenças que, conscientes ou não, contribuem para uma relação caótica com o universo feminino. Não são apenas as mulheres que sofrem com isso; nós, homens, também carregamos esses pesos, vivendo de maneira limitada, aprisionados em uma masculinidade tóxica e frágil.

O machismo não é apenas uma questão de agressão física; é um sistema de crenças que se infiltra nas nossas atitudes diárias, nas nossas piadas, na forma como olhamos para as mulheres, nas expectativas que colocamos sobre elas. E isso, meu amigo, destrói vidas. A masculinidade que confunde força com opressão e controle só gera mais dor – para elas e para nós. Como homens, precisamos reconhecer que essa postura não é um sinal de força, mas de fraqueza e de medo.

Olhe para os dados alarmantes sobre feminicídio e violência de gênero no Brasil. Cada número é uma vida destruída. E se uma dessas vidas fosse a da sua mãe? Da sua irmã? Da sua companheira? Já imaginou o peso de viver sabendo que, com nossas atitudes, contribuímos para essa realidade de violência? Isso não pode continuar.

Transformar nossa relação com o feminino é uma jornada de cura. bell hooks disse uma vez: "O feminismo é para todo mundo". Isso inclui nós, homens. Devemos abandonar essa masculinidade distorcida, que nos faz acreditar que poder vem da opressão, e adotar uma postura de respeito, igualdade e empatia. Só assim poderemos aliviar o peso que carregamos e começar a construir relacionamentos saudáveis, sem deixar uma trilha de destruição para trás.

Portanto, é hora de abrir os olhos e enxergar o impacto real de nossas atitudes. Enfrentemos isso e assumamos a responsabilidade. A mudança começa agora.

"ENTÃO QUER DIZER QUE TUDO É CULPA DE NÓS, HOMENS, E AS MULHERES SÃO SERES PERFEITOS QUE NÃO ERRAM?"

De forma alguma. As mulheres, assim como nós, são seres humanos cheios de defeitos e imperfeições. O ponto aqui não é colocar as mulheres num pedestal intocável. O objetivo deste livro é focar em nossa jornada, curar nossa masculinidade, e assumir nosso papel de verdadeiros HOMENS. Não estamos aqui para analisar o feminino ferido, pois a literatura já está cheia de obras que tratam disso. Nosso foco é fazer o que nos cabe – sermos responsáveis pela nossa transformação.

Sim, muitas vezes o comportamento que observamos nas mulheres é uma resposta de defesa às atitudes machistas que nós, HOMENS, sustentamos por gerações. Elas têm sofrido as consequências de nossa agressividade, dominação e falta de empatia por milhares de anos. E, claro, as mulheres também carregam suas próprias algemas e distorções. Foram ensinadas a serem submissas, passivas, e a se moldarem para agradar aos homens. Outras aprenderam a resistir ferozmente, alimentando a crença de que "HOMEM é tudo igual" ou que "HOMENS não prestam". Muitas carregam essa armadura que, assim como nós, apenas agrava a separação entre os gêneros.

Agora, grave isso: nunca use esse argumento como desculpa. Jamais compare nosso sofrimento com o delas. Não temos o direito de nos vitimizar ou de justificar nossas falhas apontando os erros das mulheres. O que estamos fazendo aqui é um trabalho profundo e corajoso de transformação masculina. Ao curar nossas próprias feridas, é possível que inspiremos as pessoas ao nosso redor a também buscar cura e equilíbrio.

Portanto, a missão é clara: faça sua parte. Transforme a si mesmo. Esse é o verdadeiro caminho para um novo rumo. Ao evoluirmos como homens, podemos ser agentes de mudança positiva em todas as nossas relações. E, se quiser, compartilhe este livro com mulheres que também estejam enfrentando seus desafios. Talvez ele possa ajudá-las a encontrar uma nova perspectiva em sua própria jornada.

Ao concluir este capítulo, lembre-se: estamos apenas começando a enfrentar questões profundas que moldam nossa vida e nossa relação com o feminino. Chegou a hora de desconstruir a objetificação, respeitar a liberdade e os direitos das mulheres e entender que o machismo que nós sustentamos também pesa nas nossas costas.

Essa jornada não é para os fracos. Não estamos apenas falando sobre mudanças superficiais, mas sobre uma transformação completa de mentalidade. E aqui vai a verdade dura: mudar exige coragem. Honrar a masculinidade verdadeira significa reconhecer nossas falhas e trabalhar incessantemente para ressignificá-las.

Então, que tal usar esse novo rumo para ser o homem que pode inspirar o mundo à sua volta? Como já foi dito: **"Se quer mudar o mundo, comece por você"**.

Aproveitando o tema relacionado à energia feminina, não posso deixar de explanar sobre mais uma atitude desumana realizada por nós homens em nossa sociedade. Pesando a vida das vítimas e também as nossas.

CAPÍTULO 25

A HOMOFOBIA E A NEGAÇÃO DA ENERGIA FEMININA

O Brasil é, infelizmente, um dos países mais perigosos para a comunidade LGBTQIA+, especialmente para pessoas trans. Em 2020, o Brasil foi, pelo 12º ano consecutivo, o país que mais registrou assassinatos de pessoas trans no mundo, segundo a Associação Nacional de Travestis e Transexuais (ANTRA). Esse cenário reflete a forte discriminação estrutural e a falta de políticas públicas eficazes para proteção dessa população, que muitas vezes é marginalizada e vítima de violência letal e psicológica, como o suicídio. Além disso, o Brasil é frequentemente apontado como um dos países mais homofóbicos do mundo.

A homofobia, um dos preconceitos mais enraizados e destrutivos de nossa sociedade, tem raízes profundas na negação da energia feminina pelos homens. Para compreendermos essa relação, precisamos explorar a forma como a masculinidade foi historicamente construída e como essa construção leva à rejeição de tudo o que é percebido como feminino – tanto em si mesmos quanto nos outros.

Ao longo da história, a masculinidade foi associada à força, à racionalidade e à agressividade, enquanto a feminilidade foi vinculada à suavidade, à emoção e à vulnerabilidade. Essa dicotomia forçou os homens a reprimir quaisquer características que fossem consideradas femininas, como a sensibilidade, o cuidado e a expressividade emocional. Freud sugeriu que a repressão desses aspectos do "eu" leva a uma série de neuroses e tensões internas, uma visão que pode ajudar a entender por que tantos homens reagem com violência à homossexualidade – ela representa aquilo que eles mesmos foram ensinados a rejeitar.

Essa repressão interna da energia feminina cria um profundo conflito psicológico. O homem que é ensinado a valorizar apenas as qualidades tradicionalmente masculinas e a menosprezar as femininas acaba projetando esse desprezo em outros homens que exibem essas características. Quando um homem vê outro homem expressando a energia feminina – seja por meio de gestos, roupas, ou comportamentos associados à homossexualidade – isso pode desencadear uma reação de ódio ou repulsa, como um reflexo de sua própria luta interna contra essas mesmas qualidades.

Estudos indicam que homens que exibem fortes atitudes homofóbicas muitas vezes têm uma conexão inconsciente com desejos homossexuais reprimidos. Essa tese foi explorada por psicólogos como Henry Adams, que em sua pesquisa demonstrou que homens altamente homofóbicos mostravam uma excitação significativa em resposta a estímulos homoeróticos, apesar de verbalmente rejeitarem esses sentimentos. Esse fenômeno sugere que a homofobia pode ser uma manifestação de conflito interno com o ódio externo servindo como uma maneira de lidar com a negação e a repressão da própria energia feminina.

A homofobia pode, então, ser vista como uma reação extrema à fragilidade masculina. Homens que se sentem inseguros em sua masculinidade, que acreditam que ela deve ser continuamente provada e defendida, são mais propensos a agirem com violência contra aqueles que percebem como "femininos" ou "diferentes". A aceitação da energia feminina em si mesmo e nos outros é fundamental para combater essa fragilidade e, consequentemente, a homofobia.

Agora que nos deparamos diretamente com essa realidade devastadora, causada muitas vezes por nós, homens, contra outros seres humanos, fica claro que nosso papel precisa ir além de apenas reconhecer a gravidade dessa violência. Precisamos, sim, estancar nossas atitudes machistas e agressivas, mas também parar de alimentar essa cultura de forma inconsciente, por meio de pequenas ações cotidianas que perpetuam esse ciclo de desrespeito e violência. Este é apenas o começo da mudança, e o próximo passo vai mexer profundamente com você.

A transformação não termina em parar o que é errado; devemos também cultivar novas formas de respeito e igualdade. E é essa nova perspectiva que abordaremos a seguir, com uma reflexão ainda mais profunda sobre como nossos comportamentos diários podem impactar diretamente a vida das mulheres. De nada adianta mudarmos nossas atitudes, se continuarmos diariamente nos abastecendo com o combustível que alimenta essa destruição.

CAPÍTULO 26

O COMBUSTÍVEL DO DESRESPEITO E DA VIOLÊNCIA CONTRA AS MULHERES

Então você chegou até aqui, cumpriu todos os passos anteriores e acha que já pode bater no peito, dizendo: "Agora sim, sou um verdadeiro HOMEM!". Sinto lhe informar, meu amigo, mas ainda não. A jornada de um verdadeiro homem está longe de ser simples, e o que vamos explorar neste capítulo é algo que poucos têm coragem de enfrentar: o combustível invisível que alimenta a cultura do desrespeito e da violência contra as mulheres. A sua caminhada de autotransformação está apenas começando.

Aqui é onde a coisa começa a apertar de verdade. O que você faz no seu dia a dia – mesmo aquelas pequenas ações que parecem inofensivas – pode estar contribuindo diretamente para essa cultura tóxica. E mais: ao não confrontar essas atitudes, você perpetua uma cadeia de abuso que fere e oprime as mulheres. Como assim, você se pergunta? Pois bem, vamos encarar essa realidade.

Não adianta nada nos libertarmos das algemas do passado e, ao mesmo tempo, continuarmos presos às correntes do presente e do futuro. Um verdadeiro HOMEM vive com coerência. E ser coerente significa não alimentar, direta ou indiretamente, sistemas e comportamentos que perpetuam o machismo, a violência e a degradação da dignidade feminina. Você pode até achar que pequenos atos não importam, mas é justamente aí que você se engana. É na soma desses "pequenos" comportamentos que reside a força da opressão.

Lembra-se dos números alarmantes de feminicídio, estupros e violência contra a mulher que vimos? E que tal se eu lhe disser que, mesmo sem levantar uma mão contra uma mulher, você pode estar contribuindo para essa cultura violenta? Sei que a resposta pode ser desconfortável, mas essa é a verdade nua e crua.

O que quero que você entenda é que a violência contra as mulheres não começa com o ato físico de agressão. Ela começa muito antes, nos pequenos comportamentos e nas microagressões do dia a dia. E isso é ainda mais evidente quando observamos como nós, homens, alimentamos indústrias e práticas que reforçam essa cultura de opressão.

Para começarmos esse tema, vou iniciar com um tópico que provavelmente vai doer fortemente em sua alma. Um tópico que vai fazer você criar resistência e achar que já fui longe demais. Porém, novamente peço sua confiança para que leia de coração aberto; eu lhe garanto que meus argumentos vão fazer você ressignificar mais essa algema e diminuir mais esse peso gigantesco de suas costas. Se mudar o rumo de sua vida é seu objetivo, chegou a hora de mais um grande desafio.

CAPÍTULO 27

PORNOGRAFIA: ENTENDA ESSE MAL

É hora de encarar uma verdade incômoda, meu amigo. Por mais que a sociedade tenha normalizado o consumo de pornografia, a realidade é que essa indústria está no centro de muitos dos problemas que nós, HOMENS, enfrentamos hoje. Ela não só incentiva o machismo e a objetificação das mulheres, mas também é uma fonte poderosa de distúrbios psicológicos e sexuais, colocando mais e mais pesos sobre nossos ombros.

Sim, os mesmos pesos que insistimos em carregar.

A pornografia se disfarça de entretenimento inofensivo, mas, por trás disso, ela está arruinando nossa percepção sobre sexualidade, sobre as relações humanas e sobre nós mesmos. Neste capítulo, vou lhe mostrar, com números e dados, como esse hábito que tantos consideram normal está destruindo vidas – não apenas a sua, mas também a de todos ao seu redor.

Se esse é um tema que mexe diretamente com a sua rotina e valores, sugiro que, antes de continuar, dê uma pausa. Respire fundo, beba uma água e abra a mente, deixando de lado todo preconceito e qualquer bloqueio. Porque o que você vai ler aqui pode transformar sua vida de maneiras que talvez você nem imagine.

MAIS DE 22 MILHÕES DE BRASILEIROS CONSOMEM PORNOGRAFIA.

A GIGANTESCA INDÚSTRIA DA PORNOGRAFIA HOJE ALCANÇA UM VALOR DE QUASE 100 BILHÕES DE DÓLARES.

A INFLUÊNCIA E O PODER ECONÔMICO DA INDÚSTRIA PORNOGRÁFICA HOJE SUPERAM GIGANTES, COMO HOLLYWOOD, NETFLIX, NBA OU NFL.

PORNHUB TEM MAIS ACESSOS MENSAIS DO QUE NETFLIX, AMAZON E TWITTER JUNTOS E A CADA SEGUNDO SÃO GASTOS TRÊS MIL DÓLARES EM PORNOGRAFIA.

12% DE TODOS OS SITES DA INTERNET SÃO DE PORNOGRAFIA.

A CADA SEGUNDO, 30 MIL USUÁRIOS DA INTERNET ACESSAM UM SITE PORNOGRÁFICO.

2,5 BILHÕES DE E-MAILS SÃO ENVIADOS DIARIAMENTE CONTENDO CONTEÚDO PORNOGRÁFICO.

35% DE TODO DOWNLOAD FEITO NA INTERNET É DE PORNOGRAFIA.

20% DOS HOMENS ADMITEM CONSUMIR PORNOGRAFIA DURANTE O EXPEDIENTE DE TRABALHO.

25% DE TODA PESQUISA FEITA NA INTERNET É SOBRE PORNOGRAFIA.

SÃO FEITAS 116 MIL PESQUISAS DE PORNOGRAFIA INFANTIL POR DIA.

SÃO LANÇADOS 11 MIL FILMES PORNÔS POR ANO.

90% DAS ATRIZES PORNÔS FORAM ABUSADAS QUANDO CRIANÇAS.

MAIS DE 500 MIL ATRIZES PORNOGRÁFICAS VIVEM COMO ESCRAVAS SEXUAIS.

70% DOS HOMENS QUE CONSOMEM PORNOGRAFIA ESTÃO CASADOS OU NAMORANDO.

A EXPECTATIVA DE VIDA MÉDIA DE UMA ATRIZ PORNÔ É DE MENOS DE 36 ANOS.

SÃO REALIZADAS MAIS DE 100 MIL DENÚNCIAS DE PORNOGRAFIA INFANTIL POR ANO NO BRASIL. EM 2020, MAIS DE 30 MIL SITES FORAM FECHADOS POR CONTER ESSE CONTEÚDO.

Chegou a hora de encarar uma verdade que muitos preferem ignorar: a pornografia é um veneno silencioso que está enraizado em nossa sociedade e em nossa mente. Apesar de ser uma indústria bilionária e amplamente consumida, seus efeitos são devastadores, não só para nós, HOMENS, mas também para as mulheres e a sociedade como um todo.

Pesquisas em neurociência indicam que o consumo frequente de pornografia altera o cérebro de forma similar aos vícios químicos, como drogas. O neurocientista Dr. Norman Doidge, em seu livro *O cérebro que se transforma*, explica que a pornografia ativa circuitos cerebrais que liberam grandes quantidades de dopamina, reforçando padrões compulsivos. O resultado? Um desejo crescente por estímulos mais intensos e extremos, que acaba distorcendo nossa percepção da realidade e da sexualidade. Como qualquer vício, isso gera tolerância, o que significa que o que antes proporcionava prazer agora se torna insuficiente, levando muitos homens a consumir conteúdos cada vez mais violentos e desumanizadores.

Um estudo conduzido pelo Dr. Gary Wilson, autor de *Your brain on porn*, revelou que o consumo de pornografia pode causar disfunções sexuais, como ejaculação precoce, disfunção erétil e anorgasmia, além de desencadear problemas emocionais como ansiedade e depressão. Isso ocorre porque o cérebro, ao se acostumar com estímulos intensos e irreais, se dessensibiliza às interações reais e emocionais, prejudicando a capacidade dos homens de se conectarem verdadeiramente com suas parceiras.

Além dos impactos neurológicos e físicos, a pornografia distorce nossa visão de relacionamentos. O psicólogo Philip Zimbardo, em seu estudo *The demise of guys*, apontou que homens que consomem pornografia regularmente têm maior dificuldade em manter relações saudáveis e íntimas. Isso acontece porque a pornografia ensina que o sexo é transacional, reduzindo a mulher a um objeto de prazer e anulando a necessidade de respeito, reciprocidade e conexão emocional. Como resultado, muitos homens perdem a capacidade de criar vínculos genuínos e empáticos com suas parceiras, causando frustração e, em muitos casos, rompimento.

O impacto da pornografia vai além dos relacionamentos pessoais. Ela alimenta a cultura de violência e desumanização das mulheres.

Pesquisas revelam que 88% das cenas de pornografia mais populares contêm algum tipo de agressão física ou verbal contra as mulheres. Essa exposição contínua não só normaliza a violência sexual, como também reforça a ideia de que o prazer masculino é mais importante do que o consentimento e o bem-estar das mulheres. A psicóloga Gail Dines, em seu livro *Pornland*, argumenta que a pornografia não apenas reflete uma cultura machista, mas também a amplifica, perpetuando comportamentos abusivos e degradantes contra as mulheres.

Os números são alarmantes. Estudos indicam que 70% dos homens em relacionamentos consomem pornografia regularmente, o que afeta diretamente a qualidade das relações. Um relatório da American Psychological Association sugere que o consumo regular de pornografia pode levar a comportamentos como infidelidade e aumento da insatisfação sexual com as parceiras, uma vez que os padrões irreais criados pela pornografia tornam impossível alcançar a "perfeição" mostrada nas telas.

Além disso, há uma ligação direta entre o aumento do consumo de pornografia e o aumento da violência sexual. A Fundação Nacional para a Pesquisa da Violência nos Estados Unidos apontou que o consumo contínuo de pornografia está relacionado a um aumento da aceitação de mitos sobre o estupro e à diminuição da empatia por vítimas de abuso sexual.

Se você deseja realmente se libertar desses pesos, o primeiro passo é reconhecer o impacto da pornografia em sua vida. Carl Jung, renomado psiquiatra, disse: *"Até você se tornar consciente, o inconsciente dirigirá sua vida e você chamará isso de destino"*. A pornografia é um hábito inconsciente para muitos, mas só ao torná-lo consciente e encarar seus efeitos, você poderá começar a transformá-lo.

Portanto, aqui está o desafio: abandonar a pornografia não é apenas um ato de autossuperação; é um passo vital em sua jornada de se tornar um verdadeiro HOMEM. Não se trata apenas de livrar-se de um vício, mas de abrir caminho para viver uma masculinidade mais saudável, baseada no respeito, na autenticidade e na verdadeira conexão emocional com as pessoas ao seu redor.

VAMOS OLHAR PARA OS DEZ PRINCIPAIS MALEFÍCIOS DA PORNOGRAFIA

1. **ALIMENTA A CULTURA DO ESTUPRO E DA VIOLÊNCIA** – A pornografia retrata frequentemente as mulheres como objetos sexuais, reforçando a ideia de que elas existem apenas para satisfazer os desejos masculinos. Estudos mostram que esse tipo de conteúdo pode dessensibilizar os homens para a violência sexual, normalizando comportamentos agressivos. Segundo o Fórum Brasileiro de Segurança Pública, a cada 8 minutos, uma mulher é estuprada no Brasil. A pornografia contribui para esse cenário ao reforçar estereótipos que desumanizam as mulheres e incentivam a objetificação.
2. **COBRANÇA DE PERFORMANCE PRÓPRIA** – Os homens que consomem pornografia frequentemente sentem a pressão de igualar a performance dos atores, o que pode levar a problemas como baixa autoestima, ansiedade de desempenho, disfunção erétil e ejaculação precoce. Um estudo da Universidade de Indiana mostrou que homens que consomem pornografia regularmente são mais propensos a desenvolver disfunções sexuais devido à comparação irrealista com o que veem na tela.
3. **COBRANÇA DA PARCEIRA** – A pornografia cria expectativas irreais sobre a aparência e comportamento das parceiras, levando os homens a demandar performances que não correspondem à realidade. Isso pode resultar em insatisfação sexual, infidelidade, e uma pressão para que as mulheres modifiquem seus corpos. A insatisfação com a parceira é um fator que contribui para a dissolução de relacionamentos, conforme estudos na área de terapia conjugal.
4. **TRÁFICO HUMANO** – A indústria pornográfica está fortemente ligada ao tráfico humano, com mais de dois milhões de mulheres e crianças exploradas sexualmente em condições de escravidão. A pornografia on-line gera bilhões de dólares anualmente, muitas vezes financiando redes de tráfico

e exploração sexual. Relatórios da Organização Internacional do Trabalho destacam que o tráfico sexual é uma das principais formas de escravidão moderna, muitas vezes impulsionada pela demanda de conteúdo pornográfico.

5. **SÍNDROME DO PINTO PEQUENO** – A exposição contínua a pornografia pode levar os homens a desenvolverem uma percepção distorcida de seus próprios corpos, especialmente em relação ao tamanho do pênis. Essa comparação com atores pornográficos, que muitas vezes possuem atributos físicos excepcionais, contribui para a insegurança corporal, ansiedade e problemas sexuais. Pesquisas mostram que até 68% dos homens têm preocupações sobre o tamanho do pênis, o que é exacerbado pelo consumo de pornografia.
6. **EJACULAÇÃO PRECOCE** – Cerca de 40% dos homens no Brasil relatam problemas com ejaculação precoce, e a pornografia é um dos fatores que exacerbam essa condição. A busca pelo prazer imediato e a falta de controle na masturbação contribuem para que esse distúrbio se manifeste com maior frequência. O Instituto Kinsey aponta que a pornografia altera os circuitos de recompensa do cérebro, facilitando a ejaculação rápida e fora de controle.
7. **VÍCIO E LADRÃO DE TEMPO** – A pornografia pode se tornar um vício, roubando tempo e energia dos seus consumidores. Estima-se que 30% de todo o tráfego de dados na internet esteja relacionado à pornografia, com muitos usuários passando horas diárias consumindo esse conteúdo, o que impacta negativamente a produtividade e as relações pessoais. Estudos demonstram que o vício em pornografia tem efeitos similares ao vício em substâncias, alterando os padrões de dopamina no cérebro.
8. **PORNOGRAFIA INFANTIL** – O Brasil ocupa a segunda posição mundial em exploração sexual infantil. Mais de 75% das vítimas de estupro no país têm menos de 18 anos. Apenas em 2020, mais de 30 mil páginas de pornografia infantil foram fechadas. A pornografia on-line, muitas vezes, serve como porta de entrada para conteúdos mais extremos, incluindo a pornografia infantil,

que tem devastadores efeitos sobre as vítimas e perpetua um ciclo de abuso e exploração.

9. **INFIDELIDADE** – O consumo de pornografia está associado a uma maior propensão à infidelidade. A pornografia distorce a percepção da monogamia e incentiva a busca por novas experiências sexuais, minando a confiança e o compromisso nos relacionamentos. Pesquisas indicam que homens que consomem pornografia regularmente têm três vezes mais chances de trair suas parceiras do que aqueles que não consomem.

10. **DEPRESSÃO** – O Brasil é o país com a maior taxa de depressão da América Latina, e a pornografia contribui para essa estatística. O consumo regular de pornografia está associado a sentimentos de solidão, vergonha e desespero, todos fatores que podem levar à depressão. Estudos mostram que o vício em pornografia pode alterar a química cerebral, afetando negativamente a saúde mental e aumentando o risco de depressão.

Esses são apenas dez simples tópicos, mas você já percebeu que daria para se estender em muitas páginas sobre esse assunto. O buraco da pornografia é muito mais embaixo. Você pode achar que assistir a um vídeo aqui e outro ali não faz mal, mas, meu irmão, o buraco é bem mais fundo do que parece. A pornografia não é apenas uma distração inofensiva – é um veneno que corrói sua mente, suas emoções e, principalmente, a sua masculinidade. Isso mesmo! Se você está buscando ser um HOMEM de verdade, é hora de abrir os olhos para o mal que a pornografia traz.

Estudos neurocientíficos comprovam que o consumo de pornografia altera profundamente a estrutura do cérebro. Como já mencionei, ela ativa circuitos de recompensa, liberando dopamina de forma intensa e desregulando todo o seu sistema neural. Isso cria um ciclo vicioso, no qual você precisa de estímulos cada vez mais fortes para sentir o mesmo prazer. Não é à toa que homens que consomem pornografia acabam enfrentando problemas sexuais, como impotência e insatisfação nas relações reais.

Agora, imagine-se como um guerreiro que precisa enfrentar o inimigo mais traiçoeiro e oculto: a pornografia. Ela está à espreita em cada esquina, em cada tela, pronta para destruir sua capacidade de se conectar verdadeiramente com uma mulher. E não pense que essa é uma batalha fácil – estamos falando de uma indústria bilionária, que fatura mais de 100 bilhões de dólares por ano. É um negócio monstruoso, que lucra às custas da destruição da sua saúde emocional e da objetificação das mulheres.

São lançados 11 mil filmes pornográficos por ano, 20 vezes o número de filmes lançados de todos os gêneros juntos, dados esses somente dos Estados Unidos. Essa luta não será nada fácil! Mas se seu objetivo ainda continua ser MUDAR O RUMO DA SUA VIDA e se tornar um verdadeiro HOMEM, você precisará passar por mais esse desafio em sua jornada.

Acredite, a pornografia, se já não acabou, vai acabar com sua saúde emocional e, principalmente, sexual! A pornografia é o principal combustível que alimenta a indústria do estupro, feminicídio e toda violência contra as mulheres.

Não se engane, a próxima vítima pode ser sua esposa, sua filha ou alguma mulher do seu ciclo social. Então, está esperando o que para eliminar agora esse hábito destruidor de sua vida?

Você quer ser parte desse sistema que explora e desumaniza mulheres? Que alimenta a violência sexual, o feminicídio e a cultura do estupro? Um estudo publicado no *Journal of adolescent health* revela que o consumo de pornografia está diretamente ligado ao aumento da aceitação de comportamentos violentos contra as mulheres. Isso significa que, ao continuar consumindo esse tipo de conteúdo, você está, mesmo que indiretamente, contribuindo para um ciclo de opressão e violência.

A batalha contra a pornografia é como enfrentar um dragão – gigantesco e assustador. Mas, como qualquer bom guerreiro, você tem as ferramentas para vencer. A chave aqui é a disciplina, o autocontrole e a disposição para transformar sua vida. Reduzir gradualmente o consumo até eliminá-lo completamente é um dos primeiros passos.

E não se trata apenas de eliminar um vício. A vitória sobre a pornografia vai te libertar para viver uma masculinidade verdadeira, sem os pesos que esse hábito tóxico coloca nas suas costas. Vai te permitir experimentar uma conexão real com sua parceira ou seu parceiro, uma vida sexual baseada em respeito e reciprocidade, sem a ilusão da tela.

Assim como no tópico Mentiras, tenho a total consciência de que talvez não dê para mudar a chave de repente, mas sugiro que crie um plano de ação. Diminua dia após dia o consumo até que elimine de vez esse hábito de sua vida. Se preciso, procure um terapeuta ou especialista na área, faça o que for, mas não deixe que esse mal faça mais parte de sua vida!

"O MAIOR PERIGO QUE ENFRENTAMOS É NOS PERDERMOS NA ABSTRAÇÃO DO PRAZER INFINITO, ONDE O IMEDIATO PERDE SEU SIGNIFICADO E NOS TORNAMOS ESCRAVOS DE NOSSAS PRÓPRIAS INDULGÊNCIAS."

SØREN KIERKEGAARD

CAPÍTULO 28

A JORNADA PARA A LIBERTAÇÃO DA PORNOGRAFIA

Você já enfrentou grandes desafios até aqui, meu irmão, mas agora está prestes a embarcar em uma das missões mais significativas da sua vida: libertar-se da pornografia. E, como um verdadeiro guerreiro, essa será sua chance de conquistar mais uma vitória crucial na construção de uma masculinidade forte, respeitosa e saudável.

A pornografia é um inimigo traiçoeiro, que engana e prende sua mente, transformando prazer em peso. Mas, como em toda grande aventura, a vitória vem com sacrifício e disciplina. E se você chegou até aqui, tenho certeza de que está preparado para encarar esse desafio e sair vitorioso! Essa é uma guerra e você como um grande guerreiro deve encarar esse desafio para construir um novo rumo para sua vida e deixar um legado de respeito e orgulho nessa jornada.

Aqui está o **"Caminho dos 30 dias"**, um método direto e prático para você começar sua jornada de libertação:

- **RECONHECIMENTO E ACEITAÇÃO** – Todo guerreiro precisa conhecer o inimigo antes de atacá-lo.

Reconheça que a pornografia tem sido um problema em sua vida. Sem essa aceitação, qualquer tentativa de mudança será como uma batalha sem armas.

- **COMPROMISSO CLARO** – Faça um juramento de HOMEM consigo mesmo. Escreva o compromisso de ficar 30 dias longe da pornografia. Este é o começo de sua missão. Leia essa promessa todos os dias e faça dela seu mantra de vitória.
- **IDENTIFICAÇÃO DE GATILHOS** – Todo herói conhece suas fraquezas. Entenda o que te leva a consumir pornografia – tédio, estresse, solidão? Identificar seus pontos fracos é o primeiro passo para evitá-los e construir defesas mais fortes.
- **SUBSTITUIÇÃO DE HÁBITOS** – Assim como o guerreiro troca sua espada quebrada por uma nova, troque a pornografia por atividades que te fortalecem. Ao sentir vontade de consumir, saia para correr, leia um livro ou medite. Fortaleça corpo e mente com práticas que trazem **satisfação real**.
- **BUSCA POR SUPORTE** – Nenhum guerreiro luta sozinho. Confie em um amigo de confiança ou participe de grupos de apoio. Um irmão ao seu lado pode ser o reforço que faltava para vencer essa batalha.
- **EDUCAÇÃO E CONSCIÊNCIA** – Conhecimento é a melhor arma. Aprenda mais sobre os danos da pornografia e o impacto que ela causa em sua mente e corpo. Ouça podcasts, veja documentários ou leia livros que o ajudem a manter seu foco. **Estudos comprovam** que a pornografia reprograma o cérebro, prejudicando seu desempenho e sua saúde mental.
- **MONITORAMENTO DO PROGRESSO** – Mantenha um diário de batalha. Escreva suas conquistas, suas recaídas, seus sentimentos. Isso vai ajudar a entender sua jornada e identificar onde estão os monstros à espreita, prontos para derrubá-lo.
- **TERAPIA E AUTOAJUDA** – Se perceber que a batalha é maior do que você imaginava, peça reforços. Terapias, como a **Terapia Cognitivo-Comportamental (TCC)**, têm se mostrado muito

eficazes no combate a vícios como o da pornografia. Não tenha medo de buscar ajuda de especialistas.

- **REFLEXÃO SOBRE RELACIONAMENTOS** – A pornografia cria uma barreira entre você e relacionamentos reais. Este é o momento de fortalecer seus laços. Concentre-se em desenvolver conexões saudáveis e verdadeiras com as pessoas ao seu redor.
- **MANUTENÇÃO E LONGO PRAZO** – O fim dos 30 dias é apenas o começo da vitória. A manutenção é vital. Continue vigilante e celebre cada conquista. Cada dia sem pornografia é uma vitória na sua jornada como HOMEM.

Neurocientistas, como o Dr. Norman Doidge, explicam que hábitos como o consumo de pornografia reconfiguram os circuitos cerebrais, criando padrões de comportamento compulsivos. Da mesma forma que reconfiguramos nossa mente para o vício, podemos reconfigurá-la para a liberdade. E é essa liberdade que você busca aqui!

Lembre-se: **Carl Jung** dizia: "O que você resiste, persiste". Mas hoje, você não vai apenas resistir, você vai enfrentar e vencer. Ser HOMEM de verdade significa ter coragem para enfrentar seus demônios internos, e a pornografia é um deles.

Essa não é uma simples batalha. É uma **jornada épica**, e o prêmio final é a sua transformação. O que está esperando? O caminho está diante de você, e a hora de começar é agora.

Aproveito para trazer outras palavras de Carl Jung, sim Jung é uma grande referência em meus estudos, por isso continuarei citando-o muitas vezes:

> **"VOCÊ NÃO SE TORNA ILUMINADO IMAGINANDO FIGURAS DE LUZ, MAS SE CONSCIENTIZANDO DA ESCURIDÃO."**
> CARL JUNG

Enfrente sua escuridão e descubra a luz que reside em sua verdadeira essência.

Mas isso não é tudo. Se queremos mudar o rumo de nossas vidas, respeitar as mulheres de verdade e bater no peito dizendo que somos verdadeiros HOMENS, também precisamos ressignificar toda e qualquer indústria que consumimos que atue nesse sentido de arruinar a imagem das mulheres e incentivar a violência.

A seguir, trago outro combustível que incendeia diariamente o desrespeito com as mulheres, além de abaixar e muito nossa frequência energética de uma forma totalmente mascarada.

O QUE PODEMOS DIZER SOBRE AS MÚSICAS QUE OUVIMOS?

CAPÍTULO 29

MÚSICAS TAMBÉM MATAM

"Só surubinha de leve com
essas Filha da Puta
Taca bebida
Depois taca a Pica
E abandona na RUA!"
Mc Diguinho

"Todo homem
que sabe o que
quer, pega o pau
para bater na
mulher"
Camisa de Vênus

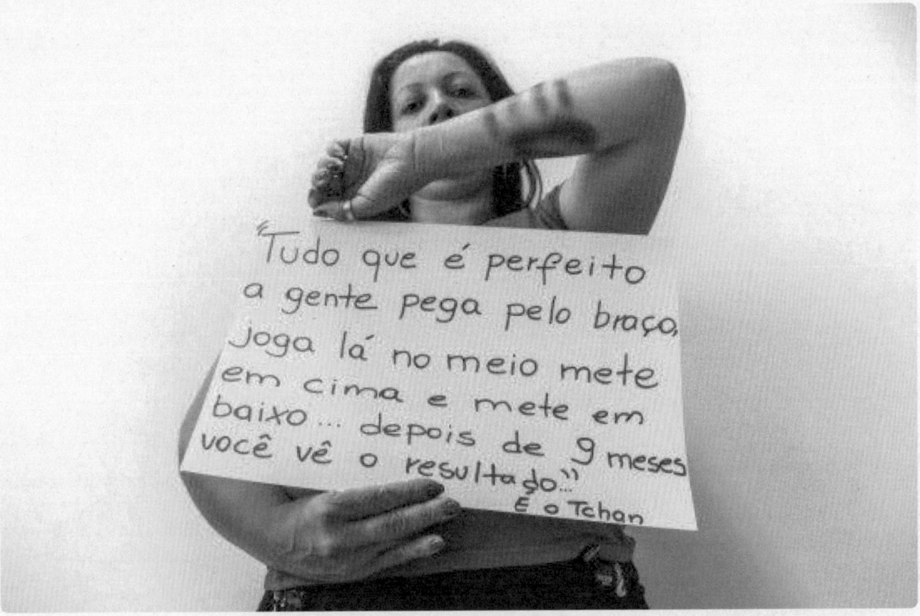
"Tudo que é perfeito
a gente pega pelo braço,
joga lá no meio mete
em cima e mete em
baixo... depois de 9 meses
você vê o resultado..."
É o Tchan

"Ajoelha e chora
quanto mais eu
passo o laço muito
mais ela me adora"
-GRUPO TRADIÇÃO

Eu só sei que a
mulher que engana
o homem merece ser
presa na colônia,
orelha cortada, cabeça
raspada, carregando pedra
para passar vergonha
— Bezerra da
Silva

"Eu já sei o que fazer
Vamos acabar com
A raça dessa mina"
— Mc Livinho

"Antes que eu pegue a carabina
E te encha de tiro agora
Suas coisas põe na mala
Não encoste, nem me fala
Tô doido pra te matar, Muié"
Bruninho e Davi

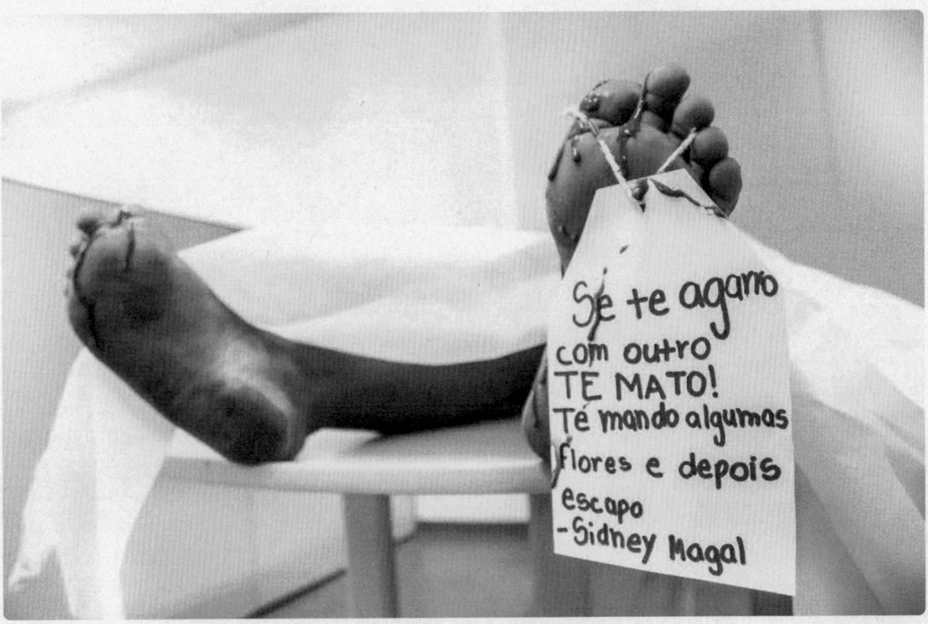
Se te agarro
com outro
TE MATO!
Te mando algumas
flores e depois
escapo
-Sidney Magal

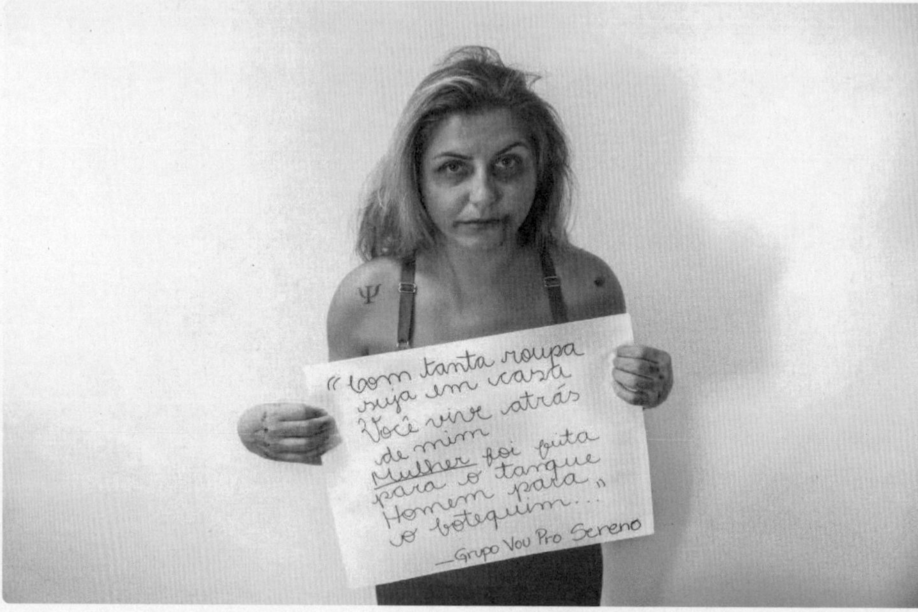

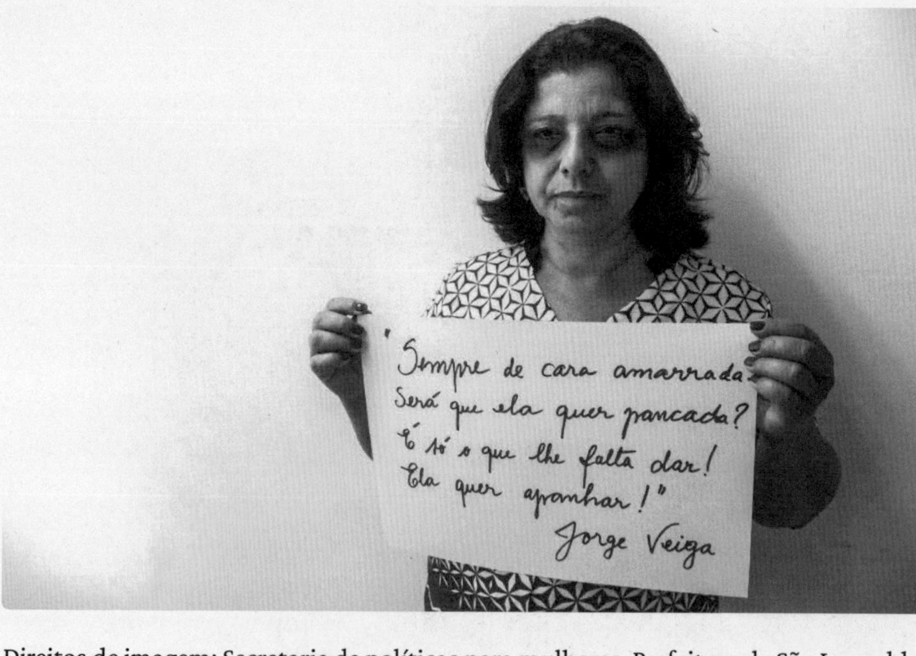

Direitos de imagem: Secretaria de políticas para mulheres, Prefeitura de São Leopoldo – RS. Fotógrafo Thales Ferreira.

Sim, meu amigo, talvez você pensasse que o pior já havia passado, que as práticas do começo deste livro eram o verdadeiro desafio. No entanto, para mudar o rumo de nossas vidas de verdade, precisamos enfrentar questões que parecem menores, mas têm um impacto devastador em nosso comportamento. E uma delas é: **o que estamos ouvindo?**

Com esse trabalho incrível realizado pela Secretaria da Mulher da cidade de São Leopoldo, com imagens registradas pelo fotógrafo Thales Ferreira, temos a realidade escancarada de quão absurdas são as músicas que cantamos e escutamos diariamente. O quanto estamos, sim, alimentando a cultura do estupro e violência a cada play que damos nessas músicas. Engana-se você que pensa que essas músicas estão restritas apenas ao universo do funk, no qual é muito comum as letras dos maiores sucessos serem como esta a seguir, que liderou o ranking das plataformas digitais após seu lançamento:

"Tu vai fuder no céu, piranha, dentro do helicóptero... Ou dá essa xereca ou eu te jogo aqui em cima... Fala pra essa filha da puta aí... E ela tá achando que nós tá brincando. Se ficar de palhaçada eu taco no oceano..."

O problema vai muito além. O machismo está presente em **diversos estilos musicais**: samba, pagode, forró, axé, MPB... Todos esses estilos têm canções que, direta ou indiretamente, fazem apologia ao controle e à violência contra as mulheres.

Cite-se, por exemplo, uma música famosa de Zeca Pagodinho, que ecoa essas atitudes perigosas: "Mas se ela vacilar, vou dar um castigo nela, vou lhe dar uma banda de frente, quebrar cinco dentes e quatro costelas...".

Esse é apenas um exemplo de como a violência contra as mulheres pode ser disfarçada como "brincadeira" em letras de músicas populares. A repetição dessas narrativas reforça o ciclo de violência e objetificação.

Você pode não se dar conta, mas as músicas que escolhemos ouvir são combustível invisível para a cultura de machismo e violência que permeia nossa sociedade. Cada play que damos em canções que desrespeitam ou objetificam as mulheres, é mais um tijolo que colocamos nesse muro de violência.

Antes que você ache que estou exagerando, vou direto ao ponto: **a música tem o poder de moldar comportamentos, crenças e atitudes**. Neurocientistas mostram que o cérebro absorve e armazena informações de tudo o que consumimos, incluindo as letras das músicas. Com o tempo, essas mensagens ficam enraizadas em nosso subconsciente e passam a influenciar nossas ações, muitas vezes sem percebermos.

Um estudo conduzido pela Universidade de Missouri demonstrou que ouvir músicas com conteúdo sexualmente explícito e violento aumenta a aceitação de comportamentos sexistas e agressivos. Isso significa que, ao repetidamente ouvir músicas que promovem a violência ou o desrespeito às mulheres, nossa mente é condicionada a normalizar e até aceitar essas práticas.

Agora, pense por um momento: quantas vezes você já cantou ou dançou ao som de músicas assim? Talvez até de forma inconsciente. E aqui está a verdade dura de aceitar: toda vez que você consome esse tipo de conteúdo, está alimentando a mesma cultura que perpetua o feminicídio, o assédio e a violência contra as mulheres.

Pesquisadores da Universidade de Pittsburgh publicaram um estudo que revela a influência da música com conteúdos sexistas sobre a percepção de jovens em relação às mulheres. A pesquisa mostrou que a exposição prolongada a letras degradantes afeta diretamente a forma como os homens veem as mulheres, muitas vezes levando à crença de que o comportamento agressivo é aceitável.

Agora, você pode se perguntar: "Mas as mulheres também ouvem e dançam essas músicas, certo? Por que a culpa seria nossa?". Meu irmão, vou ser direto: não estamos aqui para julgar ou questionar as atitudes das mulheres. Nosso foco é nossa transformação, como homens. Entendemos que as mulheres também estão cheias de algemas impostas por essa mesma sociedade, mas agora o foco é apenas o nosso rumo.

A filósofa **bell hooks**, em sua obra *The will to change*, fala sobre como o patriarcado desumaniza homens e mulheres, criando um ciclo de dor e opressão. Ela destaca que a verdadeira mudança começa quando os homens questionam seus comportamentos e se tornam conscientes do impacto de suas escolhas.

A partir de agora, te convido a ser mais consciente sobre o que você ouve e o que consome. Comece a analisar as letras das músicas que escolhe para seu dia a dia. **O que essas músicas dizem sobre as mulheres? Como elas retratam o relacionamento entre os gêneros?**

E para aqueles que ainda acham que tudo isso é "mimimi", aqui vai o verdadeiro desafio: **ser um HOMEM de verdade não é fácil**. Não é só sobre força física, status ou poder. É sobre tomar decisões conscientes, ser íntegro e respeitar a dignidade de todos ao seu redor.

Vamos traçar o **plano de ação**:

- **FAÇA UMA VARREDURA EM SUAS *PLAYLISTS*** – Quais músicas glorificam o desrespeito e a violência? Quais letras você acha engraçadas, mas que, no fundo, promovem o machismo? Elimine essas faixas.
- **OUÇA COM ATENÇÃO** – Toda vez que der play em uma música, pergunte-se – "Essa letra respeita as mulheres? Estou sendo coerente com o homem que desejo ser ao ouvir isso?".
- **QUESTIONE AS NORMAS** – Incentive seus amigos e familiares a fazer o mesmo. A transformação começa com pequenas atitudes que, juntas, podem causar um impacto significativo.
- **SUBSTITUA POR MÚSICA CONSCIENTE** – Existem inúmeros artistas que promovem o respeito, a igualdade e o amor em suas letras. Amplie seus horizontes musicais e escolha consumir conteúdos que te elevam.

Ser um **HOMEM verdadeiro** requer, acima de tudo, coragem para questionar o status quo, confrontar as próprias falhas e escolher o caminho mais difícil: o da evolução e do respeito. **Não é sobre virar santo**, como você deve estar pensando. É sobre **ser um homem digno**, consciente de que cada pequena escolha importa e que nossa jornada não termina até que nos libertemos de todos os pesos que nos amarram.

A música é uma parte poderosa de nossa cultura, mas também pode ser um veneno. Se você realmente quer mudar o rumo da sua vida e ser um exemplo para os outros, o momento de agir é agora. Escolha com sabedoria.

ASSIM SEGUIMOS EM NOSSA JORNADA, HORA DE AJUSTAR AS VELAS E ENTRAR EM MAIS UMA GRANDE ONDA.

CAPÍTULO 30

BRASIL — O PAÍS DO PEITO REDONDO, DA CINTURA FINA E DA BUNDA GRANDE

Vamos começar com uma provocação: você já parou para pensar nas coincidências? O Brasil é um dos maiores consumidores de pornografia no mundo, um dos países com as taxas mais alarmantes de violência contra as mulheres, e também um dos líderes mundiais em casos de depressão. E adivinhe só? Somos também os campeões globais em número de cirurgias estéticas.

A cada ano, milhares de mulheres, cada vez mais jovens, se submetem a procedimentos invasivos para moldar seus corpos ao "ideal" feminino: seios redondos, cintura fina, e a tão famosa "bunda grande" que, segundo nossa cultura, define a beleza feminina. E quem alimenta essa indústria, você pode se perguntar? A resposta, meu amigo, é dolorosa: somos nós, HOMENS. Nossa obsessão por padrões irreais, muitas vezes enraizada no vício em pornografia e na visão distorcida que cultivamos sobre as mulheres, força milhões a se submeterem a padrões estéticos inatingíveis para satisfazer nossos desejos.

Sim, eu sei que essa é uma revelação difícil de aceitar, mas precisamos enfrentar a realidade. A objetificação feminina está presente em todos os cantos, e a pressão que colocamos sobre as mulheres, direta ou indiretamente, contribui para essa busca insana por um "corpo perfeito". Quantas vezes você já ouviu alguém elogiar uma mulher por suas curvas "impecáveis" ou por sua aparência "desejável", sem ao menos considerar quem ela é além da sua estética?

Pesquisas apontam que o aumento das cirurgias plásticas está diretamente relacionado à pressão social, amplificada por padrões impostos pela mídia, redes sociais e, claro, a indústria pornográfica. Estudos da Sociedade Brasileira de Cirurgia Plástica mostram que o Brasil realiza mais de 1,5 milhão de cirurgias estéticas por ano, e o número continua a crescer.

Esses padrões inatingíveis, que perpetuamos, têm um custo altíssimo: não apenas fisicamente, mas emocionalmente. A insatisfação com o corpo, agravada pela comparação constante com imagens irreais, leva a problemas sérios de saúde mental, incluindo transtornos alimentares, depressão e ansiedade. Para muitas mulheres, essa pressão é uma prisão, uma corrida sem fim para se adequar a um ideal que nunca será suficiente.

O Brasil pode até ser conhecido pela beleza de suas paisagens e sua cultura vibrante, mas até quando seremos conhecidos como o país que aprisiona suas mulheres dentro de padrões estéticos inatingíveis e desumanos?

O BRASIL É O LÍDER MUNDIAL EM CIRURGIAS PLÁSTICAS COM FINALIDADE ESTÉTICA.

(FONTE: ISAPS/SBCP)

CRESCE EM MAIS DE 140% O NÚMERO DE PROCEDIMENTOS ESTÉTICOS ENTRE JOVENS.

(FONTE: ISAPS/SBCP)

BUSCA POR CIRURGIAS FACIAIS CRESCE 300%.

(FONTE: ISAPS/SBCP)

IMPLANTE DE SILICONE É A CIRURGIA MAIS REALIZADA NO BRASIL.

(FONTE: ISAPS/SBCP)

92% DAS MULHERES ESTÃO INSATISFEITAS COM SUA APARÊNCIA FÍSICA.

(FONTE: MOVIMENTO CL)

Não, no fundo elas não fazem nada disso por elas; fazem para se encaixar em um padrão estético criado e alimentado diariamente por nós, HOMENS. Perceba o quão profunda é a nossa influência na vida das mulheres.

Sabe aquela mulher do filme que tem um peitão e que você olha com desejo, ou as famosas "panicats" que você ficava admirando, e as inúmeras horas que passa nas redes sociais em busca de corpos "perfeitos" para admirar ou até mesmo se masturbar? Esse é o motivo pelo qual sua mulher se submete a uma cirurgia para colocar implantes de silicone nos seios, para se encaixar em um padrão de desejo sexual masculino. Já parou para pensar que nós, HOMENS, as obrigamos a se submeter a uma cirurgia em que duas bolas de plástico são colocadas em seus corpos permanentemente? Tudo para corresponder a um padrão que nós criamos e alimentamos diariamente.

Nós fazemos com que elas retirem gordura da cintura e a injetem em suas nádegas para obterem o corpo que desejamos. E tantos outros procedimentos estéticos são ofertados hoje, aos quais as mulheres se submetem para ter o famoso "corpo violão". Lembre-se daquele comentário de que ela estava gorda, até ela ir fazer uma lipoaspiração, e todos os outros comentários e indiretas que fazemos diariamente, sempre esperando que elas fiquem mais "gostosas". Até mesmo sua sobrinha de 13 anos, ao ouvir você comentar que a mulher na TV, cheia de plásticas, é "gostosa", está aprendendo que, para ser desejada, ela precisará se adequar àquele padrão.

Se realmente desejamos mudar o rumo de nossas vidas, precisamos abandonar a superficialidade que nos conduz a esse abismo em que estamos. Identificar os problemas escancarados é fácil, mas precisamos nos atentar à raiz desses problemas.

Que mulher em sã consciência escolheria viver com duas bolas de plástico dentro dos seios pelo resto da vida? Isso é culpa nossa! Você acha que alguma mulher optaria por implantes de silicone nos seios se os HOMENS não idolatrassem mulheres com seios grandes? Será mesmo que as mulheres optariam por transferir gordura para as nádegas se nós, HOMENS, não tivéssemos desejo por mulheres com nádegas volumosas?

Realizam-se procedimentos estéticos nos lábios, nos olhos, na barriga e até na vagina, tudo para se adaptar aos padrões exigidos pelos

HOMENS. Mais uma vez, de forma silenciosa, estamos destruindo a vida das mulheres em nossa sociedade e alimentando uma indústria que lucra bilhões.

Você pode argumentar que as mulheres fazem essas escolhas porque querem, para competir entre si. No entanto, não se engane. Embora as mulheres que buscam esses procedimentos estéticos precisem, sim, olhar para si e curar o feminino ferido dentro delas, ao fazer isso, descobrirão na raiz algum HOMEM cujas atitudes influenciaram tais decisões. Portanto, não podemos fugir da responsabilidade: a culpa é nossa.

E você acha que isso vai acabar? Muito dificilmente. A indústria da estética financia a indústria da pornografia, da música, dos filmes. Se não assumirmos o controle de nossas vidas, nos tornaremos meros fantoches do capital. Em breve, a indústria pornográfica poderá ditar outro padrão estético e lá estaremos nós, influenciando nossas mulheres a se submeterem a mais cirurgias.

Amigo, abra os olhos; isso não faz sentido! Sou especialista no assunto, pois vivi essa realidade e observei muitos HOMENS ao meu redor fazendo o mesmo. Presenciei de perto o estrago na vida de mulheres que passaram por cirurgias para se encaixar nesse padrão doentio criado por nós, HOMENS. É um assunto sério. Devemos observar atentamente qualquer atitude que temos em relação ao mundo feminino se pretendemos ser HOMENS de verdade.

Não justifique dizendo que as mulheres fazem isso para se exibir a outras mulheres ou qualquer outra desculpa que possa surgir. Lembre-se de que elas cresceram em um ambiente onde os pais, tios, irmãos e outras figuras masculinas exaltavam mulheres com corpos artificiais. Elas aprenderam que, para serem desejadas, precisariam se enquadrar nos padrões estéticos masculinos. Assim como nós crescemos aprendendo a esconder nossos sentimentos, elas foram ensinadas a se moldar a esses padrões. Essas são as algemas que precisam ser quebradas.

Elas também precisam se curar de suas algemas, sim, mas isso não nos isenta de culpa. A culpa é nossa! Lembre-se do que foi dito sobre direitos iguais: tudo o que nós podemos fazer, elas também podem, e vice-versa. Se considerarmos que quase 90% dos HOMENS no Brasil estão fora do peso e muitos acreditam ter um "pinto pequeno", imagine se nossas mulheres exigissem que colocássemos silicone no pênis ou fizéssemos cirurgia na barriga? Que loucura, né? Pois é isso que fazemos com nossas mulheres diariamente, alimentando a indústria da pornografia e outras indústrias que tratam a mulher como objeto.

Ao refletirmos sobre as pressões estéticas enfrentadas pelas mulheres, torna-se evidente que nossa sociedade, profundamente enraizada em valores patriarcais e capitalistas, continua a incentivar padrões de beleza inatingíveis e, muitas vezes, perigosos. Estamos, como homens, implicitamente envolvidos nesse ciclo vicioso, tanto pelo consumo de mídia que glorifica certos tipos de corpos quanto pela perpetuação de ideais inalcançáveis.

Neurocientistas têm investigado os impactos da publicidade e da mídia na autoimagem, e os resultados são reveladores. Dra. Sarah McKay, uma neurocientista renomada, observa: **"O cérebro humano é altamente suscetível a influências sociais, e a constante exposição a ideais de beleza irreais pode causar danos neurológicos significativos, incluindo transtornos de imagem corporal e depressão"**. A constante pressão para se conformar a esses padrões pode não apenas prejudicar a saúde mental das mulheres, mas também perpetuar um ciclo de insatisfação e procedimentos estéticos sem fim.

Enquanto sociedade, e especialmente como homens, temos a responsabilidade de questionar e desafiar essas normas. Não basta apenas reconhecer nossa parte no problema; é crucial que façamos mudanças ativas em nossas atitudes e comportamentos. Encorajo todos a refletirem sobre as maneiras pelas quais podemos apoiar genuinamente a autonomia das mulheres sobre seus corpos, incluindo:

- Educar-se e educar os outros sobre os impactos psicológicos e físicos dos padrões de beleza irreais.
- Promover uma cultura de respeito e apreciação por todos os tipos de corpos, independentemente de sua conformidade com os padrões estéticos.
- Apoiar movimentos e iniciativas que lutam contra a objetificação em todas as formas de mídia.

Ao ajustarmos nossa percepção e ao incentivarmos uma aceitação mais ampla da diversidade de corpos, estaremos contribuindo para uma sociedade mais justa e menos obcecada por estética. Que possamos, como homens, liderar pelo exemplo, reconhecendo que a verdadeira mudança começa com a desconstrução de nossas próprias perspectivas e comportamentos. Juntos, podemos construir um ambiente que valorize as pessoas por quem elas são, não apenas pela aparência que apresentam.

Veja só quanta coisa discutimos, espero que agora esteja claro quão doentia é nossa relação com as mulheres e como isso afeta nossa saúde física e emocional, causando prejuízos em nosso dia a dia e acumulando mais pedras em nossas costas.

Em nossa jornada de autoconhecimento com o objetivo de mudarmos o rumo de nossas vidas, precisamos dar prioridade nesse tema, nossa relação com as mulheres está naufragando em um buraco sem fim, precisamos recalcular nossas rotas e, finalmente, curar e ressignificar nossa relação com as mulheres. Somente assim conseguiremos tirar dezenas de pesos de nossas costas e criar um mundo mais justo e igualitário.

CAPÍTULO 31

RELACIONAMENTO COM AS MULHERES

Agora que percebemos como nossa relação com as mulheres pode pesar muito em nossas vidas e abrimos os olhos para tantas ações machistas e desrespeitosas que cometemos de forma inconsciente todos os dias, estamos preparados para entrar em outro tema muito importante. Você vai reparar que esse tema e quase todos a seguir remetem sempre a alguma parte do capítulo anterior, no qual falamos sobre respeito às mulheres. Essa é uma dura realidade que precisamos encarar: nossas falhas, infelizmente, quase sempre refletem nas mulheres de nossas vidas e, consequentemente, em nossa saúde física e emocional.

Chegou o momento em que precisamos ressignificar o que é ser o homem em um relacionamento; precisamos revisar todas as algemas que nos foram impostas sobre esse tema. Claro que nos passos anteriores já abordamos a maioria desses temas que também envolvem relacionamentos, como os direitos iguais, a divisão de tarefas, o respeito à voz das mulheres e muitos outros. Agora, neste momento, trarei novos temas para refletirmos sobre o verdadeiro papel do homem em uma relação.

As algemas que nos ensinam que "o homem é o provedor", "o homem tem que segurar a barra", "a mulher precisa estar pronta quando o homem chegar" e tantas outras crenças limitantes nos ensinaram que o papel do homem é ir para a rua e o papel da mulher é ficar em casa esperando o homem chegar, só de calcinha e sutiã, balançando o gelo no copo de whisky, pronta para transar. Meu amigo, se você ainda está em um relacionamento esperando ser o James Bond e chegar da rua com sua mulher louca de saudade querendo transar, chegou a hora de dar mais um basta em sua vida. Isso simplesmente não existe e nunca existirá fora do cinema e dos filmes pornográficos. Acredito também que não preciso me aprofundar muito nesse assunto depois de tanto que já escrevi neste livro.

O relacionamento não é um palco de disputas de poder, mas uma parceria que exige entrega mútua. Quando você aceita que sua parceira tem os mesmos direitos, que o trabalho em casa é dividido, que a criação dos filhos é uma responsabilidade conjunta, e que a vulnerabilidade é uma força, você se torna um verdadeiro HOMEM.

E, por fim, o verdadeiro segredo da conquista não está naquilo que você impõe, mas naquilo que você constrói em conjunto. Como disse Carl Jung, "onde o amor impera, não há desejo de poder, e onde o poder predomina, há falta de amor". Essa é a essência de ser um HOMEM em um relacionamento: construir uma base de amor, respeito e parceria. Não há espaço para controle, apenas para crescimento mútuo.

Acredite, toda mulher se sente muito mais segura ao lado de um homem em quem ela possa confiar de olhos fechados do que ao lado de um homem bravo, cheio de músculos que, de tão pobre, só tem dinheiro. Mulher quer e precisa ser respeitada. Isso é o mínimo.

Precisamos entender de vez, e nos aprofundar, que as mulheres são, sim, muito diferentes de nós, homens. Diferentes em dezenas de características, nos quesitos físicos e emocionais. E se quisermos conviver com uma mulher em uma relação saudável e respeitosa, definitivamente precisamos entender mais sobre o universo feminino.

Além das características físicas notórias a todos, as mulheres possuem algo diferente de nós, que as tornam cíclicas, que as tornam tão especiais, não melhores nem piores, mas totalmente diferentes de nós, homens.

O CICLO FEMININO – A VERDADEIRA BÚSSOLA DE UM RELACIONAMENTO

O ciclo hormonal feminino é algo que nós, homens, frequentemente ignoramos. Isso não deveria ser um tabu. Estudos mostram que as oscilações hormonais impactam o humor, a energia, e até o comportamento. O ciclo menstrual, que tantas vezes é motivo de piada entre nós, homens, é um dos maiores desafios que as mulheres enfrentam todos os meses. E nós? Muitas vezes agimos como se isso fosse uma "fraqueza" ou algo a ser desprezado.

Mas um homem de verdade enxerga o ciclo feminino como um processo natural, não como algo a ser ignorado ou ridicularizado. Ele entende que essa fase exige mais empatia, mais cuidado e, acima de tudo, mais respeito. Não se trata de tratar a mulher com "dó" ou como se ela fosse frágil, mas de ser parceiro, sabendo que ela está em um momento que requer compreensão. Esse é o momento em que mostramos nossa força verdadeira: ao estar presente, ao apoiar e ao compreender as necessidades dela.

Sendo bem mais direto ao ponto, é impossível um relacionamento ser respeitoso se o homem não entender sobre o ciclo menstrual de sua mulher e agora chegou a hora de finalmente entendermos.

CAPÍTULO 32

O CICLO FEMININO

Eu sei que muitos HOMENS, assim como eu sempre fiz, enchemos a boca para dizer que "as mulheres são complicadas", "elas são loucas, malucas" e muitas vezes utilizamos aquele famoso termo que é outra grande algema "deve estar naqueles dias", "deve estar de TPM". Se nosso objetivo é mudarmos o rumo de nossas vidas, sermos HOMENS de verdade e aprendermos a respeitar verdadeiramente as mulheres, acho muito válido abordarmos um tema que talvez seja a principal diferença entre pessoas do sexo masculino e pessoas do sexo feminino, que são as oscilações hormonais.

As mulheres possuem um ciclo hormonal mensal que as faz ter uma oscilação de emoções e sentimentos, coisa que em nós, HOMENS, não ocorre de forma tão explícita. Acontece que, voltando em nossas algemas, o machismo fez com que se criasse um grande tabu em cima desse ciclo menstrual das mulheres, ridicularizando e dando a ele adjetivos cheios de preconceitos. "Tá de chico", "tá naqueles dias"... Além disso, em nossa sociedade machista, passamos a odiar a menstruação das mulheres, pois nesse período provavelmente não poderíamos fazer sexo ou nossas mulheres estariam um pouco mais introspectivas e sem muita paciência.

O que é algo tão natural e sagrado no universo feminino foi destruído pelo mundo machista e até hoje faz com que as mulheres tenham um sofrimento absurdo por não ter os seus ciclos respeitados. A menstruação feminina é algo sagrado, divino, de extrema importância para o equilíbrio energético do universo. Se não entendermos perfeitamente sobre esse período, jamais conseguiremos nos tornar verdadeiros HOMENS.

O objetivo deste capítulo é, de forma bem simples e direta, desmistificar essas oscilações no ciclo menstrual feminino para que, a partir do momento que entendermos o que está se passando com as mulheres em cada período, possamos respeitá-las como verdadeiros HOMENS.

Você irá perceber que, com os conhecimentos a seguir, será muito mais fácil saber como proceder com sua companheira ou com as mulheres que fazem parte de sua vida, em cada momento do mês. Tenha certeza de que isso será transformador em sua vida e na vida de sua companheira, ou qualquer mulher com quem você conviva.

Se olharmos de coração aberto para essas informações, com certeza nossa visão irá se transformar e, a partir de agora, poderemos perceber as oscilações hormonais das mulheres como algo divino e especial. E além de fazermos um bem gigantesco ao universo feminino, nos beneficiaremos muito recebendo toda a energia que cada período do ciclo de nossas mulheres está emanando.

CICLO MENSTRUAL, FASES E ARQUÉTIPOS

FASE MENSTRUAL: LUA NOVA, INVERNO, ARQUÉTIPO DA ANCIÃ

O primeiro dia da menstruação feminina é também o primeiro dia de todo o seu ciclo menstrual.

Esse primeiro dia é marcado pelo desprendimento da camada interna do útero, que se preparou para receber um óvulo fecundado, porém não recebeu. Dessa forma, esse desprendimento é acompanhado de um sangramento interno, o que gera o sangue da menstruação.

Durante esse momento do ciclo, o corpo feminino necessita de muita energia para o processo de expulsão da camada interior do útero, ocasionando muitos sintomas internos nas mulheres, que alteram seu estado físico e emocional.

Devido a tanta energia ser necessária para a realização desse processo interno, as mulheres se sentem com menos disposição para o mundo externo. É um momento que pede introspecção, acolhimento, pausa!

Seria o arquétipo da mulher Anciã, Sábia, Bruxa. Uma fase em que a mulher está totalmente a serviço de si mesma e não do outro; em que vivencia verdadeiramente uma introspecção, vendo aflorar sua intuição, e se preservando de toda a demanda externa.

Seria o período do inverno interno, ou, relacionando com a lua, seria a fase da Lua Nova, o momento de maior recolhimento da lua. Na natureza, é o momento em que os bichos vão para a toca mais cedo, os pássaros param de cantar mais cedo, a seiva das plantas se recolhe para seus caules e raízes.

Para nós, HOMENS, esse é um momento muito desafiador, durante o qual precisamos respeitar o espaço das mulheres, com muita paciência, entender que elas estão passando por uma alquimia interna, e que elas precisam se acolher de tantas e tantas demandas externas do dia a dia.

Poucas mulheres terão desejos sexuais aflorados nessa fase, assim como vontade de se expor ao mundo.

Se conseguirmos ter consciência e respeito com essa fase do ciclo, dando espaço para as mulheres, acolhendo e permitindo que elas possam vivenciar esse período com liberdade, estaremos sendo verdadeiros HOMENS e as auxiliando a entrar na próxima fase de seu ciclo com plenitude.

Muitos HOMENS, porém, nessa fase do ciclo, acabam piorando e muito a relação, por não aceitarem esse momento de maior recolhimento e introspecção das mulheres, cobrando uma energia que humanamente é impossível de existir. Fica aqui um ponto de alerta muito importante.

FASE PRÉ-OVULATÓRIA: LUA CRESCENTE, ARQUÉTIPO DA DONZELA

A fase pré-ovulatória tem seu início no fim da menstruação, nesse período, o útero começa a formar um novo espaçamento em seu interior a fim de criar condições favoráveis para que um possível óvulo fecundado possa se fixar e se desenvolver.

Durante esse período do ciclo, com a produção hormonal, o corpo já se enche de energia, renova-se em potencialidades e se inunda de energia física e mental.

A mulher estará muito disposta, repleta de vitalidade para se jogar no mundo e nas demandas externas da vida.

Seria o arquétipo da Donzela, uma mulher jovem e disposta. Do início da primavera, ou, relacionando à lua, a Lua crescente. Na natureza, as flores começam a desabrochar, os pássaros a cantar e a energia a irradiar.

Para nós, HOMENS, esse é um momento mágico, no qual as mulheres de nossa vida estão repletas de energia e dispostas a se expor ao mundo, temos grande facilidade nesse momento do ciclo, pois as mulheres acabam estando mais próximas à forma que sempre desejamos.

Também é uma fase que se torna muito prazerosa para as mulheres, pois elas estão repletas de energia para as demandas externas e expectativas da atual sociedade.

Nesse período, é o momento de companheirismo e de incentivo à criação de novos planos, projetos e resolução de dilemas da vida. Um verdadeiro HOMEM passará com facilidade e muita parceria por esse momento do ciclo e estará pronto para colher os frutos da próxima fase do ciclo feminino.

Muitos HOMENS nesse período acabam criando grandes problemas na relação por ciúmes da energia externa da mulher, perdendo a oportunidade de desfrutar, ao seu lado, de toda essa expansão e criando novos pesos para sua jornada.

FASE OVULATÓRIA: LUA CHEIA, VERÃO, ARQUÉTIPO DA MÃE

A fase ovulatória é quando o óvulo será liberado pelo ovário e se direcionará para o útero. As mulheres estarão com seus hormônios em níveis máximos, preparando seu corpo para a ovulação, o famoso período fértil.

Durante esse período, as mulheres estarão repletas de amor, autoestima, confiança e muita energia para absorver as demandas externas. A oleosidade do corpo diminui, melhorando os aspectos de pele e cabelo, a mulher se sente empoderada e cheia de beleza para se relacionar com o mundo.

Seria o arquétipo da Mãe, uma mulher repleta de fertilidade, disposta à criação de vidas e novos projetos, um momento de abundância de amor, paciência e acolhimento externo. Na natureza, seria o verão, um período de luz, no qual a fauna e a flora vivem com liberdade dando o seu melhor e se expondo ao mundo em plenitude, ou, relacionando à lua, a Lua cheia, o momento de maior exposição e luz, mostrando-se por completo.

Para nós, HOMENS, é o período que mais gostamos, as mulheres estão com seu desejo sexual em nível máximo, recheadas de amor e muito próximas do padrão de mulher ideal que idealizamos.

FASE PRÉ-MENSTRUAL: LUA MINGUANTE, OUTONO, ARQUÉTIPO DA FEITICEIRA

A fase pré-menstrual é o período no qual o organismo feminino percebe que não ocorreu uma fecundação na fase ovulatória e começa uma maior produção de progesterona para preparar novamente o desprendimento da camada interna do útero, criando novas condições de início de um novo ciclo.

O aumento hormonal expressivo, principalmente dos níveis de progesterona, causa muitas transformações físicas e hormonais nas mulheres.

As mulheres subitamente passam a reter mais líquidos, sentindo-se inchadas, a pele volta com sua oleosidade e os sentimentos entram em ebulição. A energia começa a diminuir com a chegada das inconvenientes cólicas. Toda aquela energia e força externa começam a despencar e, junto com isso, chegam os questionamentos internos e muita autocobrança dos pontos que ficaram mascarados durante a fase mais expansiva do ciclo, gerando irritabilidade, falta de paciência e muito desconforto físico e emocional.

O arquétipo que simboliza esse período é o da Feiticeira, que remete à sabedoria e transformação. Um momento de muita transformação e descargas energéticas.

Na natureza, estaríamos no outono, o momento de preparação para o inverno que chegará, os animais começam a se preparar para um momento de maior recolhimento, estocam alimentos assim como as plantas fortalecem suas raízes. Em comparação com a lua, seria a Lua minguante, um espaço de preparação para o novo que está por vir.

Nós, HOMENS, simplesmente aprendemos a odiar esse período das mulheres, a chamada "TPM". Não nos conformamos com tamanha mudança física e emocional que as mulheres passam e cobramos que elas voltem imediatamente aos períodos anteriores, em que estavam esbanjando amor e conexão. Criamos a terrível mania de as chamarmos de loucas, chatas e outros adjetivos extremamente cruéis nesse período.

EM RESUMO, nossa grande missão é entendermos tamanha transformação interna que as mulheres estão passando nesse momento, acolhendo suas oscilações de temperamento e dando abertura e liberdade para que elas possam vivenciar esse período tão importante do ciclo sem a cobrança de se adequar à demanda do mundo externo.

Compreender essas fases é crucial para qualquer HOMEM que deseje estabelecer uma relação de respeito e parceria com as mulheres em sua vida. Respeitar o ciclo menstrual é respeitar a natureza da mulher, e isso é fundamental para a construção de relações saudáveis e harmoniosas.

Diversos especialistas, como ginecologistas e psicólogos, enfatizam a importância de compreender e respeitar o ciclo menstrual, não apenas para o bem-estar das mulheres, mas para o benefício do relacionamento como um todo. Ao aceitar e apoiar as mulheres em todas as fases de seu ciclo, não apenas evitamos conflitos desnecessários, mas também promovemos um ambiente de apoio e entendimento mútuo.

A ginecologista Dra. Alyssa Dweck, coautora de *The complete A to Z for your V*, argumenta que o ciclo menstrual influencia não só a saúde física da mulher, mas também seu humor e emoções. Entender essas oscilações pode melhorar a comunicação e a empatia nos relacionamentos, resultando em menos conflitos e maior harmonia.

Além disso, a psicóloga Dra. Alexandra Solomon, autora de *Loving bravely*, ressalta que reconhecer as mudanças hormonais e adaptar-se a elas com apoio emocional fortalece a intimidade no relacionamento e ajuda a criar um ambiente de maior compreensão e suporte. Segundo Solomon, isso promove a conexão emocional, essencial para a estabilidade de um relacionamento saudável.

Garanto a você que saber lidar com esse período será algo transformador em sua relação com a mulher de sua vida.

Na sequência de nossa busca por nos tornarmos novos HOMENS, é imprescindível nos aprofundarmos cada vez mais no estudo e entendimento do ciclo de nossas companheiras ou das mulheres que fazem parte de nossa vida. Compreender de uma vez por todas a transformação que elas passam todos os meses e como nós, HOMENS, podemos ser grandes companheiros e parceiros em cada momento.

Devemos eliminar imediatamente de nosso vocabulário as críticas que fazemos às mulheres pelo simples fato de elas não corresponderem às nossas expectativas. Garanto-lhe, amigo, se você absorver essas informações de forma verdadeira, sua relação com as mulheres daqui para a frente dará saltos quânticos de melhoria.

Não posso deixar de falar que, devido à nossa sociedade extremamente machista e patriarcal, muitas mulheres se desconectaram drasticamente de seus ciclos, entupindo-se de hormônios e medicamentos diariamente para evitar o desconforto e estarem sempre preparadas para suprir as demandas externas. Isso é simplesmente um assassinato à potencialidade feminina, causando infinitos problemas físicos e psicológicos a longo prazo. Além do grande desbalanceamento energético no todo.

Caso sua companheira seja uma dessas mulheres, sugiro incentivá-la a conhecer melhor seu próprio ciclo, livrar-se de medicamentos e começar a se conectar com sua verdadeira natureza, isso também trará grandes benefícios não só à vida dela, mas à sua relação.

Atualmente, existem muitas mulheres repletas de conhecimento ajudando outras mulheres a resgatar seus ciclos e potencialidade, uma simples busca na internet poderá lhe auxiliar a entender mais profundamente esse assunto que é primordial para uma relação saudável entre homens e mulheres.

Acredito que, com as informações anteriores, muita coisa começou a clarear aí dentro, mas precisamos a cada dia mais nos aprofundarmos nesse tema. Temos o privilégio da comunicação, precisamos utilizar essa ferramenta para conversarmos com nossas companheiras e entendermos o funcionamento de suas oscilações e sentimentos. Com isso, a relação de parceria e cumplicidade irá aumentar de forma exponencial e isso poderá ser o gatilho para a famosa e tão irreal frase nos dias de hoje: "Felizes para sempre".

Pense em tantas brigas e ofensas que poderiam ser evitadas, e tanta relação de troca e companheirismo que poderiam ser conquistadas pelo simples fato de você entender sobre as oscilações de sua companheira. Acredite, se você se dedicar somente a esse tema, saiba que já será uma parte mínima da população masculina.

Faça esse teste e comece agora em sua relação a observar o período do ciclo de sua companheira, comece a mudar suas atitudes de acordo com o ciclo, se possível, e super recomendo que chame sua companheira para uma conversa, conte do livro, conte sobre esse tema, leia para ela as características das fases citadas anteriores e a questione sobre as mudanças em cada ciclo... Você verá a reação dela que, primeiramente, pode ser até de espanto, mas lhe garanto que ela se orgulhará muito de ter ao lado dela um HOMEM que sabe respeitá-la em todas as suas fases!

Precisamos enxergar com beleza e amor nossas diferenças e, mais uma vez dizendo, agindo sempre com respeito a tudo o que mencionamos até aqui. Não ache que é uma tarefa fácil, que apenas ter o conhecimento pronto mudará sua vida.

Não se iluda, meu amigo, como eu disse, ser um verdadeiro HOMEM é simples, porém não é nada fácil. Digo isso por experiência própria, pois, como comentei, o meu despertar já tem alguns anos e, mesmo tendo conhecimento suficiente para escrever este livro, eu ainda sofro muito para pôr em prática todas essas teorias.

Então já adianto que o trabalho é diário e requer muito comprometimento e presença para que em cada situação consigamos analisar e remodelar nossas posturas e atitudes até que nosso cérebro seja reprogramado e passemos a agir em coerência de forma automática e leve. É nosso dever como HOMENS correr atrás do prejuízo e dedicar toda nossa energia em sermos pessoas melhores. Tirar essas pedras de nossas costas e estar muito atentos para não colocar novas pedras.

Amigo, chegou o momento de encarar a realidade: as mulheres de hoje não vão mais aceitar o tipo de relacionamento que talvez nossos pais viveram. Se você ainda espera ter uma parceira submissa, que aguenta tudo em silêncio, está vivendo num mundo que não existe mais. As mulheres de agora querem estar ao lado de HOMENS de verdade, e aqui, com este livro, você tem a chance única de absorver todos os conhecimentos para se transformar em um NOVO HOMEM, mudando a sua vida e impactando todos ao seu redor de maneira positiva.

Se você quer que sua jornada seja de tranquilidade, em que seu relacionamento é um refúgio de paz e não mais uma âncora de estresse, a chave está em se tornar o homem em quem sua companheira pode confiar, dialogar e contar como verdadeiro parceiro. A verdade é que as mulheres não estão mais interessadas em um "macho alfa" de fachada; o que elas querem é um companheiro que seja real, que seja verdadeiro, que as respeite em todas as situações. Pesquisas mostram que 90% dos relacionamentos fracassam por falta de confiança, comunicação e companheirismo, não por performance sexual.

E aqui vem o segredo que talvez você ainda não tenha descoberto: não existe afrodisíaco mais poderoso para uma mulher do que ser tratada com RESPEITO. Isso é o que verdadeiramente conta. Respeito constrói intimidade, e intimidade gera uma conexão que vai muito além do físico.

Já que estamos falando de sexo, vou te contar algo que poucos sabem, mas que é crucial para essa nova jornada: uma das principais razões pelas quais muitas mulheres relatam não atingir o orgasmo é a falta de compreensão dos homens sobre o que realmente significa conexão sexual. Nos acostumamos a ver sexo pela lente distorcida da pornografia, acreditando que nossa performance é o que mais importa. Mas o erro começa quando olhamos para nossas parceiras como se fossem objetos sexuais, moldados por padrões irreais de filmes pornôs.

Vamos ressignificar o que significa sexo. Não se trata de uma maratona de desempenho. Se você focar em respeito, carinho, e comunicação verdadeira, a química será uma consequência natural. Então, abra as janelas da mente, deixe o vento da mudança entrar e vamos ressignificar o sexo de uma vez por todas, transformando-o em uma extensão do companheirismo, do respeito e da parceria que você tanto deseja construir.

Essa é a verdadeira aventura, meu amigo.

CAPÍTULO 33
É HORA DE RESSIGNIFICAR O SEXO

Meu amigo, chegou a hora de ressignificar a ideia de sexo. Vamos deixar de lado as algemas do passado e entender que o sexo é muito mais do que um simples ato de prazer. É, de fato, um momento sagrado, uma troca energética profunda entre dois seres humanos. Trata-se da mais pura e íntima conexão entre duas pessoas, e quando realizada com consciência e respeito, pode transformar nossa relação com o sexo e, principalmente, com as mulheres em nossas vidas.

Ao nos conectarmos sexualmente, estamos trocando nossa energia vital com a outra pessoa. Ou seja, após uma relação sexual, levamos parte da energia do parceiro ou parceira conosco. É por isso que a escolha dos nossos parceiros sexuais é tão importante. Precisamos entender que cada relação tem o poder de impactar nossa energia de maneira positiva ou negativa.

A ideia de que a conexão sexual implica uma troca de energia vital entre os parceiros está alinhada com conceitos tanto espirituais quanto científicos. Do ponto de vista do espiritismo, Allan Kardec, em suas obras, como *O livro dos espíritos*, aborda a interconexão energética entre os seres humanos. Ele fala sobre a influência dos fluidos e das energias entre as pessoas, enfatizando que as ações, pensamentos e relações impactam energeticamente uns aos outros. Assim, a relação sexual, sendo uma das interações mais íntimas entre duas pessoas, envolve uma troca profunda de energias espirituais e vitais.

Cientificamente, alguns estudos da neurociência destacam que o sexo libera uma série de hormônios e neurotransmissores como a oxitocina, a "hormona do vínculo", e a dopamina, que promove sensações de prazer. Esses hormônios fortalecem laços emocionais e influenciam o estado emocional e mental das pessoas envolvidas. Psicólogos também explicam que, em uma relação íntima, há uma troca não apenas física, mas emocional e energética, o que pode afetar o bem-estar e a saúde mental dos envolvidos, para melhor ou pior, dependendo da qualidade da relação.

A importância da escolha dos parceiros sexuais, portanto, se fundamenta tanto em uma perspectiva espiritual quanto em estudos científicos que reforçam a profundidade dessa troca, seja ela positiva ou negativa.

Em resumo, tanto o espiritismo quanto a ciência reconhecem que as conexões humanas – especialmente as íntimas – afetam profundamente nossa energia, saúde mental e emocional.

Infelizmente, a pornografia e as mensagens distorcidas da sociedade trivializaram o sexo, fazendo-nos esquecer seu valor e poder. A indústria pornográfica, aliada às crenças limitantes, nos ensina que o sexo é um ato puramente físico, cujo único objetivo é o prazer. Somos bombardeados por imagens e estímulos que transformam o sexo em algo descartável, e muitos de nós caímos nessa armadilha.

A neurociência nos mostra que o consumo constante de pornografia altera o funcionamento do cérebro, desregulando os níveis de dopamina e criando vícios. Estudos de renomados neurocientistas, como Gary Wilson, revelam que o consumo desenfreado de pornografia cria padrões de comportamento compulsivo, distorcendo nossa percepção de intimidade e desvalorizando o ato sexual.

Além disso, fomos ensinados desde cedo que ser HOMEM significa ser viril, ter incontáveis parceiras sexuais, estar sempre "pronto" e associar nossa masculinidade ao número de vezes que ejaculamos por noite.

Essas crenças nos limitam e nos afastam da verdadeira essência do que é ser um HOMEM de verdade.

Agora, vamos falar sobre a traição, o maior ato de covardia que um homem pode cometer. Trair não é apenas uma mentira; é uma violação da confiança mais profunda. Quando traímos nossa companheira ou nosso companheiro, além de mentir, levamos para ela a energia da outra pessoa com quem nos envolvemos. E sim, a relação sexual é um ato de troca energética. Trair é expor sua parceira ou seu parceiro a essa energia negativa e impura, desestabilizando o relacionamento em sua essência.

Homem de verdade não mente. Homem de verdade não trai. O impacto de uma traição vai além do físico e do emocional, afetando diretamente o espiritual. Cada vez que traímos, estamos acumulando pesos invisíveis que, mais cedo ou mais tarde, cobrarão seu preço. Pode parecer que você está escapando ileso, mas saiba que toda traição carrega uma desgraça com hora marcada.

E se você chegou até aqui, é porque já entendeu que trair não faz parte da sua jornada como HOMEM de verdade. Mas, se ainda persiste nesse ato, toda vez que estiver traindo sua companheira ou seu companheiro, lembre-se do quanto isso é um ato de egoísmo e covardia, e do quanto você está sendo injusto com a pessoa que confia em você.

Falando sobre o ato sexual com mulheres, precisamos entender que elas são muito diferentes de nós, HOMENS. Se nós somos como fogões a gás, elas são como fogões a lenha. Precisam de tempo, carinho, atenção e respeito para que o fogo delas realmente pegue. Um HOMEM de verdade entende que o sexo começa muito antes da cama. Um sorriso de bom dia, uma mensagem carinhosa durante o dia, o cuidado e o respeito ao longo de toda a jornada são o combustível para a paixão.

A neurocientista Nicole Prause explica que a conexão emocional é essencial para o prazer sexual feminino, e que a construção dessa intimidade é o verdadeiro afrodisíaco. Enquanto muitos homens ainda estão presos ao mito de que o desempenho físico é o mais importante, a ciência nos mostra que o respeito e a conexão emocional são os maiores responsáveis pelo prazer feminino.

Homens que tratam suas mulheres com respeito e carinho ao longo do dia, e que entendem as nuances emocionais e físicas delas, têm uma vida sexual muito mais satisfatória. Afinal, **MULHER AMA SEXO NA MESMA PROPORÇÃO QUE AMA SER RESPEITADA**. Essa é a verdade que poucos reconhecem, mas que faz toda a diferença.

Chegou a hora de abandonarmos as velhas algemas e ressignificarmos o que é sexo. Se você deseja ser um HOMEM de verdade, entenda que não se trata de ser o "machão" na cama, mas de ser um verdadeiro parceiro. Um HOMEM de verdade escuta, cuida, respeita, e valoriza a mulher que tem ao lado.

Simone de Beauvoir uma vez disse: **"O opressor não seria tão forte se não tivesse cúmplices entre os próprios oprimidos"**. Isso vale também para nossa relação com o machismo. Cada vez que perpetuamos comportamentos tóxicos, contribuímos para a opressão que afeta tanto as mulheres quanto a nós mesmos.

Portanto, meu amigo, ressignificar o sexo é mais do que apenas mudar um comportamento; é libertar-se de uma visão distorcida e abraçar uma masculinidade que respeita, valoriza e entende a verdadeira profundidade do ato sexual. Só assim você poderá dizer, com orgulho, que é um HOMEM completo, equilibrado e pronto para uma vida de verdade e respeito.

Essa é a verdadeira conquista. Vamos em frente.

Sei que nessa hora após tantas informações, a pergunta que deve estar se fazendo é: **então quer dizer que a culpa de todos os problemas no relacionamento é nossa?**

MULHER AMA SEXO NA MESMA PROPORÇÃO QUE AMA SER RESPEITADA.

@GUSTAVOTAIT

CAPÍTULO 34

DE QUEM É A CULPA?

Assim como já mencionei antes, as mulheres também têm suas falhas e, às vezes, são elas que podem assumir o papel de abusadoras, agressoras, e até causar danos significativos no relacionamento. Isso é uma realidade, e ninguém está isento de erros. No entanto, o foco deste livro é outro: a nossa cura, a transformação do masculino.

O que posso afirmar com certeza é que, na maioria dos casos, quando nós, HOMENS, curamos nosso masculino, quando passamos a tratar as mulheres com o respeito, a dignidade e a compreensão que elas merecem, um efeito quase mágico acontece. Aquelas defesas, armaduras e mecanismos de proteção que muitas mulheres carregam começam a se desfazer. Elas começam a baixar a guarda, e a relação, aos poucos, se transforma.

Agora, é importante reconhecer que algumas mulheres também carregam suas próprias algemas e traumas. Mesmo com todos os seus esforços e mudanças, pode ser que sua companheira ainda tenha dificuldades em lidar com suas próprias feridas. Se você sente que o relacionamento continua tóxico ou abusivo, mesmo após você ter dado todos os passos para ser um verdadeiro HOMEM, então é hora de encarar uma conversa franca e decisiva.

Antes de entrar nessa conversa, eu recomendo que você faça um exercício de autorreflexão. Pegue um papel e caneta e escreva o que você acredita que sua parceira está fazendo de errado. Vá mais fundo. Tente entrar no ponto de vista dela e compreenda as razões por trás das atitudes que ela está tendo. Será que é, de fato, um desrespeito, ou você está projetando suas expectativas e tentando moldá-la de acordo com elas?

Esse é um ponto fundamental: será que os comportamentos que você enxerga como problemáticos não são, na verdade, mecanismos de defesa que ela construiu em resposta às suas atitudes anteriores, ou mesmo às experiências dela com outros homens? A autorreflexão profunda vai ajudar a evitar que você entre nessa conversa de maneira despreparada ou com julgamentos errôneos.

Além disso, lembre-se de uma coisa: nós, HOMENS, muitas vezes carregamos uma autoestima baixa e um ego ferido, e isso nos faz reagir como crianças, buscando atenção ou reconhecimento de formas imaturas. Será que esses problemas no relacionamento são reais ou são uma consequência das nossas próprias fragilidades emocionais?

Para ajudar nesse processo, sugiro um exercício que utilizo frequentemente em terapias de casais. Esse exercício vai permitir que você, depois de implementar todas as mudanças sugeridas neste livro, possa reavaliar a relação com mais clareza e tomar decisões conscientes. Marque esta página e volte a ela após algumas semanas de prática e reflexão.

Pegue uma caneta ou um bloco de notas e escreva as principais queixas que sua companheira tem sobre você, e quais são as suas queixas em relação a ela. Se não está em um relacionamento no momento, pode fazer isso com base em um relacionamento passado. Essa prática vai lhe dar uma perspectiva nova e talvez o ajude a curar questões que ainda ficaram abertas.

O objetivo aqui é que você, como um verdadeiro HOMEM, tenha coragem para olhar de frente para os problemas, não buscando culpados, mas buscando soluções. Transformar um relacionamento exige coragem, verdade e, acima de tudo, humildade para reconhecer os próprios erros e abrir espaço para o crescimento mútuo.

QUEIXAS QUE MINHA COMPANHEIRA MAIS ME FAZ:

Agora, calmamente leia cada queixa e veja se realmente ela tem razão. Tente se pôr no lugar dela, tente entender os motivos dela, veja se é algo que você pode mudar ou ceder para o bem da relação ou se é algo característico seu que ela quer mudar, ferindo seus valores e princípios. Faça de coração aberto o maior aprofundamento que puder, na sequência, se algo tocar em seu coração, crie um plano de ação para essa transformação. Agora, se realmente ela não tiver razão, deixe esses temas em aberto para o próximo passo dessa atividade.

QUEIXAS MINHAS EM RELAÇÃO À MINHA COMPANHEIRA:

Verifique cada queixa escrita e faça aquele rastreamento completo para identificar se essas queixas fazem realmente sentido ou é você querendo mudar a personalidade dela, você com suas algemas de insegurança ou se realmente são problemas verdadeiros.

Agora que você ajustou as velas e preparou o navio para essa travessia, é hora de encarar o oceano do relacionamento com coragem e firmeza. Mas lembre-se, não adianta avançar sem antes ter aplicado todas as mudanças necessárias que trouxemos neste livro até o momento. Já conferiu se está mesmo aplicando tudo o que discutimos até agora? Não adianta querer consertar sua relação se você ainda não se consertou. Um verdadeiro HOMEM não espera o mar se acalmar ou o vento mudar; ele ajusta seu rumo primeiro.

Se você fez sua parte, chegou o momento de encarar o próximo desafio. Assim como em uma expedição, você precisa se preparar, estudar o mapa e entender cada detalhe antes de partir. Convide sua companheira para uma conversa profunda e verdadeira. Mostre a ela que você está navegando em novos mares, buscando novos horizontes. Fale das mudanças que vem fazendo e de como este livro te ajudou a avistar novos caminhos – um destino de respeito, de parceria e de verdade. Diga a ela que você quer construir uma nova relação para ambos, baseada em respeito mútuo e no diálogo aberto.

E, sim, seja direto sobre o que está te incomodando. Com respeito, peça que ela também faça a parte dela, mostrando que, assim como você, ela precisa refletir sobre os próprios comportamentos. Use o que aprendeu sobre comunicação não violenta. Essa é a chave. Lembre-se: se ela levantar questões sobre você, seja HOMEM para ouvir, não para reagir. Controle seus impulsos. Se a conversa começar a te deixar nervoso ou defensivo, peça um tempo, respire e reflita antes de voltar à discussão. A maturidade de um verdadeiro HOMEM se mostra na sua capacidade de absorver críticas e usá-las para melhorar, não para contra-atacar.

Se, mesmo assim, perceber que sua parceira não está disposta a mudar, ou que o destino do relacionamento não é mais o mesmo, talvez seja hora de considerar uma mudança de rota. Aí, amigo, o verdadeiro teste da sua liderança virá à tona, talvez seja o momento de tomar outra decisão corajosa: a de encerrar o relacionamento. Afinal, o que não podemos, de forma alguma, é abrir mão de nossos valores, sonhos e objetivos por causa de um relacionamento tóxico. Um HOMEM de verdade não negocia sua essência.

Eu gosto de uma passagem bíblica que resume isso muito bem: “Se teu olho te faz pecar, arranque-o fora. Se tua mão te faz pecar, corte-a”. Em outras palavras, qualquer coisa que te afasta do caminho de ser um verdadeiro HOMEM precisa ser deixada para trás, mesmo que doa.

Lembre-se: no fim das contas, no dia em que você partir deste mundo, não vai importar com quem você se relacionou, mas **como** você se relacionou e, principalmente, **quem você se tornou**. A sua jornada é sobre ser o melhor HOMEM que você pode ser, não sobre mudar ou controlar o outro.

Com isso, nos preparamos para mergulhar em um tema que causa o colapso de muitos relacionamentos e que, ainda assim, é cercado de tabus e preconceitos: nossas relações familiares. Você vai perceber que muitos dos pesos que carregamos vêm dessas raízes e que, ao olharmos para elas, podemos aliviar o fardo e viver de forma mais leve e verdadeira.

CAPÍTULO 35

O HOMEM DEIXARÁ SEU PAI E SUA MÃE

Assim como um navio que se lança ao mar precisa deixar o porto seguro para enfrentar as tempestades e buscar novos horizontes, um verdadeiro homem precisa se libertar das amarras familiares para trilhar seu próprio caminho. A metáfora da navegação ilustra perfeitamente o desafio de assumir o controle da própria vida, sem se deixar guiar pelas expectativas impostas pelos pais e pela família. Assim como em uma grande aventura, esse processo de separação não é sobre abandonar aqueles que nos criaram, mas sobre afirmar a nossa própria identidade.

A ideia de "deixar pai e mãe" vai muito além do conceito físico de afastamento. É um processo mental e emocional que todo homem precisa enfrentar. Isso ecoa a passagem bíblica de Gênesis 2:24: "Por isso, o homem deixará seu pai e sua mãe e se unirá à sua mulher, e eles se tornarão uma só carne". Esta frase não é apenas sobre casamento, mas sobre o ato simbólico de deixar para trás as influências passadas e formar uma nova vida, seja ao lado de uma companheira ou na busca de sua própria trajetória.

Muitas vezes, as crenças limitantes e "algemas" que carregamos foram moldadas nas paredes da nossa própria casa. Quantas vezes, ao longo da vida, moldamos nossos desejos e sonhos para atender às expectativas de nossos pais? Esse é um fardo pesado, uma âncora que, se não for reconhecida, impede que naveguemos livremente pelas águas da nossa própria existência.

Estudos psicológicos, como os de *Erik Erikson*, descrevem essa fase de "individuação" como essencial para o desenvolvimento de uma personalidade autônoma. Somente ao romper com a necessidade de aprovação dos pais é que um homem pode alcançar o verdadeiro sentido de maturidade. Bert Hellinger, criador da constelação familiar, também afirma que o fluxo da vida precisa seguir adiante, e aqueles que se prendem aos pais, seja por culpa ou necessidade de aprovação, acabam prejudicando sua própria evolução.

Imagine por um momento que sua vida fosse uma grande jornada marítima. Você teria coragem de ajustar as velas e mudar de rumo se soubesse que isso desagrada seus pais? Ou continuaria no mesmo caminho, mesmo sabendo que não é o destino que você deseja alcançar? A verdadeira aventura começa quando você aceita que o único capitão de sua vida é você mesmo.

Agora, pense em como seria sua vida se seus pais ou familiares não estivessem mais presentes. Onde você estaria morando? Que carreira estaria seguindo? Que aventuras teria vivido? Essas perguntas não são sobre o abandono, mas sobre a tomada de controle da sua vida. Se você tem respostas que indicam grandes mudanças, é um sinal claro de que ainda está ancorado nas expectativas de outras pessoas.

Há um ditado que diz: "É impossível se curar no lugar onde você foi ferido". Isso se aplica perfeitamente ao contexto familiar. Muitas vezes, passamos a vida tentando agradar nossos pais, irmãos ou outras figuras familiares, sacrificando nossos próprios desejos e sonhos para não os decepcionar. No entanto, um homem de verdade precisa se libertar dessas expectativas e viver sua própria história.

Então, irmão, é hora de ajustar a direção. Faça sua travessia com honra e sabedoria, reconhecendo o legado de seus pais, mas sabendo que a bússola agora está em suas mãos. Seja no casamento, nas decisões profissionais ou pessoais, a vida que você constrói precisa ser movida por seus próprios ventos. E lembre-se, como *Friedrich Nietzsche* uma vez disse: “Torne-se quem você é”. Essa jornada é sua, e o destino que você busca, somente você pode alcançar.

Agora é o momento de honrar o passado, mas navegar em direção ao futuro que verdadeiramente deseja.

ESCREVA AQUI, SEM RACIONALIZAR, O QUE VOCÊ FARIA SE NÃO TIVESSE PAI/MÃE/IRMÃO(Ã) MAIS EM SUA VIDA (OU QUALQUER FIGURA QUE REPRESENTE ESSAS PESSOAS).

Escreva, sem pensar muito, por onde você estaria navegando se não “devesse satisfação” para seus familiares?

A vida segue para frente, e um homem de verdade precisa caminhar em direção ao seu próprio destino, sem ficar preso ao passado ou às expectativas familiares. Isso não significa desrespeitar ou desprezar nossos pais, mas, sim, honrá-los da melhor forma possível: vivendo plenamente a nossa vida.

Essa questão torna-se ainda mais complexa para homens casados, que muitas vezes se veem divididos entre as expectativas da esposa/do esposo e as dos pais. Um verdadeiro homem sabe que, ao formar uma nova família, sua esposa ou seu esposo deve ser sua prioridade. Colocar sua companheira ou seu companheiro em primeiro lugar não diminui o amor ou o respeito pelos pais, mas reafirma seu compromisso com a vida que escolheu construir.

Como abordado, a constelação familiar, uma abordagem terapêutica desenvolvida por Bert Hellinger, nos ensina que a vida flui para frente, e que cada pessoa deve seguir seu próprio caminho, respeitando as escolhas dos antepassados, mas não se deixando prender por elas. Ao nos agarrarmos às expectativas dos pais, corremos o risco de interromper esse fluxo natural da vida, prejudicando nossa evolução pessoal e, consequentemente, a de nossos descendentes.

Se você ainda baseia suas decisões na aprovação dos seus pais, é hora de refletir profundamente sobre isso. Viver sua vida de acordo com seus sonhos e desejos é a maior forma de honrar quem o criou, permitindo que eles vejam o homem que você se tornou.

Concluindo, um verdadeiro homem respeita e honra seus pais, mas é independente deles. Ele não vive para agradá-los, mas para realizar seus próprios sonhos. Ele segue em frente, construindo sua vida com base em suas escolhas, e, se necessário, afasta-se para viver plenamente. E sim, ele coloca sua companheira ou seu companheiro em primeiro lugar, sem deixar de honrar sua família de origem.

Viver para agradar os outros, sejam eles familiares ou não, é um caminho certo para uma vida repleta de frustrações e transtornos emocionais. Chegou a hora de assumir o controle de sua vida e seguir em frente, respeitando o passado, mas sem deixar que ele defina seu futuro.

"A RECONCILIAÇÃO SÓ É POSSÍVEL SE ESTIVERMOS DISPOSTOS A AVANÇAR, A DEIXAR PARA TRÁS O PASSADO E ABRAÇAR O QUE ESTÁ POR VIR."

– BERT HELLINGER

Pronto. Chegamos a uma etapa crítica da nossa jornada. Depois de tantas reflexões, análises e ferramentas, estamos quase no fim do tema central que envolve todos os pesos que carregamos em nossas relações com as mulheres. E, sinceramente, se você absorveu e praticou o que discutimos até aqui, já possui em mãos o poder de transformar não apenas suas relações amorosas, mas todas as interações com as mulheres em sua vida. Isso, meu amigo, é uma conquista grandiosa, algo que poucos homens se permitem alcançar.

Mas não pense que essa jornada foi apenas sobre melhorar seus relacionamentos. Os principais problemas que nós, homens, enfrentamos na atualidade estão, de acordo com estudos sobre machismo e repressão emocional, diretamente associados ao aumento de doenças psicossomáticas, como ansiedade e depressão. O fato de homens serem socializados para esconder suas emoções, manter uma postura de força e controle, e não demonstrar vulnerabilidade, resulta em uma pressão interna que, quando não liberada, se transforma em violência interna ou externa. E não só isso: distúrbios sexuais, como a impotência ou ejaculação precoce, muitas vezes, são resultados diretos dessas tensões acumuladas, dessa incapacidade de lidar com o próprio emocional e com o impacto das expectativas sociais.

Portanto, se você conseguiu desatar esses nós, ressignificar o seu papel como homem e reconectar-se com o respeito verdadeiro às mulheres, parabéns. Você já está no caminho certo para aliviar esses pesos e começar a viver de forma mais leve, saudável e autêntica.

Agora, no próximo capítulo, vamos enfrentar um tema que cresceu exponencialmente nos últimos tempos e que precisa ser combatido com clareza, confesso que não tinha intenção nenhuma de abordar esse tema, porém, diante de tantas atrocidades e absurdos que se espalham diariamente na internet proveniente desses grupos extremistas, é impossível deixarmos de falar da onda RedPill. Esse movimento, que se disfarça de solução para os problemas dos homens, está, na verdade, reforçando todos os padrões tóxicos que tanto lutamos para quebrar. Se prepare, porque essa será mais uma grande arrebentação pela qual teremos que passar.

CAPÍTULO 36

DESMONTANDO A PÍLULA VERMELHA (REDPILL)

Chegou a hora de navegarmos sobre um dos movimentos mais perturbadores e destrutivos que têm se proliferado nos últimos anos, tanto no Brasil quanto globalmente: o movimento Redpill. Embora se venda como uma "despertar" para as "verdades" sobre as mulheres e as relações de poder, o Redpill é, na verdade, um espaço tóxico que perpetua a masculinidade frágil e nociva, incentivando o desprezo e a desumanização das mulheres.

No Brasil, o movimento Redpill tem encontrado um terreno fértil para crescer, com líderes como Thiago Schutz, o "calvo do campari", autor do livro *Manual Redpill*. Schutz, que se autodenomina "coach" para homens, propaga uma visão distorcida das relações de gênero, encorajando seus seguidores a adotarem posturas de dominação e controle sobre as mulheres. Seu livro, que se tornou um guia para homens que buscam "reaver o controle", nada mais é do que um manual de como perpetuar machismo e misoginia sob a máscara de autoconhecimento e empoderamento masculino.

Um movimento altamente destruidor tanto para as mulheres vítimas desses ensinamentos doentios, quanto para os homens, que se afastam cada vez mais de suas jornadas e se afundam em infinitas consequências de suas atitudes.

Schutz e outros líderes do movimento Redpill no Brasil, como Ricardo Thome e Junior Masters, pintam as mulheres como seres manipuladores e interesseiros, incapazes de amar verdadeiramente os homens. Porém, centenas de outras figuras influenciam milhões de homens nas redes sociais com seus conteúdos desumanos, como o "coach masculino" Rafael Aires, idealizador do manual *Antiotário*, onde promete, através de seus cursos, ensinar os homens a nunca mais caírem em golpes e ciladas de mulheres interesseiras e manipuladoras.

Chega a ser assustador imaginar que nos dias de hoje ainda existem seres humanos perpetuando esses discursos tão devastadores. Essa visão retrógrada não só perpetua estereótipos prejudiciais, mas também desumaniza as mulheres, tratando-as como inimigas a serem derrotadas em uma batalha constante pela supremacia de gênero.

Para entender a profundidade do problema, vamos destacar algumas frases e conceitos que emergem do movimento Redpill, tanto internacionalmente quanto no Brasil:

Rollo Tomassi, autor de *The rational male*, afirma: "MULHERES NÃO AMAM HOMENS, ELAS AMAM O QUE OS HOMENS PODEM FAZER POR ELAS". Essa frase encapsula a visão Redpill de que as mulheres são motivadas exclusivamente por interesses materiais, desprovidas de qualquer capacidade emocional genuína.

Thiago Schutz, em seu *Manual Redpill*, proclama: "MULHERES SÃO MOVIDAS POR INTERESSE E EMOÇÃO. ELAS PRECISAM SER CONTROLADAS, CASO CONTRÁRIO, DESTROEM SUA VIDA". Essa frase perpetua a ideia de que as mulheres são seres irracionais e egoístas, necessitando de um controle masculino para evitar que causem danos. Isso desumaniza as mulheres e as trata como seres inferiores que precisam ser controlados.

Andrew Tate afirmou: "SE SUA MULHER É UM OBJETO SEU, ELA DEVE FAZER O QUE VOCÊ MANDA". Essa frase horrenda não só objetifica as mulheres, mas também sugere que elas são propriedades dos homens, algo absolutamente inaceitável em qualquer sociedade que preze pela igualdade.

É importante destacar que o movimento Redpill é, na verdade, uma junção de homens com o masculino completamente fragilizado, destruindo a vida de outros homens igualmente fragilizados. Em vez de promover a cura e o fortalecimento da masculinidade, o Redpill alimenta inseguranças, ódio e medo. Esse movimento vende uma "solução" que, na verdade, perpetua o sofrimento e a alienação, afastando os homens de relações saudáveis e significativas.

Outro aspecto devastador do Redpill é a expectativa irreal em relação ao desempenho sexual, especialmente para homens negros. No Redpill, há uma objetificação racializada, em que o homem negro é visto como um símbolo de virilidade extrema, com expectativas sobre o tamanho de seu pênis e sua performance sexual. Essa visão é profundamente desumanizadora, perpetuando mitos racistas que desvalorizam os homens negros ao reduzi-los a estereótipos sexuais.

Em resumo, o movimento Redpill é um reflexo de uma masculinidade ferida e insegura. Ele se aproveita das vulnerabilidades dos homens, oferecendo uma "solução" que, na verdade, perpetua o ciclo de sofrimento e alienação. Em vez de criar uma masculinidade saudável e integrada, o Redpill propõe que os homens adotem posturas agressivas e dominadoras, o que apenas os afasta de relacionamentos verdadeiros e significativos.

O feminismo, ao contrário do que pregam os redpillers, não é uma ameaça à masculinidade. Pelo contrário, ele busca a igualdade e o respeito mútuo, valores essenciais para qualquer relacionamento saudável. A verdadeira força não está em dominar ou submeter o outro, mas em construir uma relação de igualdade, confiança e respeito.

Este capítulo serve como um alerta e uma convocação para que todos, especialmente os homens, reflitam sobre o impacto devastador do movimento Redpill e se engajem na desconstrução dessa ideologia tóxica. Somente assim podemos criar uma sociedade mais justa, em que a masculinidade seja fonte de respeito e não de opressão.

E para fechar, deixo aqui mais algumas frases e conceitos machistas atribuídos a Thiago Schutz, retirados de suas falas públicas e do seu livro *Manual Redpill*.

"UM HOMEM NUNCA DEVE CONFIAR PLENAMENTE EM UMA MULHER. ELAS SEMPRE VÃO ESCOLHER A SI MESMAS NO FINAL."

"UMA MULHER QUE JÁ TEVE MUITOS PARCEIROS SEXUAIS É UMA MULHER SEM VALOR. UM HOMEM DEVE PROCURAR UMA MULHER PURA."

"O HOMEM DEVE SER O LÍDER EM TODAS AS SITUAÇÕES. SE VOCÊ DEIXAR UMA MULHER LIDERAR, VOCÊ ESTÁ DESTINADO AO FRACASSO."

"A FUNÇÃO DA MULHER É AGRADAR O HOMEM E CUIDAR DO LAR. UM HOMEM QUE ACEITA MENOS DO QUE ISSO ESTÁ SE DESVALORIZANDO."

ADENDO

Vamos respirar um pouco!

Após esse longo tema "relação com as mulheres", acredito que sua cabeça esteja em ebulição. Pois a minha está. Já sabia, na teoria, a complexidade desse tema, mas escrevendo, isso ficou ainda mais claro! O quanto nós homens estamos completamente arruinando nossas vidas e a vida das mulheres ao nosso redor por falta de autoconhecimento e compaixão.

Pois bem, lembram que o Chocolate quase quebrou meu computador, aí subi no telhado verde da casa apenas para pegar um visual antes do surf, mas decidi adentrar esse polêmico tema?

Pois bem, o vento de quando eu cheguei ficou insuportável, meu computador quase voou com a força dele. Aproveitei para fazer uma pausa, descer aqui em meu quarto e comer os legumes assados que já estavam prontos na geladeira com um arroz feitinho na hora, que, por sinal, estava muito bom. Sabe aquela cebola queimada no fundo da panela? Então, eu amo!

Agora estou aqui, olhando pela janela a imensidão da natureza, agradecendo ao universo pela oportunidade de estar vivo e poder sentir essa energia mágica da Barra de Ibiraquera... Se você não conhece esse lugar, fica a dica, aqui é um ponto de muita energia com uma presença da natureza de tirar o fôlego.

O nome desse paraíso em que estou hospedado é Stupa EcoVila, recomendo-o muito, não porque o dono, meu mano Kinza, é meu amigo, mas, sim, porque posso garantir que você terá uma experiência inundada de muito amor.

Já estou no décimo quinto dia seguido escrevendo sem parar, são horas e horas debruçado nesse propósito, mas agradeço imensamente ao universo por essa oportunidade. Confesso aqui que, mesmo que este livro não venda nenhuma cópia e não chegue a lugar algum, com certeza está sendo uma experiência transformadora e mágica em minha vida. A cada palavra que digito, estou lendo exatamente o que minha alma quer me dizer, e a cada palavra lida, comprometo-me em ser fiel a esses ensinamentos que o universo sopra!

Não se engane, meu objetivo é o mesmo que o seu, ser a cada dia um HOMEM melhor e mudar de vez o rumo de minha jornada.

CAPÍTULO 37

RECAPITULANDO NOSSA JORNADA

Navegando por mares turbulentos e enfrentando tempestades emocionais, até aqui nossa jornada tem sido repleta de descobertas profundas e desafios de autoconhecimento. É hora de ancorarmos brevemente, olhando para o mapa que traçamos até agora, organizando cada conquista e reflexão que nos trouxe até este ponto da viagem. Preparado, meu amigo? Pegue sua bússola, porque é importante compreender a beleza dessa travessia e o quanto você já caminhou em direção ao seu novo rumo. Então, vamos lá!

Até agora:

1. **RECONHECIMENTO DENTRO DO CÍRCULO FAMILIAR** – Nosso primeiro porto foi o reconhecimento de como nossas raízes familiares moldaram nossas vidas. Vimos como as relações dentro da família influenciam nossas decisões e formam nossas primeiras crenças. O peso da influência familiar é real, e nosso primeiro desafio foi entender como esses laços afetam nossa caminhada.

2. **RESGATE BIOGRÁFICO – O FIO CONDUTOR DE NOSSA VIDA** – Aqui, fizemos um mergulho profundo na nossa própria história. Ao olhar para o passado, desvendamos os eventos cruciais que nos trouxeram até aqui. Esse resgate nos ajudou a traçar o fio condutor de nossa vida, entendendo o que nos moldou como homens e o que precisa ser transformado para seguirmos em frente.

3. **QUEBRAMOS A MÁSCARA SOCIAL** – Vimos que representamos ser alguém que, na essência, não somos, simplesmente para nos adequar aos padrões da sociedade. A pressão para nos adequarmos aos padrões sociais nos afastou do nosso verdadeiro eu. E foi nesse momento que decidimos: basta de viver com máscaras!

4. **PLANOS PARA O FUTURO – A NAVEGAÇÃO PRECISA DE DIREÇÃO** – Sabendo que a vida precisa de rumo, estabelecemos metas claras para diferentes áreas. Ao fazer isso, entendemos que nossos sonhos exigem mudanças de plantio no presente. Afinal, para colher o que desejamos, devemos plantar com consciência e propósito.

5. **O TEMPO É FINITO – FICAMOS CARA A CARA COM O TEMPO DE VIDA QUE NOS RESTA** – Ao contabilizar o tempo médio de vida que nos resta, sentimos o peso da finitude. Esse impacto nos despertou para a urgência de viver de maneira autêntica e significativa, aproveitando cada momento de forma consciente.

6. **CONFRONTAMOS O IMPACTO DA MASCULINIDADE TÓXICA** – Aqui, vimos como a masculinidade tóxica está destruindo não apenas nossa saúde mental e emocional, mas também causando impactos devastadores na sociedade. Homens adoecem em silêncio, lidando com depressão, ansiedade, síndrome do pânico e até violência devido à falta de cura do nosso masculino.

7. **DESCOBRIMOS AS "ALGEMAS" IMPOSTAS PELA SOCIEDADE PATRIARCAL** – Percebemos que muitas de nossas crenças limitantes vieram de uma sociedade patriarcal que nos impôs padrões e comportamentos rígidos. Essas "algemas" silenciosas nos prenderam, impedindo nossa liberdade emocional e

social. Identificamos essas correntes e começamos a ressignificar essas crenças.

8. **NOMEAMOS OS PESOS EMOCIONAIS QUE CARREGAMOS** – Identificamos os fardos invisíveis que pesam em nossos ombros. Sentimentos de inadequação, frustração e culpa foram trazidos à tona. Esse reconhecimento nos permitiu criar um plano de ação para aliviar esses pesos, aceitando que alguns não têm solução imediata.
9. **A IMPORTÂNCIA DA VULNERABILIDADE E A PARTILHA DAS DORES COM AMIGOS** – O conceito de que compartilhar dores com amigos não é sinal de fraqueza, mas, sim, de força, se consolidou. A vulnerabilidade se tornou nossa aliada, e descobrimos que homens podem e devem se apoiar mutuamente para crescer.
10. **CONFRONTAMOS NOSSAS MENTIRAS** – Ficamos cara a cara com uma grande verdade: como somos mentirosos. Decidimos que, a partir de agora, a verdade será nosso norte, e criamos um plano para eliminar as mentiras que ainda sustentamos em nossas vidas.
11. **MELHORAMOS NOSSA COMUNICAÇÃO – PALAVRAS SÃO PONTES, NÃO MUROS** – Aprendemos que a comunicação clara e sincera é a chave para a harmonia. Reconhecemos nossas falhas em dialogar e trabalhamos para desenvolver habilidades de comunicação respeitosa e assertiva.
12. **INTRODUZIMOS A COMUNICAÇÃO NÃO VIOLENTA (CNV)** – A CNV se tornou uma ferramenta poderosa para evitar conflitos desnecessários e construir relacionamentos mais saudáveis. Com essa técnica, aprendemos a ouvir e falar com empatia, valorizando as emoções e necessidades de todos os envolvidos.
13. **RELAÇÃO COM AS MULHERES – UMA NOVA PERSPECTIVA** – Entramos em águas profundas ao abordar a relação com as mulheres, reconhecendo o quanto nossas atitudes podem ser

prejudiciais. Foi uma oportunidade de repensar nosso papel no relacionamento com o universo feminino.

14. **ENCARAMOS OS NÚMEROS ALARMANTES DA VIOLÊNCIA CONTRA AS MULHERES** – Os dados nos chocaram e nos fizeram refletir sobre como a cultura machista contribui para a violência diária sofrida pelas mulheres. Vimos a urgência de mudar nossas atitudes e ajudar a combater essa realidade.

15. **RECONHECEMOS AS MICROVIOLÊNCIAS QUE PERPETUAMOS** – Entendemos que atitudes e comportamentos que antes julgávamos normais são, na verdade, formas de violência psicológica e emocional. A mudança começa em pequenos gestos e palavras.

16. **CULTURA E MÚSICA – ESTÍMULOS QUE ALIMENTAM A VIOLÊNCIA** – Percebemos como músicas e outras formas de cultura alimentam o desrespeito às mulheres e contribuem para perpetuar o machismo. Aprendemos a ser mais conscientes sobre o que consumimos e como isso impacta nosso comportamento.

17. **O IMPACTO DEVASTADOR DA PORNOGRAFIA** – Vimos como a pornografia distorce a visão sobre as mulheres e sobre o sexo, criando um ciclo de vício e desrespeito. Reconhecemos o impacto negativo desse hábito em nossas vidas e nos comprometemos a combatê-lo.

18. **PADRÕES ESTÉTICOS E O IMPACTO NAS MULHERES** – Entendemos que os padrões de beleza impostos às mulheres são, muitas vezes, reforçados por nós, homens. Vimos como isso alimenta uma indústria bilionária e afeta diretamente a autoestima das mulheres.

19. **HOMOFOBIA – ENCARAMOS O PRECONCEITO** – Também enfrentamos o impacto destrutivo da homofobia e como ela está enraizada no mesmo machismo que destrói a vida de mulheres e homens. Entendemos a importância de combater esse preconceito em nossa própria jornada.

20. **RESSIGNIFICAMOS O RELACIONAMENTO E O PAPEL DO HOMEM** – Descobrimos o verdadeiro papel do homem em um relacionamento saudável. A importância de compreender as diferenças entre homens e mulheres, principalmente no que diz respeito às oscilações hormonais, foi fundamental para construirmos relações mais equilibradas.
21. **SEXO RESSIGNIFICADO – DA SUPERFICIALIDADE À PROFUNDIDADE** – Entendemos o sexo como um ato sagrado, muito além do prazer físico. Aprendemos a valorizar a intimidade verdadeira, baseada no respeito mútuo e na conexão emocional.
22. **IDENTIFICAÇÃO E RESOLUÇÃO DE QUEIXAS** – Aprendemos a resolver problemas no relacionamento de forma eficaz, usando a Comunicação Não Violenta (CNV) e desenvolvendo um plano de ação baseado na escuta e no diálogo.
23. **"O HOMEM DEIXARÁ PAI E MÃE" – O AFASTAMENTO NECESSÁRIO** – Enfrentamos a difícil, mas necessária, tarefa de nos desvincular emocionalmente das expectativas familiares. Compreendemos que só assim podemos viver nossa vida de forma plena e autêntica.
24. **DESMASCARAMOS O MOVIMENTO REDPILL** – Ao analisar os absurdos do movimento Redpill, vimos como ele perpetua uma visão deturpada da masculinidade. Rejeitamos essa narrativa destrutiva e seguimos firmes em nossa busca por uma masculinidade saudável e respeitosa.

Desde as primeiras páginas, percorremos temas profundos e desafiadores, encaramos nossos demônios e os padrões destrutivos que carregávamos. E o mais importante: começamos a substituí-los por ferramentas poderosas que nos ajudarão a criar uma nova história. Aqui, não falamos de teorias vazias. O que discutimos está enraizado tanto nas descobertas da neurociência quanto em técnicas de autoconhecimento que vêm sendo usadas há milênios.

Cada capítulo foi uma oportunidade de evolução, de ressignificação. Aprendemos a importância da verdade, da comunicação, do respeito a nós mesmos e às mulheres ao nosso redor. Enfrentamos nossas sombras e, com isso, ficamos mais próximos da nossa verdadeira essência.

Lembre-se de que a neurociência nos mostra como o cérebro pode ser moldado. Cada pequena mudança de hábito, cada nova decisão que tomamos, constrói caminhos neuronais mais saudáveis, ajudando-nos a nos tornar homens mais completos. As técnicas milenares de autoconhecimento são ferramentas essenciais para essa transformação.

Agora, amigo, você está preparado para seguir adiante. O caminho não será fácil, mas cada desafio vencido é uma vitória em direção a um legado mais poderoso. Você já fez muito. Já levantou muita poeira. Agora, resta continuar com coragem, sabendo que cada passo à frente é um tijolo na construção do homem incrível que você está destinado a ser.

A jornada continua. O rumo está traçado. Você está mais forte, mais consciente, mais livre. Não pare agora, porque seu legado está apenas começando.

"O OBJETIVO DA VIDA É SER SIGNIFICATIVO, SER PRODUTIVO E TER DEIXADO ALGO DE VALOR DURADOURO."
ARISTÓTELES

Como já mencionei, este livro está sendo escrito de forma livre, apenas estou transcrevendo as palavras que meu coração sopra incansavelmente nesses dias. Seguindo esse chamado, sinto que devemos explanar um tema que estava martelando em minha cabeça tempos atrás. Esses dias estive muito reflexivo, pensando muito sobre todos os amigos e pessoas que já passaram por minha vida, refletindo sobre como fiquei tão seletivo com minhas amizades e como, por muito tempo, carreguei ao meu lado pessoas que sugavam minhas energias.

Então agora quero trazer um tema que, pode parecer que não, mas é mais um grande peso em nossas vidas.

CAPÍTULO 38

O PESO DA AMIZADE

Você já sentiu o peso de carregar amizades que, ao invés de impulsionarem você, pareciam sugar suas energias? Pois bem, meu irmão, esse é mais um dos grandes pesos que vamos abordar em nossa jornada. Assim como todo bom navegador, é hora de ajustar as velas e reavaliar as companhias com quem estamos dividindo nossa embarcação.

Quando você começa a se transformar, a seguir um novo rumo, muitas pessoas ao seu redor podem não compreender ou até mesmo se afastar. E sabe de uma coisa? Isso é normal. Porque, na realidade, tudo na vida é questão de energia e frequência. Assim como um barco atrai o vento certo para alcançar seu destino, você também vai atrair pessoas que estão em sintonia com a nova direção que está tomando.

A neurociência já provou que nosso cérebro funciona em sintonia com as pessoas com quem mais convivemos. Pesquisas mostram que as redes neurais de indivíduos que interagem constantemente começam a se alinhar, sincronizando seus padrões de comportamento e atitudes. É como se formássemos uma "dança neural" com os cinco amigos mais próximos. Isso significa que, quando convivemos com pessoas negativas ou estagnadas, nosso cérebro literalmente se molda para se adequar àquela frequência.

Agora, pense comigo: se você busca evoluir, se tornar um novo HOMEM, deve estar rodeado por quem também quer navegar por mares mais profundos. Porque, afinal, um navio não pode ancorar em águas rasas se seu destino é o oceano aberto.

Então, faça este exercício: pense nas cinco pessoas com quem você mais convive. Escreva os nomes delas.

1 –

2 –

3 –

4 –

5 –

Agora reflita: essas pessoas estão puxando seu barco ou são âncoras? Elas estão ajudando você a avançar ou mantendo você preso no mesmo ponto? A famosa frase "Diga-me com quem andas e te direi quem és" faz mais sentido do que imaginamos, e a ciência está aí para confirmar isso. Suas amizades influenciam diretamente quem você é e, mais importante, quem você está se tornando.

Se você está cercado de pessoas que continuam presas às velhas amarras do machismo, que não buscam evoluir, que não estão prontas para soltar o leme da vida, pode ser hora de ajustar seu curso. E isso não significa ser ingrato ou abandonar quem já foi importante. Significa, sim, entender que, para navegar por novos mares, talvez seja necessário deixar alguns companheiros no porto.

Eis o grande dilema: muitos de nós sabemos que certas amizades já não fazem sentido, mas, por medo do julgamento ou da solidão, insistimos em carregar pesos que não nos pertencem mais. O filósofo Aristóteles já dizia que a amizade verdadeira é uma parceria de virtude, em que ambos os lados se ajudam a crescer. Se isso não está acontecendo, é hora de reavaliar.

Vamos então para uma nova etapa: observe suas amizades, fale abertamente sobre as mudanças que você está fazendo, seja luz dentro do grupo. Mas esteja preparado para aceitar que, se não for para somar, algumas pessoas podem ter que seguir outros caminhos.

E, claro, sempre podemos contar com a ciência para embasar essa percepção. Estudos indicam que ambientes tóxicos e relações interpessoais problemáticas aumentam os níveis de cortisol, o hormônio do estresse, prejudicando nosso bem-estar físico e mental. Ou seja, continuar rodeado de pessoas que não compartilham da mesma visão de vida pode literalmente pesar no corpo e na alma.

Chegou a hora de fazer essa faxina. O bom marinheiro sabe que precisa de uma tripulação leal e comprometida. E, com essa leveza no convívio, você poderá levantar âncora e seguir rumo aos ventos da transformação.

Agora, navegue em direção a novas águas, com uma tripulação renovada. Afinal, você é o capitão da sua vida, e o que queremos é um mar de possibilidades à nossa frente, sem pesos desnecessários a bordo.

Para finalizar esse tema, segue outro ditado: **Se não for pra somar, suma!**

Bora para mais um peso? Porque, para seguirmos um novo rumo, precisamos deixar nossa mochila o mais leve possível!

CAPÍTULO 39
O PESO DO TRABALHO

Você provavelmente não esperava que o trabalho fosse um dos fatores mais significativos na carga que sua mochila carrega ao longo da vida. Mas é isso mesmo, meu irmão. A nossa área de atuação, nossa profissão, pode sim ser uma âncora pesada que impede nosso barco de navegar livremente pelos mares da vida.

O trabalho, quando mal interpretado, longe de ser apenas um meio para sobreviver ou alcançar o sucesso, pode se transformar em uma verdadeira prisão. A jornada profissional deve ser uma fonte de engrandecimento pessoal, de propósito, e não um fardo que nos afunda cada vez mais. O problema é que muitos de nós, HOMENS, ao invés de enxergar o trabalho como parte de nossa evolução, o tratamos como uma fuga – uma fuga das dores, dos dilemas e das crises que não sabemos como resolver. E é aí que o peso começa a se acumular.

Vamos ser sinceros: quantos de nós não usamos o sucesso profissional como uma desculpa para mascarar as falhas que temos como homens? Quantos não colocam o foco excessivo no trabalho para evitar lidar com os problemas emocionais e familiares que estão à espreita? O "HOMEM bem-sucedido" se tornou, muitas vezes, sinônimo de um HOMEM que foge de si mesmo.

Assim como nossa relação com as mulheres, transformamos o trabalho em uma armadilha. O que deveria nos impulsionar e engrandecer se transforma em uma verdadeira máquina de destruição de vidas, com jornadas longas, metas exaustivas, e uma competitividade que não nos deixa respirar. Passamos a acreditar que o nosso valor está diretamente ligado ao nosso desempenho profissional, e quanto mais trabalhamos, mais dignos nos sentimos. Mas o preço dessa busca incansável pode ser alto demais: esgotamento emocional, rupturas familiares, e uma sensação permanente de vazio.

A neurociência, por exemplo, já demonstrou que o estresse crônico gerado pelo excesso de trabalho afeta profundamente o cérebro, liberando cortisol em níveis elevados e prejudicando nossa saúde mental e física. Quando o trabalho se transforma em vício, nosso sistema nervoso entra em alerta constante, criando um ciclo vicioso de cansaço, ansiedade e depressão. A solução? Redefinir nossa relação com o trabalho e resgatar o verdadeiro significado do sucesso.

É hora de tirar as vendas e perceber que o trabalho deve ser um aliado na nossa jornada, e não um peso. Precisamos equilibrar nossas responsabilidades profissionais com a necessidade de viver plenamente e com propósito. Afinal, somos navegadores em busca de um novo rumo, e esse rumo só será encontrado se estivermos leves, com a mente clara e o coração livre para novas possibilidades.

O primeiro passo é reconhecer: o trabalho é parte da nossa jornada, mas ele não define quem somos.

Aqui estão algumas frases que reforçam a relação distorcida entre o homem e o trabalho, mostrando como muitos homens usam o sucesso profissional como uma desculpa para mascarar suas falhas pessoais. Elas capturam o conflito entre as obrigações profissionais e os relacionamentos que, muitas vezes, ficam negligenciados:

"EU SOU UM PAI AUSENTE, MAS SOU BEM-SUCEDIDO E TRABALHO MUITO."

Reflete a crença comum de que o sucesso financeiro justifica a ausência na criação dos filhos, algo que tem consequências emocionais profundas para toda a família.

"EU NUNCA VOU PARA CASA CEDO, PORQUE PRECISO GANHAR DINHEIRO PARA SUSTENTAR MINHA FAMÍLIA."

Esse pensamento justifica longas horas de trabalho, muitas vezes usadas como uma maneira de evitar enfrentar os desafios emocionais ou de relacionamento dentro de casa.

"EU BATO EM MINHA COMPANHEIRA, MAS TRABALHO MUITO E DOU TUDO O QUE ELA QUER."

Uma forma extrema e destrutiva de tentar compensar o abuso e desrespeito no relacionamento com presentes materiais, tentando justificar a violência com um esforço financeiro.

"SOU UM PÉSSIMO AMIGO, MAS PAGO A CONTA SEMPRE."

Uma demonstração de que o valor monetário é frequentemente usado como uma forma de substituir a verdadeira amizade e presença emocional, que são essenciais para conexões genuínas.

"SOU PÉSSIMO MARIDO, MAS ENCHO MINHA MULHER DE PRESENTES."

Aqui, o presente material é usado como um substituto para a intimidade emocional e o respeito, criando uma relação desequilibrada, na qual o materialismo tenta mascarar a negligência.

"EU NÃO ESTOU PRESENTE NAS REUNIÕES DE FAMÍLIA, MAS ESTOU CONSTRUINDO UM LEGADO FINANCEIRO PARA TODOS."

Reflete a tendência de justificar a ausência física e emocional sob o pretexto de estar provendo financeiramente, ignorando que o legado emocional também é essencial.

"MINHA SAÚDE ESTÁ SE DETERIORANDO, MAS AO MENOS ESTOU GARANTINDO UM FUTURO PRÓSPERO."

Essa frase exemplifica como muitos homens sacrificam sua própria saúde física e mental em nome do sucesso profissional, sem perceber o impacto devastador a longo prazo.

"EU NÃO SEI COMO SER VULNERÁVEL, MAS SOU EXCELENTE NO QUE FAÇO NO TRABALHO."

Demonstra o uso do sucesso profissional como uma armadura para evitar o desconforto da vulnerabilidade emocional, algo que muitos homens têm dificuldade em enfrentar devido às pressões sociais de "força" e "controle".

Essas frases demonstram como o sucesso profissional é frequentemente colocado como desculpa para falhas emocionais e relacionais.

Atenção! O que eu quero trazer neste capítulo são reflexões poderosas para que você possa avaliar com profundidade as atitudes que tem adotado em sua vida. Afinal, o objetivo central deste livro é exatamente esse: abrir os olhos para todos os aspectos que cercam nossa jornada como HOMENS e levantar toda a poeira que insiste em ocultar nossa visão. A ideia é que você enxergue claramente onde está e faça uma avaliação honesta de suas escolhas, comportamentos e das consequências que elas têm trazido.

O uso do trabalho como uma fuga emocional é algo que muitos de nós, homens, conhecemos bem, mesmo que inconscientemente. Ele aparece naquela hora extra que poderia ser evitada, naquele projeto que aceitamos sem precisar, ou até mesmo naquela viagem de trabalho desnecessária, que utilizamos como pretexto para escapar de nossas responsabilidades em casa. Ao invés de voltarmos para uma conversa honesta com nossas parceiras, preferimos o silêncio do escritório ou, pior, fingirmos que estamos trabalhando para frequentar prostíbulo com nossos parceiros comerciais. Afinal, quantas vezes ouvimos, desde pequenos, que "ir para a zona não é traição"? É essa crença distorcida que usamos como desculpa para comportamentos nocivos.

E o que dizer da nossa busca incessante por status e reconhecimento? Quantas vezes passamos por cima dos nossos verdadeiros desejos e trabalhamos até a exaustão apenas para impressionar os outros? Talvez, sequer desejamos a promoção que almejamos com tanta energia, mas precisamos desesperadamente da validação que ela traz. Queremos nos sentir poderosos, preencher o vazio que o masculino ferido criou dentro de nós. Assim, nos tornamos escravos da própria necessidade de autoafirmação.

Esse ciclo só pode ser rompido se olharmos para as raízes disso tudo. Volte comigo para as algemas que exploramos lá no início. Lembra como as figuras masculinas de nossas vidas nos moldaram? As palavras que ouvimos, os exemplos que nos foram dados, e as expectativas que nos foram colocadas se alojaram em nosso subconsciente e influenciam até hoje nossas decisões. A questão que você deve refletir agora é a seguinte: *você está trabalhando com o que ama ou apenas cumprindo as expectativas impostas sobre você?*

Essa é uma pergunta crucial. Porque, se estivermos presos em uma vida de trabalho que não nos preenche, apenas para agradar figuras do passado ou atender expectativas sociais, aumentamos drasticamente as chances de cair em vícios, fugas e comportamentos autodestrutivos. Agora é o momento de se perguntar com honestidade: *você realmente está vivendo sua vocação ou está preso em um papel que nunca foi seu?*

Coloque-se no momento presente, respire fundo e comece um mergulho em sua memória e tente lembrar o que as pessoas esperavam de você no ramo profissional. Tente lembrar também quais eram suas verdadeiras vontades. Lembre-se da época do colégio, o que sonhava em ser, mas lembre-se do que você ouvia dos outros também. Lembre como foi que tomou a decisão de escolher o curso que iria fazer na faculdade, se foi escolha sua ou se teve influência de alguém. Lembre-se de como começou sua carreira, como escolheu sua profissão. Tente rever todo esse trajeto percorrido até o dia de hoje e tente também meditar fortemente sobre se o que você está fazendo condiz com o que é genuíno em seu coração. Acredite, isso pesa muito em sua vida.

Outra coisa importante sobre a qual precisamos refletir é se a função e as atividades que exercemos são coerentes com nossos valores de vida. Vou dar um exemplo: uma pessoa é defensora dos animais, porém trabalha em um abatedouro de frango. Ou outra que precisa participar de atos de corrupção em sua função. Por mais que diga "isso é só meu trabalho", pode ter certeza que essa incoerência irá precisar extravasar de alguma forma, gerando depois atitudes autodestrutivas, como doenças, vícios e todas as válvulas de escape das quais logo voltaremos a falar.

Após essa análise sobre como estão sendo suas atitudes no seu trabalho, sobre se você está exercendo funções que respeitem seus valores, eu o convido a colocar esse tema em suas listas de prioridades. É no trabalho que temos um grande estímulo para muitas das atitudes destrutivas que cometemos conosco e com as pessoas em nossa volta.

Nós, HOMENS, somos especialistas em nos sobrecarregar em nossos trabalhos, "engolir os famosos sapos" o dia todo, depois chegar em casa e descontar em tudo e em todos nossa raiva reprimida, principalmente causando os números assustadores de violência doméstica. **No último ano foram mais de 200 mil registros de mulheres agredidas por seus companheiros dentro da própria casa.**

Não estou dizendo para você amanhã pedir demissão, ou tomar qualquer que seja a atitude, mas sugiro que coloque em mente que isso é algo que precisa ser olhado com atenção e sempre se observar como esse canal pode estar o deixando mais nervoso, fazendo-o explodir em casa, tirando seu sono, dando-lhe vontade de usar drogas, de tomar remédio e assim vai...

O TRABALHO VEM PARA ENGRANDECER O HOMEM E NÃO O ESCRAVIZAR E O DESTRUIR.

É importante deixar claro que tenho total consciência das profundas desigualdades sociais que assolam o nosso país. A maioria dos brasileiros não trabalha por escolha, mas por pura necessidade de sobrevivência, sem o privilégio de optar por uma profissão que ressoe com seus sonhos ou valores. Nesse contexto, falar sobre "escolher o trabalho ideal" pode parecer desconectado da realidade para muitas pessoas. Para quem não tem escolha, o foco muitas vezes está apenas em colocar comida na mesa e pagar as contas no final do mês.

No entanto, se você está entre os privilegiados que podem fazer essa escolha, a missão é clara: não há mais desculpa para viver uma vida que não esteja alinhada com o que você realmente valoriza. É hora de agir e buscar algo que traga sentido, não apenas resultados financeiros. Lembre-se de que, o sucesso profissional sem realização pessoal é um peso que cresce a cada dia.

Agora, para aqueles que não têm essa escolha, a chave é a lucidez. Mesmo que o trabalho atual não esteja alinhado com seus valores, ter consciência desse desalinhamento já diminui a carga emocional. Entender que você está sacrificando certos ideais por uma causa maior – a sobrevivência de sua família ou de si mesmo – traz clareza e pode reduzir significativamente a ansiedade e o estresse gerado pela incongruência entre o que se faz e o que se deseja.

Assim como em todos os temas que discutimos até agora, este é mais um ponto de reflexão. Se você puder mudar, mude. Se não puder, tenha lucidez e busque a paz em saber que faz o melhor dentro das suas condições. Seja qual for o caminho, o importante é encarar essa realidade com consciência.

Eu sei que humanamente é impossível, apenas com esta leitura, do dia para noite, você mudar todos os pontos que precisam ser melhorados em sua jornada, mas não esqueça que o principal objetivo deste livro é nosso autoconhecimento, termos a clareza de tudo e todos os pontos de nossa vida, para sabermos exatamente o que está impedindo ou atrasando nosso processo de evolução.

ESTAR NO CONTROLE DE NOSSAS VIDAS, MESMO QUE AINDA COMETENDO ALGUMAS INCOERÊNCIAS, NOS COLOCA ANOS-LUZ À FRENTE EM COMPARAÇÃO COM A ÉPOCA EM QUE VIVÍAMOS DE MANEIRA AUTOMÁTICA, APENAS LIDANDO COM AS CONSEQUÊNCIAS DE NOSSAS AÇÕES SEM REFLEXÃO OU PROPÓSITO.

CAPÍTULO 40

O PESO DA HONESTIDADE E DA ÉTICA

Dia após dia, você estará cada vez mais preparado para transformar cada aspecto necessário de sua vida. No tempo certo, verá que muitos dos problemas que enfrenta hoje começarão a se dissipar, como neblina ao amanhecer. Antes de mergulharmos em um novo tema, preciso destacar mais uma característica fundamental que influencia diretamente muitos dos vícios que abordaremos em breve. E acredite, ela também está profundamente conectada com o trabalho, mas vai muito além dele.

Estou falando de algo que já mencionamos brevemente ao longo da jornada, mas que merece ser ressaltado de forma mais clara e incisiva: honestidade e ética. Essas duas palavras são pilares de um verdadeiro HOMEM. Assim como a verdade, elas são a base para uma vida plena e coerente.

Para nossa mente, que é astuta, essas características muitas vezes podem passar despercebidas, se escondendo atrás de racionalizações e desculpas. Mas se realmente queremos assumir as rédeas de nossa jornada, mudar o rumo de nossas vidas e nos tornarmos HOMENS de verdade, é hora de trazer essas palavras para o centro da nossa bússola: honestidade e ética.

Agora, vou provocar sua memória. Lembra daquele menino que sentava na frente da sala, fazia todas as tarefas, estudava para as provas, respeitava os outros e seguia as regras? Ele era visto como "certinho", não era? E aquele que sentava no fundo da sala, que colava nas provas, brigava, fazia graça com as meninas e quebrava todas as regras? Esse, sim, era visto como "macho", "popular".

Esse contraste que vivemos na juventude esconde uma verdade dolorosa: desde cedo, fomos condicionados a achar que ser "errado" é ser forte, que burlar as regras e viver no limite das normas é o caminho da popularidade e do respeito. Infelizmente, isso é uma algema que corre nas veias da nossa sociedade, reforçando comportamentos desonestos, machistas e muitas vezes agressivos.

E essa crença não é inofensiva. O Brasil está entre os países mais corruptos do mundo, e isso não é coincidência. Desde cedo, somos ensinados que "dar um jeitinho" é aceitável, que a esperteza vale mais que a ética. E aonde isso nos leva? Ao caos social, à perda de confiança em nós mesmos e nos outros, e a uma vida cheia de pesos desnecessários.

Mas, como já aprendemos até aqui, a nossa jornada é sobre ressignificação. Ser HOMEM de verdade não é ser aquele que burla as regras e vive no limite, mas aquele que tem coragem de seguir a ética, mesmo quando é difícil, mesmo quando ninguém está olhando. É ser o capitão que mantém o curso, apesar das tempestades.

Portanto, se você realmente deseja mudar de rumo, adote a honestidade e a ética como seus maiores aliados. Elas são o verdadeiro norte da sua bússola nesta grande aventura que é a vida.

Ética e honestidade não são apenas conceitos abstratos. Neurocientistas e psicólogos têm demonstrado que agir de acordo com nossos princípios reduz o estresse e a ansiedade, liberando nossa mente para focar em nossos verdadeiros objetivos. O contrário também é verdadeiro: mentir, trair e burlar as regras cria um ciclo de culpa e estresse que, no longo prazo, destrói nossa saúde mental e física.

Vivemos em uma sociedade "democrática", na qual as regras sociais precisam ser cumpridas.

Percebe que escrevi democrática entre aspas? Desculpe misturar o assunto, mas meu coração está gritando para abordar esse tema rapidamente. Essa é uma área de pesquisa que atuo profundamente e acredito que abrir nossos olhos para a consciência social e política que vivemos também faz parte de nossa travessia rumo a uma nova vida.

Vivemos em uma sociedade que se autodenomina "democrática", mas, na prática, o que experimentamos é uma **falsa democracia**. Digo isso porque, em uma verdadeira democracia, os princípios fundamentais como igualdade de oportunidades, justiça social e participação plena dos cidadãos deveriam ser respeitados. No entanto, quando a maioria da população carece de acesso a uma educação de qualidade, à alimentação digna e ao saneamento básico, é difícil sustentar a ideia de que estamos vivendo em uma democracia genuína.

O filósofo Jean-Jacques Rousseau já questionava, em sua obra *O contrato social*, a validade de uma democracia em que as instituições não representam verdadeiramente o povo. Para Rousseau, **"o povo que delega o poder a uma elite para governar de maneira exclusiva não é mais livre"**. Ou seja, uma democracia verdadeira precisa garantir a participação de todos nas decisões políticas, e não apenas permitir que uma pequena elite controle o poder em nome de uma massa desinformada ou excluída.

Além disso, como podemos falar em democracia quando nossos políticos são eleitos muitas vezes por legendas partidárias, e não pelo número de votos, ou quando o acesso à mídia e recursos financeiros para campanhas eleitorais privilegia uma pequena elite política? O filósofo Noam Chomsky, em seus estudos sobre mídia e poder, explica que, em muitas democracias modernas, o controle do discurso público e da opinião é exercido por aqueles que detêm o capital e o poder, criando uma ilusão de participação, quando, na verdade, as decisões são guiadas por interesses elitistas. Ele chama isso de "fabricação do consentimento".

Este cenário reflete uma democracia de fachada, em que o verdadeiro poder está concentrado nas mãos de poucos, e o povo, que deveria ser o soberano, acaba reduzido a meros espectadores em um processo político que não os representa de fato.

Portanto, enquanto essas barreiras estruturais persistirem, enquanto as pessoas não tiverem o mínimo necessário para participar ativamente da vida pública, o termo "democracia" será apenas uma casca vazia, uma promessa não cumprida.

Pronto. Precisava pôr para fora.

Voltando ao tema honestidade e ética. Quantos milhares de pessoas enchem a boca para reclamar da "rachadinha" do governo, mas recebem ou pagam propina em seu ambiente de trabalho? Quantos reclamam de sonegação de grandes empresários, mas não dão nota fiscal em seus estabelecimentos?

Lógico que, da mesma forma que quando mentimos mascaramos a mentira dizendo ser para proteger os outros, quando agimos com desonestidade, vamos achar alguma desculpa para mascarar nossa covardia e erro.

Existe uma cultura tão enraizada que até pouco tempo atrás, antes de serem implantadas as notas eletrônicas, na maioria dos estabelecimentos, quando você pedia a nota fiscal, perguntavam: "Gostaria de nota no valor ou um pouco maior?". Meu amigo, precisaremos olhar para isso imediatamente. Sabe por quê? Lembra que já disse aqui algumas vezes que o corpo humano biologicamente não suporta carregar nossos pesos? Pois então, a desonestidade é um peso silencioso que destrói nossas vidas sem que percebamos.

Deixe-me lhe dizer uma coisa, você pode enganar o mundo todo, mas jamais irá enganar a si mesmo. Por mais que tente esconder, mascarar, criar justificativas, no fundo você sabe que está agindo com desonestidade e falta de ética, e seu corpo, sabendo disso, vai precisar buscar meios de anestesiar esses sentimentos. Ele vai buscar isso por meio de doenças diversas, agressividade, vícios e muitos outros sintomas de destruição.

A culpa de toda essa corrupção enraizada em nosso país é nossa, HOMENS. Olhe para o governo, a grande maioria são HOMENS. Aqueles mesmos que roubavam em coisas pequenas, que eram desonestos em coisas pequenas, mas que um dia chegaram ao poder e hoje destroem o nosso país e matam indiretamente milhares de vidas todos os dias por falta de estrutura em hospitais, escolas, vias públicas e tantos outros pontos prejudicados da sociedade por falta de dinheiro desviado para contas particulares de corruptos do sistema.

Se não fosse a corrupção, pode ter certeza que o Brasil seria o país mais promissor do mundo. Segundo a Federação das Indústrias, a corrupção no Brasil custa aproximadamente cerca de R$500 bilhões por ano, impactando diretamente o desenvolvimento econômico e social do país. Dá para imaginar quantas transformações nosso país teria se não houvesse corrupção?

Enquanto centenas de "poderosos" nadam de braçada com desvios de dinheiro público, milhões de brasileiros sofrem para conseguir ao menos fazer uma alimentação por dia.

Precisamos arrancar as vendas que nos cegam e encarar, sem medo, a dura realidade: nós, HOMENS, somos os maiores responsáveis pela destruição que vemos ao nosso redor. A desigualdade social, a corrupção desenfreada, a violência crescente e o número alarmante de doenças psicológicas que invadem os lares têm, em suas raízes, a ação de homens agindo de maneira irracional, desumanizada e desconectada de seus valores essenciais.

Somente quando encararmos essa verdade – que nossas atitudes estão alimentando esse ciclo de destruição – é que poderemos começar um processo de transformação genuína. O caminho não é fácil, e não se trata de uma mudança apenas individual, mas de uma responsabilidade coletiva. Transformar-se em um verdadeiro HOMEM significa refletir sobre o impacto de nossas ações na sociedade e nas pessoas ao nosso redor.

Agora, diante dessa jornada épica de autoconhecimento que você está trilhando, há uma oportunidade extraordinária à sua frente. Cada mudança que você faz em sua vida, cada ato de consciência e evolução, ressoa como uma energia de luz, paz e amor, não apenas para você, mas para todos que estão ao seu redor. Você tem o poder de ser o ponto de partida de uma nova era, na qual homens não são mais símbolos de destruição, mas construtores de um legado de justiça, respeito e dignidade.

Esse é o momento de agir. A mudança começa em você e pode reverberar por gerações.

CAPÍTULO 41

SIM, É PESO QUE NÃO ACABA MAIS

Aqui estamos, navegando por águas profundas. Desde o início desta jornada, exploramos cada canto oculto e sombrio onde armazenamos nossos pesos, como âncoras invisíveis que nos prendem aos padrões ultrapassados e hábitos destrutivos. A cada página virada, ficou mais claro o quanto nós, HOMENS, somos mestres em acumular fardos. Assustador? Sim, eu sei. Mas é essa consciência, por mais dolorosa que seja, que nos dá o poder de mudar. Somente quem reconhece seus pesos pode tomar a decisão de deixá-los para trás.

Esses pesos não aparecem do nada. São frutos de uma sociedade que nos molda desde cedo, incutindo em nós expectativas irrealistas, valores distorcidos e uma visão equivocada sobre o que é ser um homem. Somos ensinados a acreditar que precisamos ser os provadores de tudo, os invencíveis, carregando o mundo nas costas. Isso vem de todos os lados: expectativas familiares, pressões sociais e até mesmo das nossas ambições desmedidas. Tudo isso se acumula até nos tornarmos verdadeiras bombas-relógio, prestes a explodir sob o peso das responsabilidades e frustrações. E quando finalmente explodimos, a destruição não se limita a nós mesmos – ela afeta as pessoas que amamos, a sociedade e até o planeta que habitamos.

Este livro oferece algo além da reflexão. É uma jornada que te dá a oportunidade de enfrentar esses pesos e, finalmente, se libertar. Não estamos apenas lutando pela sobrevivência; estamos buscando viver com mais leveza, autenticidade e conexão com nossa verdadeira essência. A verdade é que há muitos outros pesos que poderiam ser explorados aqui, mas sabemos que o excesso de informação pode ser mais um fardo a carregar. Por isso, foco nos mais comuns, nos que você já conhece bem: as expectativas que te sufocam, as cobranças invisíveis que pesam sobre seus ombros, e as incoerências que você já não pode mais ignorar.

Não se engane, o que está em jogo não é só o seu bem-estar, mas a sua própria sobrevivência emocional, física e espiritual. O corpo e a mente já estão avisando que o jeito que estamos vivendo não é sustentável. Este capítulo, então, é um convite para dar mais um passo. Vamos seguir em frente, pois ainda não terminamos nossa jornada. Existem mais alguns pesos cruciais que ainda não abordamos e que precisamos iluminar antes de entrarmos nas "válvulas de escape" – aqueles mecanismos que usamos para aliviar a pressão, mas que, no fundo, nos arrastam ainda mais fundo no abismo.

A cada passo, você está se aproximando da vida que realmente merece: uma vida com menos peso, mais leveza e, o mais importante, mais verdade. Está pronto para continuar navegando? O vento está a nosso favor, e o destino é claro: deixar um legado que faça essa jornada valer a pena.

CAPÍTULO 42

O PESO DA SAÚDE

Navegar nesta jornada de transformação é muito mais do que enfrentar os desafios internos. É também olhar com coragem para o estado do nosso corpo físico. Quando falamos sobre o peso que carregamos, não podemos ignorar a saúde – ou melhor, a falta dela. Vivemos em uma sociedade onde o sobrepeso, o sedentarismo e a negligência com o bem-estar são quase normais. E aqui, amigo, não tem como escapar: o corpo que carregamos é o veículo que nos conduz nesta grande aventura chamada vida.

Desde muito cedo, somos condicionados a acreditar que ser homem é sinônimo de força, resistência e, muitas vezes, descuido com a própria saúde. É como se cuidar de si fosse um sinal de fraqueza. Mas essa visão ultrapassada tem um custo altíssimo: nosso corpo está pagando o preço, nossa mente está sucumbindo ao estresse, e nossas relações sofrem as consequências. E para que possamos seguir em nossa jornada de autoconhecimento e transformação, a primeira coisa que precisamos entender é que sem saúde não existe caminho.

De acordo com a Organização Mundial da Saúde (OMS), o Brasil é um dos países mais sedentários da América Latina.

Cerca de 47% dos brasileiros são considerados sedentários, e entre os jovens, o número é ainda mais alarmante: **84% dos jovens são sedentários.** Isso se reflete diretamente nos altos índices de obesidade e doenças crônicas, que têm afetado cada vez mais homens ao redor do país.

Você pode se perguntar: "Mas por que isso importa para mim?". A resposta é simples: se você quer carregar menos peso na vida, precisa começar pelo peso que está sobrecarregando o seu corpo. O sobrepeso, o sedentarismo e a má alimentação não são apenas questões estéticas, são fatores que influenciam diretamente sua energia, sua disposição e sua capacidade de enfrentar os desafios da vida com coragem e clareza.

Muitos de nós, HOMENS, fomos criados com a mentalidade de que saúde não é prioridade. Fomos ensinados a acreditar que "comer carne é coisa de macho" e que só os "fracos" se preocupam com uma alimentação balanceada. Mas isso não passa de uma crença limitante. A neurociência nos mostra que nosso cérebro depende diretamente do que colocamos no corpo. Uma alimentação desequilibrada pode não apenas impactar nossa saúde física, mas também a mental, levando ao aumento dos níveis de estresse, ansiedade e até depressão.

Não é coincidência que os homens, estatisticamente, procuram menos ajuda médica do que as mulheres. Uma pesquisa da Harvard Medical School aponta que essa relutância está diretamente ligada ao machismo enraizado, que associa vulnerabilidade com fraqueza. O problema é que, ao evitar o cuidado médico, muitos homens acabam ignorando sinais importantes de alerta, como dores, fadiga e outros sintomas de doenças silenciosas. Como resultado, doenças que poderiam ser prevenidas ou tratadas precocemente acabam se tornando mais graves e, muitas vezes, fatais.

Além disso, o impacto do sedentarismo na nossa saúde é devastador. Um estudo recente mostra que 68% da população brasileira pode estar acima do peso em 2030, o que levará a uma verdadeira epidemia de doenças crônicas, como diabetes e hipertensão. Não cuidar do corpo agora significa enfrentar consequências muito mais pesadas no futuro.

Mas não estamos aqui apenas para lamentar. Esta é a sua oportunidade de virar a maré. Se você deseja seguir em frente nesta jornada com coragem, clareza e energia, é preciso mudar sua relação com o corpo.

Isso significa sair do sedentarismo, prestar atenção no que você está comendo, e, acima de tudo, cuidar de sua saúde mental. Adotar uma alimentação saudável e incorporar exercícios físicos na sua rotina não é apenas uma questão de sobrevivência, mas de viver bem.

E aqui vai uma verdade inegável: um corpo saudável é a base para uma mente saudável. Se você quer ter energia para enfrentar os desafios do dia a dia, precisa começar pelo básico. Dr. Lair Ribeiro, um renomado especialista em medicina preventiva, sempre diz:

"QUEM NÃO TEM TEMPO PARA CUIDAR DA SAÚDE, TERÁ QUE ENCONTRAR TEMPO PARA CUIDAR DA DOENÇA."

No entanto, não podemos ignorar que a desigualdade social no Brasil também impede muitos de cuidar da saúde como gostariam. A maior parte da população trabalha incansavelmente para sobreviver, e a escolha entre comer bem ou comer o que é acessível não é sempre uma opção real. Entendo que essa realidade faz com que o tema saúde seja um privilégio para poucos. Mas para aqueles que têm esse privilégio, é sua missão buscar a mudança agora, e para quem não tem essa escolha, pelo menos a consciência e o autocuidado podem aliviar o peso da ansiedade.

Se você é jovem ou responsável por um jovem, dedique-se a essa questão. Pode ser uma oportunidade de melhoria de vida ou, se ignorada, o caminho para uma vida de mais peso e destruição.

É hora de você assumir o leme. Seu corpo é o navio que conduz sua vida, e quanto mais você cuida dele, mais longe poderá navegar com segurança, leveza e força. O sedentarismo, a má alimentação e a negligência com a saúde são pesos que precisam ser largados ao mar. Compreenda que cuidar de si mesmo não é fraqueza; é a maior demonstração de coragem que você pode ter.

Prepare-se para essa transformação. Sua saúde é o combustível para a sua jornada, e um corpo forte e bem cuidado será a chave para que você possa conquistar tudo o que almeja. Navegue com responsabilidade, meu amigo. Afinal, sem saúde, nenhum grande homem pode deixar um verdadeiro legado.

Para ajudá-lo a começar uma jornada de alimentação saudável e exercícios físicos, proponho um exercício prático dividido em etapas que facilitem a introdução dessas mudanças na rotina de forma gradual e sustentável. Novamente lembrando que tenho total consciência que cada leitor possui sua realidade, a seguir deixo um programa imaginando que você tenha tempo disponível para realizar essas mudanças, mas caso sua realidade for outra, tente adaptar essas dicas à sua realidade de vida.

PROGRAMA DE TRANSFORMAÇÃO: ALIMENTAÇÃO SAUDÁVEL E EXERCÍCIO FÍSICO

SEMANA 1: PREPARAÇÃO E PLANEJAMENTO

AUTOAVALIAÇÃO:

Tire um tempo para refletir sobre seus atuais hábitos alimentares e de atividade física. Anote o que você costuma comer, a frequência das refeições, quantos copos de água você bebe por dia, e quantas vezes pratica exercícios físicos por semana.

Comece a ler os rótulos de todos os alimentos que você ingere. Lembre-se de que seu corpo é um instrumento sagrado, é o mecanismo que você utiliza para desfrutar dessa jornada, e saber absolutamente tudo o que você coloca nele é fundamental para uma mudança de rumo.

DEFINIÇÃO DE OBJETIVOS:

Estabeleça metas realistas. Por exemplo, "Vou reduzir o consumo de alimentos ultraprocessados e aumentar a ingestão de frutas e vegetais" ou "Vou começar a fazer exercícios três vezes por semana", "vou ingerir bebidas alcoólicas apenas de final de semana e de forma controlada"... Escute seu corpo, ele sabe exatamente o que você precisa modificar.

PLANEJAMENTO:

Crie um plano de refeições para a semana. Inclua café da manhã, lanches, almoço e jantar. Priorize alimentos integrais, vegetais, frutas, proteínas vegetais e gorduras saudáveis.

Agende dois ou três dias na semana para realizar atividades físicas de sua escolha, como caminhada, corrida, yoga, academia ou qualquer outro tipo de movimento.

SEMANA 2: INTRODUÇÃO DE MUDANÇAS ALIMENTARES

TROCAS SAUDÁVEIS:

Comece a substituir alimentos ultraprocessados por versões mais saudáveis. Por exemplo, troque salgadinhos por castanhas, nozes e sementes, refrigerantes por água natural ou com limão, pão branco por pão integral...

Substitua alimentos inflamatórios por opções mais saudáveis, retire ou evite ao máximo lácticos, substituindo por leites vegetais, substitua alimentos com glúten por opções sem glúten, diminua a quantidade de carne, optando por proteínas vegetais e, por fim, exclua o açúcar de sua vida se possível, ou diminua ao máximo seu consumo.

AUMENTO DO CONSUMO DE ÁGUA:

Beba pelo menos dois litros de água por dia. Uma dica é encher uma garrafa de água e mantê-la sempre por perto.

INCORPORAÇÃO DE FRUTAS E VEGETAIS:

Inclua pelo menos uma porção de fruta e uma de vegetal em cada refeição. Isso aumentará a ingestão de fibras, vitaminas e minerais essenciais.

SEMANA 3: AUMENTANDO A FREQUÊNCIA DOS EXERCÍCIOS

EXPANSÃO DOS EXERCÍCIOS:

Aumente os dias de exercício na semana. Combine atividades aeróbicas (como corrida, natação ou ciclismo) com treinamento de força (como musculação ou exercícios com o peso do corpo).

ROTINA DE ALONGAMENTO:

Adicione uma rotina de alongamento de 10 minutos após os exercícios para melhorar a flexibilidade e prevenir lesões.

REGISTRE SEU PROGRESSO:

Mantenha um diário onde você anota os exercícios realizados, como se sentiu após cada sessão e qualquer melhoria percebida.

SEMANA 4: REFINAMENTO E MANUTENÇÃO

DIVERSIFICAÇÃO ALIMENTAR:

Introduza novos alimentos saudáveis na sua dieta. Experimente grãos diferentes como quinoa, lentilhas ou grão-de-bico, e explore receitas saudáveis e se aprofunde muito nesse universo. Estudando as fontes vegetais e naturais de proteínas.

CONSISTÊNCIA NOS EXERCÍCIOS:

Mantenha a regularidade dos exercícios. Tente se exercitar ao menos quatro vezes na semana, variando os tipos de atividade para manter o corpo desafiado e evitar a monotonia.

AVALIAÇÃO E AJUSTES:

Reavalie suas metas iniciais. Se necessário, ajuste seu plano alimentar e de exercícios com base no que funcionou ou no que ainda precisa ser melhorado. Se não estiver conseguindo atingir seus objetivos, não deixe de buscar ajuda de profissionais na área ou se aprofundar em estudos com conteúdos disponíveis na internet.

DICAS VALIOSAS

ALIMENTAÇÃO CONSCIENTE:

Dedique tempo para as refeições, mastigue devagar e aprecie cada sabor. Isso ajuda na digestão e no controle da quantidade de alimentos ingeridos.

PEQUENAS MUDANÇAS, GRANDES RESULTADOS:

Não tente mudar tudo de uma vez. Pequenas mudanças, quando consistentes, trazem grandes resultados.

AUTOCOMPAIXÃO:

Seja gentil consigo mesmo. Se escorregar em algum momento, não desista. Aprenda com a experiência e siga em frente.

Esse programa é apenas uma sugestão, que oferece um caminho para que você possa integrar, de forma gradual e eficaz, uma alimentação mais saudável e a prática regular de exercícios em sua vida.

CAPÍTULO 43

O PESO DAS REDES SOCIAIS

Em nossa jornada, chegamos a um dos pesos mais traiçoeiros que carregamos: o impacto devastador das redes sociais. O que inicialmente surgiu como uma ferramenta de conexão e entretenimento, rapidamente se transformou em um campo minado de ansiedade, depressão e ilusões que nos afastam da realidade.

As redes sociais atuam diretamente no sistema de recompensa do nosso cérebro. Cada curtida, cada comentário, cada notificação gera uma descarga de dopamina, o neurotransmissor responsável pela sensação de prazer. É uma armadilha neurobiológica que nos prende em um ciclo de dependência, não muito diferente do que acontece com o uso de drogas. Quanto mais gostamos dessa "dose", mais a buscamos. O problema? Começamos a basear nossa autoestima e felicidade nesses pequenos impulsos digitais, e, em pouco tempo, estamos presos em um ciclo de comparação, validação e superficialidade.

Estudos da Royal Society for Public Health (RSPH) mostram que redes como Instagram e Facebook são extremamente prejudiciais à saúde mental, especialmente para jovens. A pesquisa revelou que o uso intensivo dessas plataformas está diretamente associado ao aumento de ansiedade, depressão e problemas de autoestima. Mas a realidade vai além dos jovens. Homens adultos, presos a uma cultura de aparência e desempenho, também se tornam vítimas desse jogo mental. Nossa masculinidade, que já carregava inúmeros pesos de expectativas sociais, agora também se vê enredada por essa busca incessante de validação digital.

Estamos conectados desde o momento em que despertamos até o instante de repousar, completamente dependentes dessas redes, absorvendo de forma exponencial todos os seus efeitos colaterais sem ao menos perceber a destruição que causam. O que deveria ser um canal de troca de informações e compartilhamento de momentos transformou-se em uma verdadeira droga. Nós, seres humanos, com todas as nossas fragilidades, caímos como fantoches em uma armadilha cujo único objetivo é gerar lucro.

Segundo a pesquisa da RSPH, plataformas como Instagram e Facebook são descritas como "venenos" para a saúde mental dos jovens, levando a comparações prejudiciais, baixa autoestima e medo de exclusão. O estudo mostrou que 70% dos jovens afirmam ter aumentado sua ansiedade social por causa dessas redes.

Além dos impactos emocionais, as redes sociais têm um efeito devastador sobre nossos hábitos de consumo, são hoje os maiores canais de publicidade e vendas do mercado, e nós, usuários, somos trabalhadores não remunerados desse sistema, alimentando-o diariamente com conteúdo e interação para, no final das contas, sermos bombardeados com publicidades cada vez mais invasivas e inteligentes, baseadas em algoritmos que conhecem nossos comportamentos e desejos, e nos bombardeiam diariamente, empurrando-nos para o consumo de produtos e serviços de forma quase automática. Estudos do Center for Humane Technology revelam que o design dessas plataformas é intencionalmente viciante, e que seu objetivo principal é maximizar o tempo de uso para aumentar o lucro das empresas que as controlam.

Esse ciclo vicioso não só afeta nossa saúde mental, mas também nos leva a tomar decisões impulsivas, a gastar dinheiro de maneira irresponsável e a nos envolver em comportamentos destrutivos, como o vício em compras e o endividamento.

AS REDES TÊM COMO PRINCIPAL FUNÇÃO PLANTAR O VAZIO PARA DEPOIS VENDER O FALSO CHEIO.

@GUSTAVOTAIT

Com minha experiência profissional em marketing e convivência com alguns dos maiores influenciadores digitais do Brasil, posso afirmar uma verdade incômoda: quase tudo é mentira. Infelizmente, as redes sociais tornaram-se o maior álbum de exposições de vidas falsas da atualidade, gerando uma cascata de consequências diretamente relacionadas aos principais distúrbios psicológicos da nossa era.

As redes sociais causam inúmeros problemas à saúde emocional, mas, de maneira geral, precisamos entender que, como seres humanos, repletos de dilemas e feridas, encontramos nas redes sociais uma forma artificial de alimentar nosso ego e nosso vazio existencial. É uma forma de obter uma sensação imediata de prazer, algo que é difícil de encontrar fora das redes.

Na prática, o que acontece é que, junto com essa busca insana por dopamina e sensação de bem-estar, começamos a criar falsas realidades para conquistar essa aprovação. É quando todo o ciclo dessa doença social se inicia. Falsas vidas são expostas a cada segundo, com pessoas criando realidades fictícias e utilizando cada vez mais filtros para conquistar seguidores. É uma bola de neve que começa com a grande mentira dos influenciadores e desencadeia a destruição emocional da massa de consumidores, que se afundam na depressão por não ter uma vida tão "maravilhosa" quanto a que veem nas redes sociais.

Ao longo da minha jornada, vi inúmeras pessoas com milhões de seguidores, mas que estavam afundadas em dívidas, problemas no relacionamento, problemas emocionais. E, ainda assim, nas redes, exibiam uma falsa realidade repleta de alegria, ostentação e amor. Isso começou com grandes influenciadores, mas hoje se aplica a quase todas as pessoas que utilizam redes sociais. Mesmo seu vizinho com 200 seguidores pode estar queimando neurônios para criar uma falsa realidade em busca de aprovação social.

Infelizmente, as redes sociais tornaram-se o padrão de sucesso da atualidade. Antes, a qualidade de uma pessoa era medida pelas coisas boas que fazia para o mundo; hoje, é medida pelo número de seguidores que ela possui. Além disso, vale destacar que, além das vidas falsas postadas, as redes sociais são um verdadeiro celeiro de mentiras numéricas. Com base em minha vasta experiência no marketing, posso garantir que existem ferramentas que muitos influenciadores utilizam para gerar interações falsas de forma robótica. Falsos seguidores, falsas curtidas, falsos comentários – uma grande falsidade.

Quase tudo nas redes sociais tem um preço. Basta você procurar um pouco mais a fundo que poderá comprar seguidores, comentários, curtidas, selos de verificação e até mesmo reportagens em sites de notícias.

A VERDADE É QUE QUASE TUDO É MENTIRA

Sei que pode ser incômodo encarar essa verdade, mas, para seguirmos com o objetivo de transformar nossas vidas, é essencial que façamos uma avaliação honesta de como as redes sociais estão impactando nosso dia a dia. Convido você a refletir sobre a forma como utiliza essas plataformas.

Veja as perguntas a seguir e analise suas respostas com sinceridade:

- ***VOCÊ TEM O HÁBITO DE COMPARAR SUA VIDA COM A VIDA DOS OUTROS?***
- ***VOCÊ SE SENTE MAIS ANSIOSO OU TRISTE APÓS UTILIZAR AS REDES SOCIAIS?***
- ***VOCÊ ACHA QUE ESTÁ PASSANDO MAIS TEMPO NAS REDES SOCIAIS DO QUE O NECESSÁRIO?***
- ***VOCÊ SE PEGA ENTRANDO NAS REDES SOCIAIS VÁRIAS VEZES AO DIA SIMPLESMENTE PARA CONFERIR SE HOUVE ALGUMA INTERAÇÃO COM SUAS POSTAGENS?***
- ***VOCÊ SENTE UM VAZIO MUITO GRANDE AO FICAR MUITO TEMPO SEM OLHAR AS REDES SOCIAIS?***
- ***VOCÊ TEM COSTUME DE CRIAR SITUAÇÕES PARA FORJAR UMA REALIDADE, A FIM DE POSTAR E RECEBER MAIS INTERAÇÃO?***
- ***VOCÊ COMPARA SEU RELACIONAMENTO COM RELACIONAMENTOS POSTADOS NAS REDES SOCIAIS?***

- *VOCÊ SE SENTE NA NECESSIDADE DE PRODUZIR MAIS E MAIS PARA ACOMPANHAR A VIDA INTENSA POSTADA NAS REDES SOCIAIS?*

- *VOCÊ SE PEGA OLHANDO A VIDA DE PESSOAS QUE MAL CONHECE, GERANDO COMPARAÇÕES?*

- *VOCÊ TEM SUA AUTOESTIMA ABALADA APÓS O USO DAS REDES SOCIAIS?*

- *VOCÊ SE SENTE NA OBRIGAÇÃO DE GERAR CONTEÚDO E POSTAR TUDO O QUE ESTÁ FAZENDO NAS REDES SOCIAIS?*

- *VOCÊ FICA ANSIOSO TODA VEZ QUE FAZ ALGUMA POSTAGEM, NA EXPECTATIVA DE COMO SERÁ A REAÇÃO DAS PESSOAS?*

- *VOCÊ SE SENTE FRACASSADO MUITAS VEZES AO OLHAR A VIDA DAS PESSOAS POSTADA NAS REDES SOCIAIS?*

- *VOCÊ É BOMBARDEADO COM PUBLICIDADES A TODO MOMENTO NAS REDES SOCIAIS?*

- *VOCÊ REALIZA COMPRAS IMPULSIVAS NAS REDES SOCIAIS?*

- *VOCÊ ENTRA NA REDE SOCIAL COMO A PRIMEIRA COISA AO ACORDAR E COMO A ÚLTIMA COISA AO DORMIR?*

Essas são apenas algumas perguntas que podem ajudar na sua reflexão sobre como as redes sociais podem estar agindo negativamente em sua vida. Não estou dizendo que você deve sair das redes, mas sugiro que avalie como está utilizando essas plataformas e se elas estão realmente contribuindo para sua felicidade.

Vale falar também do tempo que ficamos rolando os *feeds*, consumindo conteúdos vazios, deixando de lado tarefas importantes de nosso dia a dia, para procrastinarmos em uma tela de rolagem sem fim, nos causando angústia, ansiedade e muita depressão.

Se perceber que as redes estão atrapalhando sua vida, ou mesmo se achar que não, proponho um desafio de detox social. Confesso que já realizei esse experimento algumas vezes e posso garantir que o resultado é simplesmente incrível. Mesmo consciente dos malefícios das redes sociais, fiquei surpreso com os benefícios que senti ao fazer um detox social. De coração, recomendo muito essa prática, pois ela mostrará de forma clara como as redes sociais podem destruir sua saúde emocional de maneira invisível. É mágica a sensação de se desprender das redes por uns dias.

Aproveite este momento em que você está cheio de energia e motivado com a leitura deste livro. Dê a si mesmo o presente de realizar uma experiência que mudará para sempre a forma como você utiliza as redes sociais. Sugiro que hoje mesmo estipule um prazo para ficar totalmente desconectado das redes. Comece com dez dias e depois aumente para, no mínimo, 21 dias. Garanto que, após 21 dias desconectado, você notará uma redução significativa em sua ansiedade, angústia e necessidade de consumo, entre outros benefícios.

Durante esse período, mantenha o contato com seus amigos por outros canais, como WhatsApp ou telefone. Não estou pedindo que você se isole do mundo ou que delete suas redes; estou apenas sugerindo um desafio transformador de apenas 21 dias sem redes sociais.

Estipule agora mesmo quando começará esse desafio, marque a data e mostre a si mesmo o quanto está comprometido com a transformação de sua vida. Garanto que essa experiência será transformadora.

A seguir deixo uma sugestão de protocolo mais *light* para você que não quer se afastar de vez das redes sociais. Não deixe de pôr em prática, melhorar nossa relação com as redes sociais é um princípio básico para a melhoria de nossa qualidade de vida.

PROTOCOLO DE DETOX DE REDES SOCIAIS – 21 DIAS PARA UMA RELAÇÃO MAIS SAUDÁVEL

Baseado em estudos neurocientíficos e comportamentais, o protocolo tem como objetivo ajudar você a restabelecer uma relação saudável com as redes sociais, reduzindo a dependência e promovendo um maior equilíbrio entre o mundo digital e o real, melhorando assim o seu bem-estar mental.

FASE 1: PREPARAÇÃO (DIAS 1 A 3)

DIA 1: RECONHECIMENTO E ANÁLISE

Tarefa: avalie quanto tempo você passa nas redes sociais diariamente, que emoções surgem após o uso e como isso afeta sua produtividade e humor.

Neurociência: o ato de autoavaliação ativa áreas do cérebro ligadas ao controle inibitório, como o córtex pré-frontal, melhorando o autocontrole.

DIA 2: DESATIVAÇÃO DE NOTIFICAÇÕES

Tarefa: desative todas as notificações de redes sociais. Isso vai reduzir o impulso de verificar seu celular constantemente.

Neurociência: a redução das interrupções reforça a capacidade do cérebro de focar, liberando menos dopamina em resposta às notificações, quebrando o ciclo de dependência.

DIA 3: LIMPEZA DE APLICATIVOS

Tarefa: reorganize seus aplicativos de redes sociais. Coloque-os em pastas ou desinstale temporariamente os que não forem necessários.

Neurociência: tornar o acesso aos aplicativos menos imediato reduz os comportamentos automáticos e aumenta a capacidade de resistir ao uso compulsivo.

FASE 2: REDUÇÃO GRADUAL (DIAS 4 A 14)

DIAS 4-7: LIMITAÇÃO DE TEMPO DE USO

Tarefa: defina um limite de uma hora por dia para redes sociais. Use ferramentas para monitorar seu tempo de tela.

Neurociência: ao limitar o tempo de uso, você está "reeducando" seu cérebro a buscar recompensas em outras atividades, diminuindo a necessidade de estimulação contínua das redes.

DIAS 8-10: BLOCOS SEM REDES SOCIAIS

Tarefa: crie blocos de tempo (1-2 horas) sem redes sociais ao longo do dia. Use esse período para atividades no mundo real, como exercício ou leitura.

Neurociência: atividades que envolvem movimento ou foco criativo restauram níveis saudáveis de dopamina e aumentam o bem-estar emocional.

DIAS 11-14: UM DIA SEM REDES SOCIAIS

Tarefa: escolha um dia completo entre os dias 11 e 14 para ficar 100% off-line. Desconectar por um dia é um passo crucial para quebrar o ciclo de dependência.

Neurociência: a abstinência temporária permite que o cérebro recalibre seu sistema de recompensa, promovendo maior clareza e foco nas interações do mundo real.

FASE 3: DESCONEXÃO TOTAL (DIAS 15 A 21)

Essa semana será a mais transformadora do protocolo. Serão sete dias completos sem redes sociais, permitindo que você se reconecte com o mundo real e experimente os benefícios de uma vida sem distrações digitais.

DIAS 15-16: DESCONEXÃO COMPLETA

Tarefa: desinstale temporariamente os aplicativos de redes sociais ou utilize bloqueadores para limitar o acesso completo às plataformas.

Nesse período, mantenha um diário das suas emoções e perceba como você se sente sem a constante distração.

Neurociência: a ausência de redes sociais durante esse período irá restaurar os níveis normais de dopamina no cérebro, o que ajudará a diminuir a ansiedade e aumentar a sensação de bem-estar.

DIAS 17-18: ATIVIDADES REAIS E SOCIAIS

Tarefa: dedique esses dias para atividades que o conectem ao mundo real. Saia para uma caminhada, pratique esportes, tenha conversas significativas com amigos e familiares. Essas interações vão fortalecer sua conexão com o presente.

Neurociência: atividades físicas e sociais ativam a produção de ocitocina e serotonina, os neurotransmissores responsáveis pela felicidade e satisfação duradoura.

DIAS 19-20: REFORÇO DE NOVOS HÁBITOS

Tarefa: durante esse tempo, foque em criar novos hábitos que substituam o uso das redes sociais, como leitura, *hobbies* ou atividades criativas. Mantenha um registro do progresso em seu diário e observe como se sente mais produtivo e com mais energia.

Neurociência: a criação de novos hábitos reforça os caminhos neurais que suportam comportamentos saudáveis e produtivos, afastando a mente das recompensas instantâneas das redes sociais.

DIA 21: REFLEXÃO E REDEFINIÇÃO DE LIMITES

Tarefa: reflita sobre os últimos 21 dias e os impactos que o detox teve em sua vida. Agora é o momento de definir regras permanentes para o uso de redes sociais, como tempos limitados, períodos off-line e hábitos saudáveis que você desenvolveu.

Neurociência: as reflexões ativam o córtex pré-frontal, promovendo um maior controle sobre seus impulsos. O estabelecimento de novos limites mantém a transformação a longo prazo, permitindo que você continue a experimentar os benefícios do detox digital.

Após o período de 21 dias de detox, o processo de reintrodução saudável às redes sociais é tão importante quanto o detox em si. A ideia aqui é criar uma nova relação com essas plataformas, transformando-as em ferramentas que sirvam ao seu bem-estar e aos seus objetivos, sem deixar que o uso volte a se tornar uma fonte de ansiedade ou perda de tempo. Aqui está um guia de reintrodução consciente:

SEMANA 1: REINTRODUÇÃO GRADUAL E CONSCIENTE

DIAS 1-2: LIMITAÇÃO DE ACESSO

Tarefa: reinstale os aplicativos de redes sociais aos poucos, mas defina limites claros de tempo de uso. Comece com 30 minutos por dia, divididos em dois blocos de 15 minutos, no máximo.

Dica: use ferramentas de monitoramento de tempo de tela para garantir que você não ultrapasse esse limite.

DIAS 3-4: FOCO EM CONTEÚDO CONSTRUTIVO

Tarefa: curadoria do conteúdo. Siga perfis que tragam informação, inspiração ou que agreguem valor à sua vida. Bloqueie ou silencie contas que promovam conteúdo tóxico ou negativo.

DIAS 5-7: INTERAÇÃO INTENCIONAL

Tarefa: interaja de forma intencional. Quando for usar as redes, tenha um propósito claro: aprender algo novo, se conectar com amigos ou compartilhar algo construtivo.

SEMANA 2: ESTABELECIMENTO DE NOVOS HÁBITOS DIGITAIS

DIA 8: DEFINIÇÃO DE TEMPO OFF-LINE

Tarefa: continue utilizando as redes sociais de forma controlada, mas, agora, adicione "blocos off-line" em seu dia. Por exemplo, fique off-line durante a primeira hora da manhã e as duas últimas horas antes de dormir.

DIAS 9-11: CONSUMO ATIVO, NÃO PASSIVO

Tarefa: quando acessar as redes, consuma conteúdo de forma ativa. Evite ser um consumidor passivo; engaje-se apenas com aquilo que realmente traz valor.

Dica: se perceber que está apenas passando o tempo de forma automática, saia da plataforma.

DIAS 12-14: LIMITES DE PUBLICAÇÃO

Tarefa: estabeleça uma regra pessoal para suas próprias postagens. Limite-se a postar conteúdo que agregue valor à sua rede, seja uma ideia, um aprendizado ou uma conquista.

Objetivo: reduza a necessidade de validação externa, focando em compartilhar de forma autêntica e não em busca de curtidas ou aprovações.

SEMANA 3: CRIAÇÃO DE UM PLANO DE LONGO PRAZO

DIAS 15-17: CRIE UM CALENDÁRIO DIGITAL

Tarefa: organize o uso das redes sociais ao longo da semana. Defina dias ou horários específicos para verificar e responder às interações, de modo que elas não sejam constantes no seu dia.

Objetivo: controlar a frequência de acesso para evitar a "dependência digital".

DIAS 18-20: REVISÃO DE PERFIS

Tarefa: a cada mês, revise a lista de perfis que você segue e pergunte a si mesmo: "Esse conteúdo ainda faz sentido para mim?"

Neurociência: mantenha um *feed* limpo e coerente com seus valores; isso minimiza a ansiedade social e reduz os gatilhos de comparação.

DIA 21: REVISÃO PESSOAL

Tarefa: faça uma revisão completa da sua relação com as redes sociais. Reflita sobre como você se sentiu antes e depois do detox. Ajuste limites conforme necessário.

Objetivo: tornar essa reflexão um hábito contínuo para manter o equilíbrio.

CONCLUSÃO

Após 21 dias de reintrodução consciente, você terá redefinido a forma como se relaciona com as redes sociais. O foco é transformar as plataformas em ferramentas úteis e agradáveis, em vez de fontes de ansiedade. Ao manter limites claros, você conseguirá utilizar essas redes de forma saudável, sem comprometer sua saúde mental, emocional e física.

Lembre-se de que a chave para uma relação saudável com as redes sociais é o autocontrole. Continue monitorando seus hábitos e ajuste seu uso conforme necessário, sempre priorizando o seu bem-estar e o equilíbrio em sua vida.

Agora vamos entrar no último peso que quero abordar, algo que sinceramente deveria ser assunto ancorado do passado, mas que infelizmente é muito atual.

CAPÍTULO 44

O PESO DO RACISMO — O DESAFIO DO HOMEM NEGRO NA SOCIEDADE ATUAL

O FATO É: não podemos falar sobre a jornada do homem de forma generalizada, pois, infelizmente, o racismo ainda persiste de maneira profunda em nossa sociedade. Se a jornada do homem branco já é marcada por desafios e pesos que precisam ser confrontados, a do homem negro é infinitamente mais árdua. As barreiras que o racismo estrutural impõe são tantas e tão variadas que tornam cada passo muito mais difícil e doloroso. Assim, é essencial reconhecer que o peso da masculinidade tóxica se manifesta de maneira ainda mais intensa e cruel para os homens negros, exigindo de nós, como sociedade, uma reflexão mais profunda e ações mais concretas para a mudança.

A caminhada dos homens negros na sociedade moderna é uma jornada marcada por desafios que vão além dos enfrentados por outros homens. Carregando nas costas o peso duplo do racismo e da masculinidade tóxica, o homem negro precisa, diariamente, reafirmar sua humanidade em uma sociedade que, historicamente, tentou desumanizá-lo. Este capítulo é dedicado a você, homem negro, que carrega consigo as cicatrizes de uma história de opressão, e também a você, homem branco, que pode não sentir essas feridas, mas que tem o poder de ser um aliado na cicatrização.

Para entender os desafios únicos do homem negro, é preciso reconhecer o impacto profundo e duradouro do racismo estrutural. Desde o período da escravidão até as políticas de segregação, homens negros foram sistematicamente desumanizados, desvalorizados e marginalizados. Embora algumas dessas práticas tenham sido oficialmente abolidas, seus efeitos permanecem vivos em nossa sociedade, moldando as oportunidades, a percepção e até mesmo a autoestima de muitos homens negros.

Em 2020, dados do IBGE revelaram que os homens negros têm quase três vezes mais chances de serem vítimas de homicídio do que homens brancos. Eles são sub-representados em cargos de liderança e têm menor acesso a oportunidades de educação e emprego. Esses números não são meras estatísticas; são reflexos de um sistema que historicamente valoriza menos a vida negra.

Além de enfrentar o racismo, o homem negro também é pressionado a corresponder a padrões de masculinidade que muitas vezes são desumanizantes. A sociedade espera que ele seja "forte", "durão" e incapaz de mostrar vulnerabilidade. Esses estereótipos são duplamente prejudiciais, pois não apenas reforçam a masculinidade tóxica, mas também perpetuam a visão racista do homem negro como um "predador" ou "animal".

Essa pressão para ser "o homem de verdade" frequentemente leva ao isolamento emocional, à violência e à repressão de emoções. É uma armadilha que transforma a dor e a frustração em comportamentos autodestrutivos, ao mesmo tempo em que reforça a visão preconceituosa de que homens negros são intrinsecamente violentos.

Não podemos ignorar o impacto que os estereótipos sexuais têm sobre os homens negros. Há um mito perigoso e desumanizante que paira sobre o homem negro, que o retrata como um ser hipersexualizado, com uma virilidade "exagerada" e uma obrigação implícita de performar sexualmente de forma superior. Esse estigma não é apenas limitante; é violento. A ideia de que o homem negro deve ter um pênis grande e uma performance sexual fora do comum é uma expectativa desumana que reduz sua identidade a meros atributos físicos, perpetuando uma visão colonialista que o enxerga como objeto sexual ao invés de ser humano com sentimentos e complexidades.

Essas expectativas são duplamente danosas. Por um lado, elas colocam uma pressão desnecessária e insustentável sobre o homem negro, que sente que deve corresponder a um ideal inatingível. Por outro lado, essas mesmas expectativas desumanizam e objetificam o homem negro, transformando-o em um "fetiche" sexual, o que reforça uma forma de racismo que é raramente discutida, mas profundamente sentida.

Para os homens brancos que leem este capítulo, é fundamental reconhecer que, embora todos os homens enfrentem desafios devido à masculinidade tóxica, vocês não carregam o peso adicional do racismo. O privilégio branco não é apenas uma questão de poder econômico ou status social; é a liberdade de não ser julgado pela cor de sua pele em quase todas as interações sociais.

Reconhecer esse privilégio é o primeiro passo para ser um aliado. Isso significa ouvir, aprender e usar seu privilégio para amplificar as vozes dos homens negros. É entender que, enquanto você pode enfrentar pressões sociais para ser "o homem de verdade", essas pressões não vêm acompanhadas de uma desumanização baseada em sua raça.

Para dar voz aos que muitas vezes não são ouvidos, compartilho aqui o relato de um homem negro que descreve sua jornada:

> **"SER UM HOMEM NEGRO É CARREGAR NO CORPO E NA ALMA AS MARCAS DE UMA LUTA QUE NUNCA ESCOLHI. É VIVER COM A CERTEZA DE QUE MINHA MASCULINIDADE É CONSTANTEMENTE QUESTIONADA, AO MESMO TEMPO EM QUE SOU VISTO COMO UMA AMEAÇA. É SABER QUE PRECISO SER DUAS VEZES MELHOR, MAIS FORTE, MAIS RESILIENTE, SÓ PARA SER CONSIDERADO IGUAL."**
>
> BRUNO ARAUJO

Essas palavras são um lembrete poderoso de que o caminho do homem negro é único e, muitas vezes, solitário. Mas também são um chamado à ação para que todos os homens, independentemente de sua cor, reconheçam essa realidade e se comprometam a construir uma sociedade mais justa e equitativa.

O desafio agora é transformar essa conscientização em ação. Para os homens negros, é hora de reconhecer que sua jornada é validada, que sua dor é real, e que há força em se abrir, em buscar apoio e em desafiar as expectativas limitantes impostas pela sociedade. Para os homens brancos, é hora de usar seu privilégio para ser um aliado genuíno, ouvindo, aprendendo e agindo.

A transformação do masculino não pode ser completa se não considerarmos as camadas de opressão que afetam diferentes grupos de homens de maneiras distintas. Apenas ao reconhecermos essas diferenças, e ao trabalharmos juntos para superá-las, podemos realmente aspirar a um novo rumo, uma jornada onde todos os homens, independentemente de sua cor, possam viver com dignidade, respeito e autenticidade.

"NINGUÉM NASCE ODIANDO OUTRA PESSOA PELA COR DE SUA PELE, OU POR SUA ORIGEM, OU AINDA POR SUA RELIGIÃO. PARA ODIAR, AS PESSOAS PRECISAM APRENDER, E, SE PODEM APRENDER A ODIAR, PODEM SER ENSINADAS A AMAR."

NELSON MANDELA

CAPÍTULO 45
SOMOS UMA BOMBA-RELÓGIO

Olhe ao seu redor. Você enxerga os homens como realmente são? Se removermos as máscaras sociais que carregamos, o que sobra é uma geração de homens profundamente infelizes, frustrados e emocionalmente fragilizados. Homens que estão à beira do colapso, enredados em vícios, agressividade e solidão. Como gladiadores em arenas invisíveis, nos sentimos pressionados a cumprir o papel de machos alfa, invulneráveis e incansáveis – sempre prontos para a batalha, mas por dentro, estamos à beira de uma explosão.

Nós, homens, somos uma bomba-relógio. A sociedade patriarcal na qual fomos moldados impôs uma série de expectativas irreais que carregamos ao longo de nossas vidas. Desde cedo, somos ensinados que devemos ser os provedores, os durões, aqueles que nunca fraquejam. Esse peso emocional, combinado com os desafios da vida moderna, está nos levando ao limite. A medicina, por mais avançada que seja, não pode consertar o que a alma clama por transformar. Se não fizermos uma pausa e repensarmos o rumo que estamos tomando, estaremos à beira de uma catástrofe.

De acordo com filósofos e neurocientistas, como o renomado Jordan Peterson, essa pressão constante leva os homens a buscar válvulas de escape insalubres, como vícios, comportamentos destrutivos e até a violência. "O homem moderno está perdido em sua própria escuridão," afirma Peterson, alertando que a incapacidade de lidar com as emoções reprimidas resulta em destruição pessoal e coletiva. Da mesma forma, o filósofo Friedrich Nietzsche dizia que, quando não canalizamos nossas angústias e desejos de forma consciente, somos consumidos por nossa própria sombra.

O que está acontecendo conosco, HOMENS? Somos tão fragilizados emocionalmente que estamos à mercê de tudo que foi imposto sobre nós, presos em comportamentos que levam ao colapso emocional e físico. Estudos recentes em neurociência mostram que essa carga emocional acumulada afeta o sistema límbico do cérebro, que regula as emoções. Com isso, somos mais propensos a agir por impulso, buscando alívio imediato – seja em drogas, álcool, ou outros vícios – ao invés de enfrentar os desafios de maneira saudável.

A pressão que sentimos para sermos "homens de verdade", prontos para resolver tudo sem mostrar fraqueza, esmaga nosso bem-estar físico e mental. Como resultado, vivemos em uma constante batalha entre quem somos de verdade e o que a sociedade espera de nós. E essa batalha está destruindo nossas vidas.

O impacto disso é devastador. Ansiedade, depressão, síndrome do pânico, distúrbios sexuais, tudo isso está diretamente ligado a esse peso insuportável que carregamos. Estamos falando de uma verdadeira pandemia emocional, um colapso da saúde mental que afeta milhões de homens ao redor do mundo. E quando nossa saúde mental colapsa, a saúde física também desmorona. O que vemos, em última análise, é um ciclo destrutivo de negligência, em que os sintomas emocionais e físicos se retroalimentam.

Homens no mundo moderno são mais propensos a desenvolver doenças cardiovasculares e outras condições crônicas, em parte porque internalizam o estresse em vez de lidar com ele de forma adequada.

A solução? Reconhecer que esse peso emocional existe, que somos humanos, e que não há vergonha em pedir ajuda. Precisamos, como homens, aceitar que nossa saúde emocional é tão importante quanto nossa força física ou capacidade de prover. Isso significa olhar para dentro, desenterrar essas emoções reprimidas e enfrentá-las. E, ao fazermos isso, descobriremos que as válvulas de escape que costumávamos buscar – como o álcool, as drogas, e comportamentos autodestrutivos – só agravam nossos problemas.

O que você precisa entender agora é que não existe atalho. O caminho para a verdadeira transformação é doloroso, sim, mas é a única forma de nos libertarmos desse ciclo autodestrutivo. Precisamos abandonar as máscaras e admitir que somos vulneráveis. É hora de parar de carregar o fardo sozinhos e começar a buscar apoio – seja em terapias, grupos de apoio ou na autorreflexão.

A verdadeira transformação começa quando tiramos nossas armaduras, quando deixamos de lado os padrões machistas que nos foram impostos. Estamos à beira do abismo, mas ainda há tempo para mudar o rumo de nossa jornada. Vamos juntos enfrentar esses pesos que nos esmagam, quebrar essas algemas invisíveis e, finalmente, encontrar o caminho para nos tornarmos os verdadeiros HOMENS que sempre desejamos ser.

Agora, nas próximas etapas, vamos explorar mais profundamente essas válvulas de escape – como os vícios e outros comportamentos destrutivos – e entender como podemos substituí-los por soluções reais e saudáveis para aliviar o peso que carregamos.

CAPÍTULO 46
VÁLVULAS DE ESCAPE

Ao longo deste livro, mergulhamos profundamente nos dilemas que nós, HOMENS, enfrentamos no mundo atual. Exploramos o caos que permeia nossas vidas e toda sociedade, desde as algemas invisíveis das crenças limitantes até o fardo implacável de se conformar a um padrão rígido do que significa ser um "verdadeiro HOMEM". Fomos confrontados com a realidade brutal de como esses pesos nos sobrecarregam e como, em muitas de nossas ações, sem perceber, acrescentamos mais camadas a essa carga, criando um ciclo vicioso de problemas e destruições.

Assim como uma panela de pressão prestes a explodir, nossa busca desesperada por sobrevivência faz com que recorramos a **válvulas de escape** – saídas rápidas e temporárias que prometem alívio momentâneo, mas muitas vezes nos afastam de quem realmente queremos ser. Essas válvulas surgem nas formas mais comuns: consumo excessivo de álcool, compulsão por trabalho, abuso de drogas, pornografia, jogos, e a lista continua. São atalhos que, ao invés de nos ajudar, frequentemente se tornam prisões.

As válvulas de escape são formas de **alívio superficial e temporário** que, no lugar de solucionar os problemas reais, nos distraem da dor, da frustração e da angústia que sentimos. O ciclo é simples: um problema surge, o desconforto cresce e, ao invés de enfrentarmos a raiz da questão, nos voltamos para algo que promete um alívio rápido. Contudo, esse alívio é ilusório. Ao buscar refúgio nessas práticas, acabamos criando um ciclo de autossabotagem, em que a dor e o vazio só aumentam.

"Como um **neurocientista** com décadas de experiência estudando o comportamento humano, posso afirmar que essas válvulas acionam áreas específicas do cérebro ligadas ao sistema de recompensa, principalmente através da liberação de dopamina – o neurotransmissor responsável pela sensação de prazer. É exatamente assim que os vícios se formam: ao repetir comportamentos que nos dão alívio imediato, nossos cérebros aprendem a depender desses estímulos, transformando a solução temporária em uma necessidade constante." *(A. Demasio)*

Este capítulo convida você a refletir sobre o papel dessas válvulas de escape em sua vida. A questão central é: essas saídas estão realmente ajudando você a lidar com seus desafios de maneira saudável, ou estão contribuindo para um ciclo de autossabotagem que o leva ainda mais longe do objetivo de se tornar um NOVO HOMEM?

Vamos explorar algumas das principais válvulas de escape que muitos de nós, HOMENS, recorremos no dia a dia para escapar da dor ou anestesiar as frustrações. O objetivo aqui não é julgar, mas, sim, refletir. Ao ler, permita-se examinar honestamente se essas válvulas estão realmente aliviando sua carga ou se, na verdade, estão adicionando mais peso à sua jornada. Afinal, para alcançar a transformação que tanto buscamos, precisamos identificar com clareza o que realmente nos serve e o que nos impede de progredir.

Este é um momento para encarar a verdade com coragem e abrir espaço para uma nova forma de viver – uma vida em que as válvulas de escape não são necessárias, porque aprendemos a enfrentar e transformar os desafios de maneira genuína e duradoura. Ao seguir em frente, que possamos encontrar um caminho que nos leve a um estado de equilíbrio e autenticidade, onde ser HOMEM não seja uma questão de se conformar a padrões externos, mas de viver de acordo com nossa verdade interior.

ÁLCOOL: O MASCULINO FERIDO E O CONSUMO EXCESSIVO

Permita-me começar com uma verdade que muitos preferem ignorar: o álcool, em sua essência, não é o vilão. O que transforma o álcool em um dos maiores destruidores de vidas é o seu consumo desenfreado, o abuso disfarçado de celebração, a fuga disfarçada de relaxamento. A questão aqui não é demonizar sua cervejinha ou seu drink favorito, mas, sim, entender o papel que o álcool tem desempenhado em nossas vidas como homens e como ele se tornou uma das principais válvulas de escape da nossa sociedade.

No Brasil, os números falam por si: três em cada dez homens consomem álcool de maneira abusiva, colocando suas vidas em risco.

Mais de 20 mil mortes por ano estão diretamente ligadas ao consumo de álcool, sem mencionar as mortes indiretas causadas por doenças, acidentes de trânsito e violência de todos os tipos.

NO BRASIL, CERCA DE 14% DAS MORTES DE HOMENS ENTRE 20 E 39 ANOS ESTÃO LIGADAS AO CONSUMO DE BEBIDAS ALCOÓLICAS.

Aproximadamente 40% dos acidentes de trânsito fatais no Brasil estão ligados ao consumo de álcool, de acordo com dados do Observatório Nacional de Segurança Viária. O custo dos **acidentes de trânsito relacionados ao álcool ultrapassa R$50 bilhões por ano**, afetando não só a saúde pública, mas também a economia do país.

O álcool está presente em cerca de 65% dos casos de violência doméstica no Brasil, segundo o Ministério da Saúde. O consumo excessivo de álcool é um fator de risco significativo para agressões e violência dentro de casa.

Esses números alarmantes não podem ser ignorados, e é necessário que façamos uma reflexão honesta sobre o impacto do álcool em nossas vidas e em nossa sociedade.

Por que bebemos tanto? A resposta é, infelizmente, simples e dolorosa: o álcool se tornou a válvula de escape perfeita para nós, homens, aliviarmos as tensões diárias, relaxarmos e, por alguns momentos, esquecermos os problemas que nos assombram. Essa necessidade de escapismo, somada ao fácil acesso e ao incentivo constante da publicidade, criou o cenário ideal para o abuso. Mas a pergunta que devemos fazer é: por que precisamos tanto desse escape?

A verdade é que, como homens, estamos sob constante pressão. Pressão para sermos os provedores, os invencíveis, os que nunca mostram fraqueza. Somos ensinados, desde cedo, que mostrar vulnerabilidade é sinal de fraqueza, e que a masculinidade está associada à capacidade de "aguentar o tranco". Esse modelo tóxico nos leva a acumular emoções, a esconder nossos sentimentos e, inevitavelmente, a buscar refúgio em algo que nos ajude a suportar essa carga. O álcool, nesse contexto, se torna a solução mais fácil.

Mas há uma armadilha ainda mais perigosa: a relação entre o consumo de álcool e o machismo. Nossa sociedade reforça a ideia de que o homem que bebe é "macho", enquanto aquele que não bebe é "fraco" ou "frouxo". Esse tipo de mentalidade não só alimenta o consumo excessivo de álcool, como também perpetua comportamentos autodestrutivos e, muitas vezes, violentos. Não é por acaso que, em quase todos os casos de violência doméstica, o agressor estava sob efeito de álcool.

Então, qual é a solução? Não estou sugerindo que você abandone completamente o álcool. Em vez disso, proponho que você aprenda a beber de maneira consciente, com moderação e respeito. Beber como um homem de verdade não significa virar doses de cachaça até cair, mas, sim, apreciar uma boa bebida, celebrar momentos especiais e manter o controle sobre seus atos.

Beber de forma consciente significa entender que, enquanto estamos sob o efeito do álcool, nossos julgamentos e comportamentos podem ser comprometidos. É crucial reconhecer que o álcool não pode ser a válvula de escape para nossos problemas. Precisamos, como homens, encarar nossos dilemas, lidar com nossas emoções e não buscar em um copo de bebida a solução para nossos problemas.

Para encerrar, deixo uma reflexão importante: o álcool está sendo um companheiro em sua jornada ou mais um peso que você precisa carregar? Se o consumo de álcool está comprometendo sua vida, sua saúde e seus relacionamentos, talvez seja hora de repensar essa relação e buscar maneiras mais saudáveis de lidar com as pressões e desafios da vida. Afinal, ser um homem de verdade significa ter a coragem de enfrentar nossos demônios, sem precisar de muletas para suportar o peso.

CIGARRO: O INIMIGO SILENCIOSO QUE PRECISAMOS ENFRENTAR

Quando falamos sobre tabagismo, estamos lidando com uma das mais insidiosas ameaças à saúde pública global. A Organização Mundial da Saúde (OMS) classifica o tabagismo como a principal causa de morte evitável no mundo. As estatísticas são alarmantes: mais de 8 milhões de pessoas perdem suas vidas todos os anos devido ao consumo de cigarros. Desses, cerca de 7 milhões são fumantes ativos, e aproximadamente 1,2 milhões são vítimas do fumo passivo – aqueles que, sem escolher, são forçados a inalar a fumaça tóxica de outros.

Apesar de uma lenta queda na prevalência do tabagismo no Brasil, ainda enfrentamos um cenário desolador: mais de 200 mil mortes anuais são atribuídas ao cigarro. Isso significa que, todos os dias, mais de 500 pessoas perdem suas vidas devido aos efeitos devastadores desse hábito, sobrecarregando nosso sistema de saúde e levando dor e sofrimento a incontáveis famílias.

Neste ponto, não preciso me alongar sobre os malefícios do cigarro; eles estão amplamente documentados, até mesmo nos próprios maços de cigarro. O que desejo destacar é o papel do cigarro como uma válvula de escape emocional. Assim como o álcool, o cigarro é frequentemente utilizado para mascarar emoções e evitar confrontos internos.

Se você é fumante, reflita sobre os momentos em que sente a necessidade de acender um cigarro. Na maioria das vezes, é quando surgem emoções difíceis, quando o estresse se acumula, ou quando a ansiedade bate à porta. O cigarro se torna um escudo, uma forma de evitar encarar o que está te incomodando. No entanto, essa fuga não resolve o problema – apenas a empurra para debaixo do tapete, enquanto os danos à saúde continuam a se acumular.

Se você decidiu que quer parar de fumar, mas ainda encontra dificuldades, saiba que há muitos recursos disponíveis. A internet está repleta de informações úteis, e há especialistas altamente capacitados que podem oferecer suporte eficaz para a cessação do tabagismo. Não permita que esse vício roube sua saúde, sua vida e o bem-estar das pessoas que te amam.

Vale também chamar a atenção para as novas formas de fumar, como os cigarros eletrônicos, que têm se tornado cada vez mais populares, especialmente entre os jovens. O Instituto Nacional de Câncer (INCA) já alertou: esses dispositivos não são seguros. Eles contêm substâncias tóxicas, além da nicotina, e podem causar uma série de doenças, incluindo enfisema pulmonar, doenças cardiovasculares, dermatites e câncer. Embora sejam muitas vezes promovidos como uma alternativa "mais segura", a verdade é que os cigarros eletrônicos podem causar tanto mal quanto os cigarros tradicionais, senão mais. Os "vapes" que estão cada vez mais em voga são, infelizmente, candidatos a se tornarem os grandes vilões da saúde pública nas próximas décadas.

Não estou aqui para ditar regras ou para te dizer que você deve parar de fumar. Meu objetivo é proporcionar uma reflexão consciente sobre o impacto que o cigarro tem em sua saúde e na saúde de quem está ao seu redor. Viver uma vida inteiramente saudável pode parecer uma tarefa difícil e até tediosa, mas é possível encontrar um caminho de equilíbrio. O importante é fazer escolhas conscientes e responsáveis, entendendo plenamente as consequências de cada ação.

Acredito firmemente que o caminho do meio – aquele que evita os extremos do excesso e da privação – é o mais sábio. Esse caminho exige autoconsciência e um profundo entendimento das razões pelas quais fazemos o que fazemos. Em momentos específicos, com plena consciência, podemos nos permitir certas indulgências. No entanto, essas decisões devem ser baseadas em uma compreensão clara das consequências e sempre com um senso de equilíbrio.

Se você, como eu, já percorreu o caminho do autoconhecimento, sabe que o maior presente que podemos nos dar é a liberdade de escolher, de viver sem estar preso a vícios ou hábitos autodestrutivos. O cigarro não precisa ser uma âncora que nos puxa para baixo. Com o suporte adequado e uma vontade firme, é possível quebrar as correntes desse vício e viver uma vida mais plena e saudável.

ALIMENTAÇÃO: A IMPORTÂNCIA DE ESCOLHAS CONSCIENTES PARA A SAÚDE MASCULINA

Sei que, à medida que avançamos neste livro, posso ter provocado algumas reflexões significativas, e agora quero abordar um tema crucial: a alimentação. Talvez você nunca tenha considerado a alimentação como um fator destrutivo, mas, meu amigo, a comida pode ser tão prejudicial quanto qualquer substância viciante. Assim como buscamos o álcool e o cigarro para aliviar nossas emoções, também recorremos à comida como uma válvula de escape, e esse hábito pode estar destruindo sua vida sem que você perceba.

Quantas vezes, ao se sentir triste, ansioso ou nervoso, você recorreu à comida? Essa é uma reação comum, mas perigosa. A má alimentação é uma das principais causas de morte entre os homens, embora esse fato não esteja amplamente divulgado. A indústria alimentícia moderna, movida pelo lucro, está cada vez mais produzindo alimentos pobres em nutrientes e ricos em ingredientes prejudiciais à saúde – as chamadas "calorias vazias". Esses produtos contêm substâncias viciantes que ativam em nosso cérebro as mesmas áreas que as drogas, criando um ciclo de compulsão alimentar.

Atualmente, **mais de 60% da população brasileira está acima do peso**, e esse excesso de peso está diretamente ligado a uma série de doenças físicas e psicológicas. Para nós, homens, essa situação é ainda mais grave devido às nossas "algemas" sociais. Desde pequenos, fomos ensinados que comer de forma saudável – preferir frutas, saladas, e alimentos nutritivos – é algo "afeminado", "fraco". Essa mentalidade nos leva a entupir nossos corpos com alimentos prejudiciais, apenas para manter uma fachada de "machão".

Essa autossabotagem é assustadora. A cada palavra que escrevo, fico mais consciente de como essas crenças limitantes nos levam à destruição. No entanto, é essencial que você entenda: uma alimentação saudável, rica em nutrientes e vitalidade, é crucial para termos a energia necessária para transformar nossas vidas. Não podemos esperar viver em plenitude se nosso corpo está sendo alimentado com porcarias. O ditado "somos o que comemos" não poderia ser mais verdadeiro.

DICA DE ALIMENTAÇÃO CONSCIENTE: PRATIQUE *MINDFUL EATING*

Aqui vai uma sugestão prática que pode transformar sua relação com a comida: a prática de ***mindful eating*** (alimentação consciente). Essa técnica, baseada nos princípios do mindfulness, ensina você a estar presente e plenamente consciente durante as refeições. Comece prestando atenção ao que está comendo, sem distrações como TV ou celular. Note as cores, os cheiros, as texturas e os sabores dos alimentos. Coma devagar, mastigando bem, e observe como seu corpo responde a cada mordida. Pergunte-se: “Estou comendo porque estou com fome ou por outra razão, como tédio, tristeza ou estresse?”.

Essa prática pode ajudá-lo a identificar padrões de comportamento alimentar compulsivo e a desenvolver uma relação mais saudável com a comida. Em vez de usar a alimentação como uma válvula de escape, você começa a ver a comida pelo que ela realmente é: uma fonte de nutrição e energia para o seu corpo, e não um substituto emocional.

Comece a perceber se existe alguma compulsão alimentar ativa em sua vida, observe os alimentos que você busca quando está triste ou ansioso, e esteja completamente consciente de suas escolhas alimentares. Equilíbrio é a chave. Não há problema em se permitir um lanche mais “podrão” de vez em quando, mas fazer disso um hábito diário para preencher um vazio emocional é extremamente prejudicial.

Não crie mais pesos internos e externos em sua vida, nosso foco é retirá-los cada vez mais.

Quando sentir aquela vontade irresistível de comer tudo o que vê pela frente, respire fundo, acalme-se e questione se você está realmente com fome ou apenas buscando um alívio temporário para uma dor emocional. Com o tempo, você retomará o controle de sua vida e começará a fazer escolhas alimentares mais conscientes, reservando momentos específicos para se permitir comer “porcarias” sem prejudicar sua saúde.

Se a alimentação, o peso e a saúde estão sendo desafios para você, não espere mais. Procure auxílio de um nutricionista ou especialista em saúde, e comece a nutrir seu corpo de verdade. As mudanças que você fizer agora terão um impacto positivo profundo em sua vida, fortalecendo não apenas seu corpo, mas também sua mente e espírito.

MEDICAMENTOS: O CUSTO OCULTO DO ALÍVIO RÁPIDO

Com anos de pesquisa e escrita sobre a saúde masculina, uma coisa ficou clara para mim: a relação entre os homens e os medicamentos é profundamente preocupante. De acordo com uma pesquisa do Instituto de Ciência, Tecnologia e Qualidade (ICTQ), realizada em parceria com o Datafolha, quase 90% dos brasileiros acima de 16 anos fazem uso de medicamentos sem qualquer orientação ou prescrição médica. Esses dados posicionam o Brasil como líder no consumo de medicamentos na América Latina, onde mais de 90% da população recorre a remédios por conta própria, sem a devida recomendação médica.

Essa realidade reflete uma tendência perturbadora entre nós, homens. Vivemos em uma sociedade que nos pressiona a encontrar soluções rápidas para qualquer desconforto, seja ele físico ou emocional. Em vez de enfrentarmos nossas dores e dilemas, buscamos o alívio imediato em uma pílula. Remédios para dormir, para acordar, para a pressão arterial, para obter energia, para relaxar, para baixar o colesterol, para emagrecer, e até para melhorar o desempenho sexual – a cada dia, nos tornamos mais dependentes dessas substâncias para suportar a vida que levamos.

Mas precisamos nos perguntar: como está nossa relação com o uso de medicamentos? Quantas vezes nos automedicamos para evitar enfrentar as verdadeiras causas dos nossos sintomas? O que deveria ser um alívio temporário pode, na verdade, estar nos levando cada vez mais para o fundo do poço.

A indústria farmacêutica, ao invés de ser uma aliada na busca pela saúde, muitas vezes se apresenta como um adversário perigoso. A lógica de mercado que impulsiona essa indústria não é apenas vender medicamentos, mas, sim, criar e perpetuar uma dependência contínua por eles. Médicos, muitas vezes, tornam-se cúmplices dessa prática, receitando medicamentos em excesso para atender às demandas de laboratórios que oferecem comissões generosas. A corrupção dentro do sistema de saúde, com médicos receitando medicamentos desnecessários em troca de benefícios financeiros, já foi amplamente documentada e denunciada. É uma realidade preocupante que afeta diretamente a saúde e o bem-estar de milhões de pessoas.

Minha experiência ao trabalhar com uma grande farmácia de manipulação expôs uma realidade sombria. Médicos incentivados por comissões que chegavam a 30% do valor do medicamento, prescrevendo remédios sem real necessidade para atingir metas de vendas. Essas práticas desumanas, que incluem até cirurgias desnecessárias, colocam em risco a vida dos pacientes e contribuem para o aprofundamento do problema.

Diante desse cenário, a automedicação e o uso indiscriminado de medicamentos tornaram-se uma nova válvula de escape para os homens, uma forma de evitar lidar com as causas reais de seus problemas. No entanto, é fundamental reavaliar essa relação e buscar alternativas mais saudáveis e equilibradas. Precisamos, como homens, retomar o controle de nossas vidas e evitar que sejamos tragados por esse sistema que lucra com nossa dependência.

Os medicamentos, quando usados de forma adequada e sob a orientação de profissionais éticos e competentes, são uma bênção para a humanidade. Mas, quando nos deixamos levar pelo caminho mais fácil da automedicação, corremos o risco de destruir nossa saúde ao invés de curá-la.

Falando em medicamentos, quero dar um destaque a dois deles específicos.

VENVANSE, RITALINA E A CULTURA DO DESEMPENHO NAS FESTAS

Nos últimos anos, a utilização indiscriminada de medicamentos como Venvanse (lisdexanfetamina) e Ritalina (metilfenidato) em festas se tornou uma prática cada vez mais comum entre jovens e adultos. Esses medicamentos, originalmente prescritos para o tratamento de transtornos como TDAH (Transtorno de Déficit de Atenção e Hiperatividade), foram abraçados por uma cultura que valoriza o desempenho máximo em todos os aspectos da vida, incluindo o lazer.

O uso dessas substâncias em festas geralmente está relacionado ao desejo de prolongar a energia e a concentração, mantendo-se ativo durante horas seguidas sem sentir os efeitos do cansaço. No entanto, essa busca pelo "alto desempenho" em ambientes de lazer esconde riscos significativos para a saúde física e mental dos usuários. Esses medicamentos atuam como potentes estimulantes do sistema nervoso central, aumentando a liberação de dopamina e norepinefrina no cérebro, o que provoca um estado de alerta elevado e uma sensação de euforia. No entanto, os efeitos colaterais podem ser graves: ansiedade, insônia, taquicardia, aumento da pressão arterial e, em casos mais extremos, crises de pânico e até colapsos cardíacos.

Em uma sociedade que glorifica o "alto desempenho" e a produtividade, a pressão para se destacar não se limita ao ambiente de trabalho ou aos estudos; ela se estende para os momentos de lazer, quando se espera que as pessoas estejam sempre no auge, seja dançando até o amanhecer ou socializando intensamente. Vivemos em uma era em que se tornou normal recorrer a estimulantes químicos para garantir essa performance contínua. Contudo, o custo dessa busca insaciável por energia artificial é pago com a saúde. A dependência psicológica e, em alguns casos, física, pode se desenvolver rapidamente, levando o indivíduo a acreditar que não pode funcionar sem essas substâncias, seja para estudar, trabalhar ou se divertir.

O problema não reside apenas no uso ocasional, mas no ciclo vicioso que se estabelece. O uso contínuo de Venvanse e Ritalina em festas e outros eventos sociais frequentemente leva ao abuso de outras substâncias para "atenuar" os efeitos dos estimulantes, como álcool ou ansiolíticos. Este ciclo não só amplifica os riscos para a saúde, como também contribui para o desenvolvimento de problemas ainda mais sérios, como a dependência múltipla de substâncias e o comprometimento severo do bem-estar mental.

É crucial que cada um de nós reflita sobre o impacto desse comportamento em nossa saúde e bem-estar a longo prazo. A utilização de medicamentos como Venvanse e Ritalina fora de suas indicações médicas não é apenas uma questão de desempenho, mas uma questão de saúde pública. A verdadeira força e autoconhecimento estão em reconhecer os próprios limites e em buscar formas saudáveis e equilibradas de viver, sem depender de substâncias que, em última análise, podem causar mais danos do que benefícios.

Se você já se pegou recorrendo a esses medicamentos para dar conta de uma festa, ou se sente pressionado a manter um alto nível de energia e interação social com frequência, é hora de reavaliar suas escolhas. A busca por prazer e diversão não deve vir à custa de sua saúde.

"AQUELE QUE TEM UM PORQUÊ PARA VIVER PODE SUPORTAR QUASE QUALQUER COMO."
FRIEDRICH NIETZSCHE

Agora que discutimos algumas das válvulas de escape "legalizadas" que utilizamos para mascarar nossas dores – como o álcool, cigarro, alimentos e medicamentos – vamos aprofundar o olhar sobre outras formas de fuga que, embora pareçam oferecer alívio, muitas vezes nos conduzem a um caminho de autodestruição ainda maior. É hora de enfrentar nossos desafios com coragem, sem recorrer a soluções fáceis que apenas prolongam e intensificam o sofrimento.

CAPÍTULO 47

DROGAS ILÍCITAS: ENFRENTANDO OS DEMÔNIOS INTERNOS

As drogas ilícitas são uma das batalhas mais traiçoeiras que nós, HOMENS, podemos enfrentar. O país se encontra em uma verdadeira epidemia, onde as drogas se infiltram nas vidas de milhões, prometendo alívio imediato para dores que correm muito mais fundo do que os efeitos de qualquer substância. A realidade é dolorosa: o uso de drogas muitas vezes surge como uma tentativa desesperada de escapar da pressão esmagadora de ser "o homem ideal" em uma sociedade que exige força implacável e jamais admite fraqueza.

Quando a vida parece um campo de batalha sem fim, as drogas se disfarçam como um porto seguro. Para muitos, elas se tornam uma válvula de escape, uma solução rápida que apaga, por alguns instantes, o peso das emoções reprimidas, dos traumas não curados e da masculinidade tóxica que carregamos nas costas. Mas essa promessa de alívio não é uma salvação – é um atalho para o fundo do abismo.

Ao mergulharmos no mundo das drogas, não somos os únicos afetados. A sociedade, nossas famílias e todos ao nosso redor sentem os impactos. O tráfico de drogas financia uma rede de violência, morte e corrupção que nos atinge de volta como um bumerangue. Somos guerreiros caindo em uma batalha criada por nossos próprios demônios internos.

Aqui, meu irmão, o problema não é a droga em si – é o vazio que ela tenta preencher. As drogas não são a raiz, mas o sintoma de algo muito maior: uma luta constante contra as feridas emocionais que nunca cicatrizaram. Então, ao invés de condenar o uso, vamos encarar o que está por trás disso. Não se trata de simplesmente cortar o uso das substâncias, mas de transformar o guerreiro que está dentro de você. Precisamos abandonar o ciclo de fuga, encarar o campo de batalha interno e buscar uma verdadeira cura, como HOMENS.

Agora, antes que você pense: "Lá vem esse escritor careta falando sobre algo que não conhece...". Deixe-me dizer que conheço bem essa armadilha. As drogas entraram na minha vida cedo, aos 12 anos, e estiveram comigo por longos e dolorosos anos. Senti os efeitos de cada substância que vou abordar aqui, então entendo perfeitamente o que está em jogo.

Mas ouça, mesmo que você seja usuário de drogas, isso não significa que você não possa ser um verdadeiro HOMEM. O objetivo aqui é trazer reflexões profundas, para que você possa, com coragem, reavaliar seus hábitos, sua relação com as drogas e o que elas estão realmente fazendo com a sua vida.

A partir de agora, encare este capítulo como um mapa de sobrevivência. O que proponho não é uma solução mágica, mas uma chance de olhar nos olhos de seus demônios e perguntar a si mesmo: "Estou fugindo da batalha ou lutando com tudo o que tenho?".

Pronto para o próximo passo? Essa guerra ainda não acabou, mas o verdadeiro guerreiro sempre encontra um novo rumo, mesmo nas tempestades mais sombrias.

COCAÍNA: A ILUSÃO DA FORÇA E A REALIDADE DA DESTRUIÇÃO

A cocaína, amplamente consumida entre as classes sociais mais altas e predominantemente entre os homens, oferece uma ilusão devastadora. Seu consumo no Brasil atinge proporções alarmantes, posicionando o país como o **segundo maior consumidor dessa substância no mundo**, responsável por mais de 20% do consumo global. Isso é uma realidade sombria, alimentada por uma visão distorcida de força e poder, na qual muitos homens se deixam seduzir pela sensação de invulnerabilidade que a cocaína inicialmente proporciona.

Essa droga insidiosa não deixa marcas visíveis à primeira vista – sem odores ou sinais óbvios, ela cria uma falsa sensação de poder, energia, e confiança. Para muitos, essa euforia superficial parece uma extensão natural do que significa ser um "macho alfa", um homem no controle. No entanto, afirmo que o que está em jogo aqui é um perigo muito maior do que parece.

O uso da cocaína age diretamente no sistema de recompensa do cérebro, liberando dopamina em grandes quantidades e criando uma sensação artificial de prazer e realização. Essa liberação intensa de dopamina pode, inicialmente, proporcionar euforia, mas o cérebro rapidamente se adapta, exigindo doses cada vez maiores para alcançar o mesmo efeito. Isso gera um ciclo destrutivo, em que o "alfa" que pensa estar no controle é, na verdade, controlado por uma necessidade cada vez mais insaciável de dopamina.

Ao mesmo tempo, a cocaína começa a corroer não apenas o corpo, mas também a mente e as emoções. Estudos mostram que o uso prolongado da droga está associado a distúrbios de ansiedade, aumento da agressividade, impotência sexual, danos cardiovasculares e, em casos extremos, até ataques cardíacos fatais. Essa substância, que muitos acreditam fornecer uma sensação de invencibilidade, na verdade, fragiliza profundamente o corpo e a mente.

A cocaína se apresenta como uma chave para abrir portas de sucesso, coragem, e poder. No entanto, essa ilusão é curta. O poder momentâneo dá lugar ao desgaste emocional e físico. Homens que se veem como "super-HOMENS" sob o efeito da cocaína frequentemente não percebem o impacto devastador que a droga tem sobre sua saúde mental, relacionamentos, e vida profissional.

Para aqueles que pensam que estão no controle de seu consumo, a dependência se instala de maneira sorrateira. Muitas vezes, ela se manifesta em comportamentos que o usuário pode não associar diretamente ao uso da droga: explosões de agressividade, ansiedade extrema e uma obsessão pelo sucesso profissional que consome sua vida pessoal e emocional.

Além das consequências psicológicas e emocionais, o custo financeiro de sustentar um vício em cocaína é imenso. A droga não apenas consome dinheiro, mas drena a energia, o foco e a verdadeira essência de quem você é. Em vez de fortalecer, a cocaína transforma os usuários em indivíduos ansiosos, inseguros e incapazes de viver plenamente.

Se a cocaína já destrói, seus derivados – como o crack e a heroína – são ainda mais implacáveis. **O Brasil lidera o mundo no consumo de crack**, e as imagens de suas vítimas nas ruas são um reflexo cruel da devastação. O crack é uma das substâncias mais destrutivas que existem, e as chances de recuperação de um usuário são extremamente baixas, com uma taxa de mortalidade alarmante.

Se você chegou até aqui, mesmo sendo usuário de cocaína ou derivados, saiba que este pode ser o momento crucial de reflexão. A estrada que você está trilhando não precisa terminar na destruição. O caminho da cocaína leva, invariavelmente, ao colapso, seja físico, mental ou emocional. Mas o poder de mudar está em suas mãos. Este é o momento de tomar as rédeas da sua vida e mudar de rumo antes que seja tarde demais.

Lembre-se: a verdadeira força não vem de substâncias que destroem sua vida, mas da capacidade de enfrentar suas dificuldades com coragem e determinação.

ECSTASY/MDMA – O "ELIXIR" ENGANOSO DAS FESTAS ELETRÔNICAS

Essas drogas ganharam popularidade massiva no mundo das festas eletrônicas, oferecendo uma euforia ilusória, uma explosão de energia e uma sensação de felicidade que parece quebrar as barreiras da realidade cotidiana. Mas, por trás dessa experiência vibrante, está uma armadilha perigosa.

Embora muitos defendam o uso esporádico como "inofensivo", essa crença mascara os riscos reais. O MDMA/ECSTASY altera drasticamente a química cerebral, especialmente o sistema de serotonina, responsável pela regulação do humor e das emoções. A curto prazo, ele pode causar desidratação, hipertensão e até falência de órgãos em casos graves. A longo prazo, o dano é ainda mais alarmante: depressão severa, distúrbios de humor e danos permanentes aos neurônios.

E então surge a "dependência mascarada". A ideia de que você só usa em festas e que não é dependente é uma ilusão. A verdade é que muitos usuários que juram que têm o controle acabam recorrendo à substância para conseguir se divertir. Se você precisa de MDMA para aproveitar uma balada, esse é o sinal de alerta.

O maior desafio é perceber a diferença entre quem depende dessa droga e quem vive a festa com autenticidade. Se você é realmente livre, teste-se: vá à próxima festa sem ela. Observe como isso pode redefinir sua relação com a diversão e o prazer.

Usar essas substâncias não apenas "frita" sua mente no calor do momento, mas literalmente queima seus neurônios, minando seu crescimento e seu desenvolvimento como um verdadeiro HOMEM. Reflita: essa sensação momentânea vale o preço de seu equilíbrio e saúde mental?

A decisão de continuar ou parar está sempre em suas mãos, mas que seja uma escolha feita com total consciência.

MACONHA, A ERVA NATURAL QUE PODE TE PREJUDICAR

Eu era ainda muito jovem quando ouvi pela primeira vez o Planet Hemp cantando: "Legalize já, legalize já! Uma erva natural não pode te prejudicar". Com apenas 12 anos de idade, para mostrar que já era homem, forte e destemido, entrei no mundo da maconha. Desde então, fui testemunha e participante da polêmica e complexa discussão sobre o uso da erva. Já fui, inclusive, um ativista pela liberação da maconha, consciente dos inúmeros benefícios que ela pode trazer, e crítico da hipocrisia que permite a venda de cigarro e álcool em cada esquina enquanto uma planta natural é proibida. No entanto, com o tempo, percebi que, embora seja natural, essa erva pode, sim, prejudicar – e muito.

Dada a complexidade do tema, não estou aqui para ditar o que é certo ou errado. O que quero é provocar reflexões que possam ajudar você a reconsiderar ou reformular sua relação com a maconha.

Pergunte a si mesmo:

- Você precisa se esconder para usar?
- Você mente para sua parceira ou seu parceiro sobre o uso e a frequência?
- Fica agressivo antes, durante ou depois?
- Sente necessidade dela todos os dias ou várias vezes ao dia?
- Ela causa ansiedade ou indisposição?

Essas questões são essenciais para entender se, indiretamente, a maconha está comprometendo os valores de um verdadeiro homem. Portanto, cabe a você refletir e decidir se sua realidade de vida está em alinhamento com esses valores.

Gostaria também de compartilhar uma reflexão pessoal, algo que percebi por volta dos meus 20 anos e que me fez entender que eu era viciado em maconha. E como sei que muitos usuários, mesmo após anos de uso, não se consideram viciados e acreditam que a maconha não vicia, deixo esta analogia para todos.

Imagine que sua maconha seja uma garrafa de pinga. Eu, por exemplo, tinha uma garrafa de pinga na bolsa, uma no escritório, outra em casa, e mais uma no carro. Sempre que acordava, tomava uma dose, após o almoço, mais uma dose, e à noite jamais iria dormir sem tomar mais uma pinguinha. Quando saía com meus amigos, já começávamos a beber no carro, e durante as festas nos escondíamos para tomar mais. Até em festas de família dava um jeito de sair de canto para tomar uma dose. Minha vida girava em torno da pinga.

Agora, olhando de fora, fica claro que eu era um alcoólatra. Na realidade, era um maconheiro extremamente viciado em maconha. Deixo essa reflexão para você: olhe para sua vida e veja o quanto essa substância faz parte dela, e tire suas próprias conclusões. Sem preconceito, sem hipocrisia, apenas reflita se a maconha está no controle da sua vida ou se seu uso está totalmente sob controle e é saudável. Se concluir que está tudo bem e que os benefícios superam os malefícios, ótimo. Mas, se perceber que os malefícios estão maiores, chegou a hora de tomar uma atitude!

Para finalizar, quero destacar que o vício, seja em água, exercício físico ou qualquer outra coisa, jamais será uma atitude saudável. Se você não é viciado, utiliza drogas de forma recreativa e esporádica, e é um usuário cujas atitudes estão em total alinhamento com os valores de um homem – não mente, não desrespeita, não é agressivo – então eu o respeito e deixo a dica para sempre vigiar os itens abordados aqui, pois a chance de dar errado e as drogas tomarem o controle de sua vida é muito grande.

Se algum dia você perceber que a droga realmente está atrapalhando o seu caminho como homem, deixe-a imediatamente. Se não conseguir sozinho, lembre-se de se abrir, em vulnerabilidade, com algum amigo ou procurar um profissional especializado. Com certeza, você conseguirá sair dessa e poderá viver em liberdade.

Sei, por experiência, o quanto as drogas roubaram minha vida, o quão destrutivas foram para todos ao meu redor, mas também sei como é difícil assumir isso. Escondi de mim mesmo e de todos durante muitos anos, sempre mentindo, sempre mascarando, e usava as drogas como a única maneira de me manter vivo, para descarregar todas as minhas angústias do dia a dia. Embora, para os outros, eu parecesse um homem de sucesso – amigo de artistas globais, bem financeiramente e de boa família – só eu sabia o quanto sofria tentando não enfrentar meu masculino ferido e como eu tinha nas drogas a única maneira de sobreviver.

Foram anos e anos de mergulhos profundos em autoconhecimento para aprender, finalmente, a encontrar um equilíbrio na utilização de substâncias que alteram a consciência. Não quero ser hipócrita nem incoerente com você. Hoje, utilizo, sim, esporadicamente, algumas substâncias, seja para fins espirituais ou até mesmo para me divertir e ter momentos de descontração com meus amigos e pessoas que amo, mas de uma forma extremamente consciente e saudável, sempre no controle e com a total consciência do que estou fazendo, observando meus atos e toda e qualquer atitude que possa me tirar do meu caminho do equilíbrio. Sei que, humano que sou, muito provavelmente, possa sair do controle em algum momento, mas sempre com a certeza de que saberei exatamente como retornar ao meu equilíbrio.

Então, meu amigo, observe-se, olhe sem vendas para sua realidade e, se concluir que as drogas estão atrapalhando sua jornada, vamos juntos nessa caminhada rumo à transformação e à cura de tudo o que possa nos afastar de uma vida de leveza e paz.

Poderia trazer aqui mais exemplos relacionados às drogas lícitas e ilícitas oferecidas em nossa sociedade, mas agora me veio à cabeça outro tema, e vou entrar na reflexão de uma das válvulas de escape mais mortais de nosso país.

TRÂNSITO

O trânsito é uma arma mortal que ceifa a vida de milhares de brasileiros todos os anos, além de deixar outros milhares inválidos e feridos, destruindo famílias e gerando um custo indireto de dezenas de bilhões de reais aos cofres públicos. Um verdadeiro problema social.

Precisamos compreender que quase a totalidade dos acidentes de trânsito são causados por imprudência de nós, HOMENS. A causa de toda essa nossa imprudência no trânsito é a mesma de grande parte da imprudência em nossas vidas. Estamos sempre com pressa, sempre nervosos, sempre burlando as leis, muitas vezes alcoolizados, drogados, falando ao celular, e frequentemente competindo com o carro ao lado para ver quem tem o melhor motor e provar nossa masculinidade.

Muitas famílias sofrem diariamente as consequências de nossa imprudência, além do prejuízo financeiro causado aos cofres públicos pelos acidentes de trânsito, que desviam bilhões de reais que poderiam ser destinados à saúde e educação. Esses recursos escoam pelo ralo de nossa imprudência. Sim, é culpa de nossa imprudência no trânsito o desastre social que vivemos por falta de recursos públicos, desviados para cobrir os efeitos de dezenas de milhares de acidentes de trânsito que poderiam ser evitados em mais de 90% dos casos.

Continuo, sim, falando das válvulas de escape masculinas. É no trânsito que muitas vezes descontamos nossa raiva, nossa insatisfação; quando pressionamos o acelerador, é como se, por alguns instantes, o peso que carregamos em nossas costas diminuísse. É como se, a cada vez que aceleramos, mais nossa masculinidade aumentasse.

TRÂNSITO MATA 5 PESSOAS POR HORA NO BRASIL.

(FONTE: ABRAMET)

ACIDENTES DE TRÂNSITO GERAM UM CUSTO APROXIMADO DE 200 BILHÕES DE REAIS POR ANO AOS COFRES PÚBLICOS.

(FONTE: ONU)

O BRASIL É O QUINTO PAÍS QUE MAIS MATA NO TRÂNSITO. EM MÉDIA, 40 MIL PESSOAS MORREM POR ANO.

(FONTE: OMS)

MAIS DE 2 MILHÕES DE PESSOAS FICARAM INVÁLIDAS EM DECORRÊNCIA DE ACIDENTES DE TRÂNSITOS NOS ÚLTIMOS 7 ANOS.

(FONTE: CNT)

90% DE TODOS OS ACIDENTES DE TRÂNSITO ACONTECEM POR IMPERÍCIA, IMPRUDÊNCIA E NEGLIGÊNCIA.

(FONTE: GM.I)

ESTIMA-SE QUE 94% DOS ACIDENTES DE TRÂNSITO SÃO CAUSADOS POR HOMENS.

(FONTE: INFOSIGA)

Assim como as drogas, os veículos têm o poder de nos fazer sentir mais HOMENS, mais poderosos. Além disso, toda a influência midiática por meio de filmes que assistimos desde pequenos sempre mostrou que os HOMENS mais poderosos eram aqueles que dirigiam de forma agressiva e imprudente.

O trânsito é uma verdadeira arma de destruição em nossas mãos.

Precisamos urgentemente entender que um HOMEM de verdade não pode pôr em risco sua vida e a de todos que estão com ele para provar a si mesmo que é mais HOMEM, dirigindo um veículo de forma perigosa. Para ficar claro, o trânsito e os veículos são, sim, outra mortal válvula de escape que nós, HOMENS, utilizamos. Fica aqui o convite para você se observar no trânsito, verificar quantas infrações comete sem necessidade alguma, e perceber o quanto está descontando no trânsito a sua insatisfação pessoal e seus dilemas!

Antes de encerrar essas reflexões, não posso deixar de mencionar novamente um tema que já teve longas páginas dedicadas a ele, mas que também é uma das maiores válvulas de escape utilizadas pelos HOMENS na atualidade.

PORNOGRAFIA

A pornografia é, sem dúvida, uma das válvulas de escape mais prevalentes na vida de muitos homens, funcionando como uma fuga rápida e fácil da realidade. Quando nos deparamos com situações de estresse, ansiedade ou simplesmente com o tédio, recorrer à pornografia pode parecer uma solução inofensiva para liberar a tensão e obter uma dose instantânea de dopamina, o neurotransmissor associado ao prazer. No entanto, os efeitos a longo prazo desse hábito podem ser devastadores para a saúde mental, emocional e até mesmo física.

Estudos indicam que o consumo excessivo de pornografia pode alterar a estrutura e o funcionamento do cérebro, de forma semelhante ao que ocorre com o uso de substâncias químicas. A constante busca por estímulos visuais mais intensos pode levar à dessensibilização, tornando cada vez mais difícil sentir prazer nas situações cotidianas. Isso ocorre porque o cérebro começa a se adaptar ao nível elevado de dopamina liberado durante o consumo de pornografia, resultando em uma necessidade crescente de estímulos mais fortes para atingir o mesmo nível de satisfação.

Além disso, a pornografia pode distorcer a percepção sobre a sexualidade e os relacionamentos. Muitos homens relatam dificuldades em manter relacionamentos saudáveis, pois as expectativas irrealistas criadas pela pornografia frequentemente levam a uma insatisfação com a vida sexual real. Isso pode se traduzir em problemas como disfunção erétil induzida pela pornografia (PIED), quando a excitação sexual só é alcançada por meio de imagens pornográficas, e não em interações íntimas reais.

As estatísticas são alarmantes. De acordo com um estudo publicado pela American Psychological Association, aproximadamente 28% dos homens entre 18 e 30 anos visitam sites pornográficos diariamente, e mais de 80% desses homens relatam que o consumo de pornografia interfere em suas vidas sexuais, afetando negativamente seu desempenho e satisfação. Outro estudo sugere que o consumo regular de pornografia está associado a níveis mais altos de depressão, ansiedade e sentimentos de isolamento.

Portanto, meu amigo, é crucial refletir sobre como estamos utilizando a pornografia como válvula de escape. O uso ocasional, embora não ideal, pode não parecer prejudicial, mas o perigo reside na dependência e na necessidade crescente de recorrer a esse tipo de estímulo para lidar com os desafios da vida.

Revisar e reavaliar nossa relação com a pornografia é essencial para garantir que estamos no controle de nossas escolhas e não permitindo que elas nos controlem. Assim como em qualquer outro aspecto da vida, o equilíbrio é fundamental. Devemos questionar constantemente se a pornografia está ajudando ou prejudicando nossa jornada como homens.

TODO EXCESSO ESCONDE UMA FALTA.

FREUD

O DESAFIO FINAL – ROMPENDO COM AS VÁLVULAS DE ESCAPE

Até aqui, falamos de vícios, ilusões, e das maneiras que usamos para tentar escapar das dores e pesos que a vida nos impõe. As drogas, o trabalho, o álcool, o excesso de atividade física – tudo pode ser uma válvula de escape. O verdadeiro perigo é quando essas "fugas" passam de alívios temporários para verdadeiras âncoras, afundando-nos ainda mais em nossos problemas.

Agora é a hora de encarar o maior desafio: enfrentar esses hábitos, olhar para os momentos de dor e dificuldade, e descobrir uma nova maneira de viver. Cada um de nós tem sua própria jornada, mas é comum cairmos na armadilha de buscar alívios rápidos que, com o tempo, se tornam destrutivos. Mas saiba, meu amigo, que a verdadeira coragem está em caminhar pelo caminho difícil, aquele onde as respostas não são instantâneas, mas autênticas e transformadoras.

Você não está sozinho nessa caminhada. Todos nós, em algum momento, enfrentamos esses desafios. A questão é: como você vai lidar com eles? Vai continuar buscando atalhos que só trazem alívio momentâneo, ou está pronto para abandonar esses falsos confortos e realmente se transformar?

Buda nos ensina: "A dor é inevitável, o sofrimento é opcional". A dor da vida virá, como uma onda implacável, mas o sofrimento prolongado vem das nossas tentativas de escapar.

Que essa jornada de transformação seja a sua chance de se libertar. Chegou a hora de quebrar as correntes das válvulas de escape, de buscar viver com plena consciência e propósito. A estrada à frente é longa, sim, mas cada passo dado com verdade vale mais do que mil dias de fuga. A escolha está em suas mãos.

ADENDO

É meus amigos. Não é que esse transcrito está criando realmente uma forma de um grande livro de autoconhecimento masculino. Estou completamente impressionado com tamanho transbordo do universo em minha alma.

E assim, escrevendo incansavelmente, vinte dias se passaram, o que era para ser uma viagem de lazer para pôr minha cabeça em ordem e me fortalecer para grandes mudanças que precisam ser feitas em minha vida se tornou um retiro interno para transbordar um chamado do coração.

Estava pensando em ficar mais uma semana por aqui para conseguir finalizar o livro, mas sinto que já consegui colocar para fora a base de tudo o que estava gritando em minha alma.

Pela fonte e tamanho da letra que estou utilizando, já escrevi mais de 300 páginas. Este livro já tomou um corpo gigantesco e talvez esteja chegando a hora de ler, reler, revisar, lapidar e começar a encontrar uma forma de ligar todos os pontos e entrar em um momento de finalização.

Seguirei meu rumo, de coração inundado de tanto amor que recebi nesse lugar e na certeza de que minha missão só está começando.

Agora é hora de voltar para casa e seguir minha jornada, afinal, assim como você, eu tenho muitos desafios pessoais para enfrentar.

Obrigado, Barra de Ibiraquera, por toda a energia. Sem sombra de dúvida, esses dias ficarão gravados na minha história, independentemente deste livro ser publicado ou não.

TRÊS MESES DEPOIS...

ADENDO

É, meu amigo, ninguém disse que seria fácil retornar para casa com tantas coisas reverberando em meu coração. Como eu disse anteriormente, foi em um momento de silêncio, sozinho, abraçado pela mãe natureza em um dos lugares mais energéticos desse Brasil que decidi iniciar essa missão de escrever este livro.

Agora estou de volta à minha vida cotidiana com tantas decisões a serem tomadas, tantos desafios a serem enfrentados e tantas escolhas a serem feitas.

Em meio a essa pandemia externa, enfrento também minha pandemia interna. Na verdade, os últimos anos de minha vida foram muito conturbados. Passei por tantas e tantas experiências nessa jornada do autoconhecimento que daria para escrever outros bons livros.

Vivi momentos extremamente profundos e acessei camadas do meu ser que jamais imaginaria existir. Colecionei tentativas, erros e muito sofrimento na lapidação do meu EU para seguir minha jornada de evolução terrena.

E em meio a toda essa alquimia interna, estava na hora de eu tomar talvez a decisão mais difícil de minha vida até o momento. Foi quando decidi tirar esses 20 dias de "férias" do mundo, para organizar meus pensamentos e voltar pronto para mudar de vez o rumo de minha história.

Naqueles dias isolados, meu coração gritou que precisava dar finalmente um basta, ressignificar tudo o que eu estava vivendo e trilhar de vez novos caminhos.

A cada palavra que escrevo neste livro, tenho total consciência de que a principal pessoa que precisa ler e pôr em prática esses ensinamentos sou exatamente eu.

Este livro é para você, tanto quanto é para mim!

No meu caso, decidi que não quero passar mais um dia de minha vida com algemas antigas que sugam minha vitalidade todos os dias, quero repensar todos os pontos de minha vida que estão me afastando de minha essência, decidi ser livre para viver meu chamado interno e me libertar de amarras que não me permitem avançar.

Meu objetivo é ser cada dia uma pessoa melhor para mim, para o mundo e, por meio de minha atuação, ajudar mais e mais HOMENS a se libertarem para viver uma vida com leveza e propósito.

Mas esse processo não é nada fácil, olha só tantas coisas que eu trouxe à tona neste livro, quantas atitudes nós, HOMENS, precisamos ressignificar para conseguir viver uma vida em coerência e paz. Sei e reconheço esse gigantesco desafio que temos pela frente.

No meu caso específico, estou há anos tentando lapidar minha vida e, mesmo assim, ainda existe muito trabalho a ser feito.

Já faz quase três meses que retornei de viagem e somente agora estou conseguindo retomar a escrita. Mas posso com muito orgulho dizer que finalmente consegui me libertar de algemas que há muitos e muitos anos me prendiam.

Sinceramente, não faço ideia do rumo que minha vida irá tomar daqui para frente, mas sigo na certeza de que fiz exatamente o que minha alma clamava a ser feito. Isso me dá paz e leveza para enfrentar os desafios e consequências de minhas escolhas.

Acho muito legal trazer esse assunto particular da paralisação da escrita e meus desafios internos, pois acredito que muitos pensam que a mudança acontece do dia para a noite.

Talvez, ao lerem este livro, muitos pensem que minha vida é perfeita. Longe disso, posso até ter conhecimentos avançados sobre o tema, mas estou mergulhado em meu propósito de evolução pessoal, recheado de dilemas e fragilidades.

A maioria das pessoas não consegue mudar por não conseguir pagar o preço do processo da transformação.

Precisamos entender que toda mudança precisa de planejamento, que existe todo um caminho a ser percorrido, que é preciso muita dedicação e principalmente tempo, e a famosa paciência.

Não acredite que do dia para noite você irá conseguir abandonar hábitos que cultiva há dezenas de anos. A mudança é gradativa, passo a passo.

Gosto muito de algo que ouvi do meu professor de surf, o famoso Capitão Davi. Em resumo, ele fala que sempre precisamos saber aonde queremos chegar e que nunca podemos parar de remar, ou seja, visualize seu objetivo e jamais tire os olhos dele, reme todos os dias e tome todas as atitudes para a cada dia você estar mais próximo. Terão obstáculos, muitos desvios, pausas, mas o seu destino sempre estará lá em sua frente, pode ter certeza que, uma hora e no tempo certo, no tempo em que estiver realmente preparado, seu momento irá chegar. Não se iluda, novamente digo, a mudança não acontece de uma hora para a outra. Mas se você não der o primeiro passo, ela nunca chegará.

NUNCA PARE DE REMAR.

Agora, com muita felicidade, cá estou novamente sentado em minha grande mesa de madeira na sala do meu apartamento. (Sim, infelizmente estou morando em um apartamento, mais uma incoerência nesse momento da minha vida que já tem prazo certo para mudar.)

Estou olhando agora para aquela que para mim é uma das mais belas cidades do Brasil, uma vista que tira meu fôlego todos os dias desde o dia em que aqui cheguei, há mais ou menos um ano, depois que retornei de mudança da praia. Aqui, do décimo nono andar, posso ver as infinitas árvores espalhadas em meio aos prédios e casas. Com muito orgulho nasci e estou novamente residindo em uma das melhores cidades do Brasil para se viver.

Mas hoje o dia está muito estranho, acordei com uma paisagem muito diferente da habitual. A famosa Catedral da cidade, com seus 120 metros de altura, que geralmente mostra seu brilho e energia a todos, hoje está completamente encoberta pela nuvem de fumaça que toma conta da cidade.

Fui fazer uma breve pesquisa sobre de onde estava vindo toda essa fumaça, e no mesmo segundo minha alma gritou que precisava urgentemente retomar a escrita deste livro!

A Amazônia queima, o Pantanal queima, a natureza queima e aqui, no interior do estado do Paraná, o resíduo dessa destruição chega para me afirmar que não posso jamais abandonar meu objetivo de transformação da sociedade por meio da cura dos HOMENS.

Em uma breve pesquisa que fiz agora, vejo a Polícia Federal cumprindo dezenas de mandados de busca e apreensão de grandes nomes do agronegócio responsáveis pelas queimadas criminosas de nossas florestas, com o objetivo de abertura de espaço para pastagem de gado e plantações de monoculturas.

O pior é ver que instituições públicas estão envolvidas em escândalos de corrupção para liberar terras de preservação ambiental para os grandes do agronegócio.

Calma! Não vou ofender seu político e muito menos entrarei em assuntos partidários por aqui. Apenas preciso novamente chamar a atenção para esse caos em que vivemos por conta das consequências de nosso masculino ferido.

Já está mais que claro que os responsáveis pela destruição de nossa natureza, os responsáveis pela corrupção e tantas e tantas atrocidades em nosso mundo somos nós, HOMENS.

Sim, HOMENS, que muito provavelmente acham que têm o direito de fazer, direito de roubar, direito de destruir em benefício próprio, talvez para se sentir mais HOMEM, talvez para curar alguma ferida aberta ou para mascarar suas fragilidades e mazelas.

Está entendendo a complexidade? Por esse motivo eu o convido a ler e reler este livro com maior atenção e responsabilidade, em respeito a quanto a sua mudança é importante para o bem do todo.

Nós, HOMENS, somos os responsáveis pelo futuro da humanidade, pelo bem-estar das futuras gerações. Ou nos ressignificamos urgentemente, ou o mundo entrará em colapso.

Acredito que com este livro consegui trazer muitas informações para refletirmos o quão longe estamos de termos verdadeiras atitudes de HOMENS.

O nosso desafio agora é usar essas informações, conhecimentos e reflexões para transformarmos de vez nossas vidas e mudarmos o rumo de nossa história.

Para você aí do futuro se contextualizar, estou no mês de novembro de 2020, aproximadamente três meses depois do período em que iniciei a escrita. A pandemia ainda está longe do fim e nossa sociedade continua indo para o mesmo abismo que comentei no começo deste livro.

Confesso que esses três últimos meses foram tão intensos na minha vida, que acabei me desconectando do rumo da escrita, decidi que nesse momento vou começar a revisão de todo o livro para, aí sim, entrar em sua parte final.

Quero fazer uma revisão bem superficial, com mínimas edições, pois quero de todo coração que sintam a verdade depositada em cada palavra, afinal, acredito que essa escrita foi direcionada por um plano superior, do qual apenas fui canal para transcrever esse chamado.

Não sei quanto tempo irei levar, espero que realmente consiga retomar a rotina de escrita o mais breve possível. Sendo assim, deixo um até breve.

DEZOITO MESES DEPOIS...

ADENDO

Acredite se quiser, dezoito meses se passaram desde a última vez que escrevi.

Ah... tanta coisa aconteceu em minha vida nesse período... Quanta coisa mudou em minha vida depois que decidi dar um basta em algumas algemas que ainda insistiam em me prender.

Não quero entrar em minha biografia aqui, pois esse não é o foco deste livro, mas preciso o contextualizar sobre o motivo principal que me fez ficar tanto tempo distante.

Como comecei a falar no capítulo anterior, há dezoito meses, logo que retornei de viagem, tomei muitas decisões em minha vida, o que acabou mudando completamente o rumo de minha jornada.

Hoje, tanto tempo depois, vejo o quão assertivo foi superar meus medos, traumas e incertezas. Minha vida melhorou exponencialmente após finalmente conseguir quebrar algumas algemas a que eu ainda insistia em estar preso e me libertar de pesos que não fazia mais sentido carregar.

Acontece que, junto com essas mudanças que fiz em minha vida, o meu mundo se abriu a novas possibilidades e oportunidades.

Precisei entrar em novos mergulhos internos e me reorganizar como ser humano. Me joguei em mais experiências extremamente profundas de autoconhecimento para lapidar ao máximo minha forma de viver e me colocar no mundo.

Também fiquei por meses intercalando minha vida no desenvolvimento de novos projetos profissionais e na revisão de todo este livro.

Não pense você que revisar um livro é fácil; é um processo muito desafiador. A responsabilidade de cada palavra escrita pesou muito para mim, o que me fez debruçar incansavelmente em estudar mais e mais sobre o universo masculino para ter a certeza de que tudo o que havia escrito até o momento tinha realmente a veracidade e o valor necessários para poder jogar ao mundo essas informações com segurança.

Acontece que o tempo foi passando e os projetos profissionais que eu estava em desenvolvimento não tiveram sucesso, principalmente por consequência do caos econômico que o mundo estava enfrentando decorrente da interminável pandemia.

A parte financeira começou a entrar em alerta e precisei me recolocar no mercado de trabalho para conseguir manter minha vida.

Foi nesse contexto que, há aproximadamente um ano, recebi uma proposta muito atrativa para gerenciar a parte de marketing e comercial da carreira de um grande cantor nacional. A proposta era muito interessante, e acabei aceitando o desafio.

Foram meses extremamente intensos; acabei entrando de cabeça no projeto e minha vida mais uma vez mudou completamente de rumo. Viagens, reuniões intermináveis e muita responsabilidade tomaram conta da minha vida nesse último ano.

Foi uma experiência incrível profissionalmente, mas, como podem perceber, acabei mais uma vez me afastando do meu chamado. Não vou negar que voltei a ler, reler, revisar e tentar voltar a esta escrita infinitas vezes nesse período, mas uma palavra em específico impediu meu coração de finalizar este livro: incoerência.

Logo que aceitei o trabalho e adentrei esse desafio, não imaginava tudo o que iria viver, mas logo me vi novamente dentro de um mundo totalmente incoerente com os valores que queria para a minha vida.

Quando vendi minha agência de publicidade, anos atrás, e me joguei no mundo em busca de uma nova vida, tive a clareza do que não queria mais viver.

Pois é, o tempo passou, muitas coisas aconteceram e, quando menos percebi, lá estava eu novamente trabalhando de uma forma incoerente com meus valores.

Infelizmente, a parte financeira falou um pouco mais alto e, em meio a essa interminável pandemia, as possibilidades foram ficando cada vez menores, e eu não tive a coragem suficiente para me desligar desse trabalho que assumi.

Esse foi o principal motivo que me impediu de finalizar este livro. Não digo que abandonei o projeto, pois quase todos os dias minha alma gritou comigo dizendo para eu retomar meu rumo e minha direção. Continuei meus estudos e aprimoramento no tema, mas apenas como uma forma de preparação para tudo o que ainda irei viver.

De forma muito consciente, soube que, enquanto estivesse com essas incoerências em minha vida, eu deixaria o projeto deste livro paralisado.

Pois bem, se aqui estou escrevendo novamente, você já imaginou aí que novamente tive mudanças em minha vida. Me reorganizei profissionalmente, fortaleci minha alma e me sinto pronto para seguir meu destino.

Viver é simplesmente mágico, aceitar as mudanças de percurso, viver experiências e ter a sensação de retomar as rédeas de nosso destino é impressionante.

Hoje, após toda essa pausa, volto a escrever com o coração cheio de alegria, consciente da importância de tudo o que vivi nos últimos tempos, o quão engrandecedoras foram as experiências que tive, para hoje poder seguir novamente no meu caminho.

Hoje, após dezoito meses da paralisação da escrita, posso dizer que estou infinitamente mais preparado para seguir minha missão.

Lógico que a vida é incerta e novos acontecimentos podem surgir, mudando nosso destino a cada segundo. Mas se tudo ocorrer de forma natural, tenho certeza de que dessa vez retomo a escrita de forma definitiva até sua finalização.

Então, bora lá, que minha alma está revigorada e cheia de energia para transbordar nas próximas páginas que virão.

CAPÍTULO 48

MENSAGEM PARA O FUTURO 2

Olá, futuro! Aqui estou novamente.

E eu, que achava que este livro já estaria pronto em 2021, percebi que, se estiver pronto em 2023, já será uma grande vitória.

Hoje é dia 07 de junho de 2022, escrevo da sala da minha casa (sim, conforme planejado, me mudei do apartamento para uma casa). E que casa! Estou morando em um verdadeiro paraíso, uma casa de contêiner com apenas um quarto, sala e cozinha. Pequena para o mundo, mas grande o suficiente para me dar todo o conforto de que preciso e para abrigar toda a vibração das plantas que trouxe para ela. A energia desse lugar é mágica, cada dia que passa a natureza se apresenta de forma mais bela, seja por meio das flores, pássaros, até mesmo do casal de corujas que escolheu meu jardim para morar e todos os dias me fazem companhia, me observando por trás dos bambus que plantei em volta do muro da casa.

Lá fora chove, faz frio, e aqui dentro minha alma queima em saber que, depois de todo esse tempo, a situação de nosso mundo está infinitamente pior do que aquela que descrevi na primeira carta ao futuro, no começo deste livro, em agosto de 2020.

Infelizmente, aquela pandemia que estava no começo durou muito mais do que imaginávamos, e suas consequências foram e ainda continuam sendo catastróficas.

Milhares e milhares de mortes assombraram nosso dia a dia e, pasmem, o masculino ferido teve seu grande papel nessa situação, pois, como sabemos, o poder público, liderado por HOMENS, teve grande responsabilidade na falta de gestão dessa pandemia, ocasionando centenas de milhares de mortes que poderiam ser evitadas.

Se o que estávamos vivendo já era ruim, hoje infelizmente digo que está infinitamente pior. Todos os números que trouxe no começo deste livro pioraram ainda mais.

Os números de desemprego, miséria, desigualdade e violência de todo tipo estão com seus índices no topo dos recordes da história.

As eleições presidenciais estão chegando, e novamente vivemos uma polarização doentia entre uma falsa esquerda × direita, em que, para qualquer lado que olharmos, as perspectivas são péssimas e desanimadoras.

Nossos líderes políticos infelizmente não aprenderam nada com a pandemia e só pensam em enriquecer seus bolsos e perpetuar seus jogos de poder. Todo dia um novo escândalo é manchete. Hoje mesmo o tema é a "CPI do sertanejo", na qual um grande esquema entre prefeituras e empresários do ramo artístico está sendo desmascarado.

É corrupção e roubo para todos os lados que olharmos!

A gasolina já passou de oito reais em muitos postos pelo Brasil, a cesta básica custando quase o valor do salário-mínimo, o dólar em seu recorde histórico e pessoas disputando restos de ossos, pois não têm o que comer.

Enquanto isso, nossa população acaba de bater mais um recorde histórico, em que 77,7% das famílias brasileiras estão endividadas. Porém, o Brasil figura com quatro bancos na lista dos dez bancos mais lucrativos do mundo.

O sedentarismo, a obesidade e as doenças físicas e psicológicas só aumentam, seguindo o tempo de horas que as pessoas estão passando nas redes sociais.

Expor falsas vidas no Instagram, fazer dancinhas para o TikTok, ver brigas de youtubers e decidir quem irá sair do Big Brother continuam sendo a prioridade na preocupação da nossa sociedade.

Poderia ficar aqui trazendo números e mais números do caos social e econômico que estamos vivendo, mas não quero só focar nos problemas, mas retornar o mais breve para nosso conteúdo focado na solução.

Já está mais que claro que, se não mudarmos radicalmente nossa postura como HOMENS, o mundo simplesmente irá entrar em colapso e, literalmente, explodir.

Sim, infelizmente, explodir o mundo já é um tema totalmente atual enquanto escrevo esta página.

A Rússia, que é liderada por um HOMEM com seu masculino totalmente fragilizado, está bombardeando há mais de cem dias a Ucrânia.

O risco da Terceira Guerra Mundial já é uma realidade, e temo que uma bomba atômica destrua nossas vidas antes mesmo de eu conseguir finalizar este livro.

É neste contexto, ainda mais perto do abismo, que retomo essa missão com a esperança de que, fazendo a minha parte, eu possa, de certa forma, contribuir para a construção de um futuro melhor para mim e para as próximas gerações.

Gustavo Tait,
em 07/06/2022.

CAPÍTULO 49

RECAPITULANDO NOSSA JORNADA

Chegamos a um ponto crucial desta jornada – um momento de reflexão profunda sobre tudo o que aprendemos até agora e a urgência de transformar nossa masculinidade. A transformação pessoal que abordamos não é apenas uma escolha individual; é uma necessidade imperativa para a sobrevivência da humanidade. A masculinidade tóxica que herdamos, nutrimos e perpetuamos é uma força destrutiva, responsável não só pelo sofrimento pessoal, mas também pela perpetuação de um ciclo de violência, opressão e dor que afeta o mundo ao nosso redor.

INTRODUÇÃO E CONTEXTUALIZAÇÃO

Iniciamos nossa jornada no contexto da pandemia de Covid-19, que transformou nossas vidas de forma drástica. Além da crise sanitária, confrontamos uma pandemia social e psicológica, revelando as profundas falhas em nossas concepções tradicionais de masculinidade. Entendemos que a crise mundial nos ofereceu uma oportunidade única de repensar nossos papéis como homens na sociedade.

O VERDADEIRO SIGNIFICADO DE SER HOMEM

Exploramos a fundo o que realmente significa ser um homem, desmistificando as expectativas patriarcais que nos pressionam a seguir comportamentos rígidos e ultrapassados. Analisamos como essa pressão leva à repressão emocional, ao isolamento e, consequentemente, à destruição de nossa saúde mental e das relações sociais.

RECONHECIMENTO SOCIAL

Fomos confrontados com a triste realidade brasileira, em que números alarmantes mostram que estamos à beira de um colapso social. Entendemos como nossas atitudes diárias como homens contribuem para esse cenário, e a urgência de mudança se tornou clara.

AUTOCONHECIMENTO

Nos dedicamos a atividades de autoconhecimento, reconhecendo que a transformação começa dentro de nós. Compreendemos a importância de nos conectarmos com nossa verdadeira essência e de enfrentar nossos medos e inseguranças.

RESGATE AUTOBIOGRÁFICO

Realizamos um resgate autobiográfico completo, revisitando nossa trajetória para entender o fio condutor que explica nossa vida atual. Este processo foi crucial para identificar padrões de comportamentos que repetimos inconscientemente e para reconhecer os momentos em que nos afastamos de nossa verdadeira essência para atender às pressões externas.

RECONHECIMENTO FAMILIAR

Reconhecemos nossa posição dentro do ciclo familiar, identificando como as dinâmicas familiares moldaram nossa visão de mundo e nosso conceito de masculinidade. Refletimos sobre os papéis que fomos ensinados a desempenhar, muitas vezes em detrimento de nosso bem-estar emocional e psicológico, e como isso impacta nossos relacionamentos e a maneira como criamos nossos próprios filhos.

DESCOBRIMOS QUEM REALMENTE SOMOS

Olhamos para dentro e confrontamos as máscaras que usamos diariamente. Identificamos as representações sociais que criamos para atender às expectativas externas, mas que, na verdade, nos distanciam de nossa essência.

PLANEJAMENTO DO FUTURO

Planejamos conscientemente nosso futuro, sabendo que as ações de hoje moldam o amanhã. Compreendemos que o futuro desejado só será alcançado por meio de ações presentes alinhadas com nossos valores.

REALIDADE DO TEMPO

Confrontamos a realidade do tempo, calculando quantos anos de vida nos restam, baseados na expectativa de vida média dos brasileiros. Esta atividade nos mostrou a urgência de nossas ações e a importância de não adiar mudanças necessárias. Refletimos sobre como o tempo é um recurso finito e como utilizá-lo com sabedoria é essencial para alcançar a plenitude.

IDENTIFICAÇÃO DE ALGEMAS

Nomeamos e identificamos as "algemas" – crenças limitantes impostas desde a infância sobre o que significa ser um HOMEM. Essas algemas incluem a repressão de sentimentos, a obrigação de ser o provedor e a negação de vulnerabilidades, que acabaram moldando uma masculinidade frágil e desconectada de sua verdadeira essência. Refletimos sobre como essas crenças limitantes são transmitidas de geração em geração e como podemos quebrar esse ciclo.

RESSIGNIFICAÇÃO DAS ALGEMAS

Trabalhamos para nos libertar dessas algemas, ressignificando os ensinamentos ultrapassados que ainda nos prendiam. Essa ressignificação foi fundamental para começar a construir uma nova masculinidade, baseada em valores como autenticidade, compaixão e conexão verdadeira com os outros. Discutimos a importância de redefinir o que significa ser um HOMEM na sociedade contemporânea, buscando uma versão mais equilibrada e saudável da masculinidade.

RECONHECIMENTO DOS PESOS

Olhamos para dentro da nossa "mochila" e reconhecemos os pesos que carregamos – culpas, medos, expectativas alheias. Compreendemos que muitos desses pesos não são genuinamente nossos, mas foram impostos por uma sociedade que espera que sejamos algo que muitas vezes não condiz com nossa verdadeira natureza. Refletimos sobre a importância de nos livrarmos desses pesos para viver uma vida mais leve e autêntica.

ELIMINAÇÃO DE PESOS

Aprendemos a dividir nossas dores com amigos, nos abrindo em vulnerabilidade e criando uma nova forma de amizade masculina, baseada em apoio mútuo e sinceridade. Percebemos que compartilhar nossas cargas não nos faz menos HOMEM; pelo contrário, fortalece-nos e nos aproxima de quem realmente somos. Discutimos como as redes de apoio são essenciais para nossa saúde mental e emocional, especialmente em momentos de crise.

ACEITAÇÃO DOS PESOS

Compreendemos também que existem pesos que teremos que carregar por mais tempo ou até por toda vida. Realizamos atividades para entendermos profundamente tudo sobre esses pesos e como deixá-los mais leves em nossa jornada.

ENFRENTAMENTO DAS MENTIRAS

Confrontamos nossas mentiras, tanto as que contamos aos outros quanto as que contamos a nós mesmos. Entendemos o peso que elas impõem em nossas vidas e decidimos agir em verdade, criando um plano de ação para eliminar todas as mentiras que ainda sustentamos. Refletimos sobre como a honestidade consigo mesmo é o primeiro passo para qualquer transformação real.

DESENVOLVIMENTO DO DIÁLOGO

Discutimos a importância do diálogo, reconhecendo que a comunicação clara e honesta é fundamental para construir relacionamentos saudáveis. Aprendemos a escutar ativamente e a expressar nossas necessidades e sentimentos sem medo de julgamento ou rejeição. Analisamos como a falta de comunicação é uma das principais causas de conflitos em relacionamentos e como podemos melhorar essa habilidade essencial por meio da comunicação não violenta.

RELAÇÕES COM AS MULHERES

Exploramos a complexa relação dos HOMENS com as mulheres, percebendo o quanto o machismo ainda prevalece e como ele prejudica tanto as mulheres quanto a nós mesmos. Refletimos sobre nossas atitudes e comportamentos, e nos comprometemos a agir com mais respeito e igualdade. Discutimos a importância de reconhecer o valor das mulheres não apenas em nossas vidas pessoais, mas também na sociedade como um todo. Ficamos de frente com os números devastadores da violência aferida contra as mulheres em nosso país.

ESTÍMULOS DESTRUTIVOS

Analisamos os estímulos diários que perpetuam a violência contra as mulheres, como a pornografia, músicas e a pressão por padrões estéticos. Compreendemos que esses estímulos não só desumanizam as mulheres, mas também reforçam uma visão distorcida da masculinidade. Refletimos sobre como podemos agir para mudar esses padrões e promover uma cultura de respeito e igualdade.

RELACIONAMENTOS SAUDÁVEIS

Investigamos como estamos errando em nossos relacionamentos amorosos, identificando padrões de comportamento destrutivos. Aprendemos formas de construir relações mais saudáveis e evolutivas, baseadas em respeito mútuo, empatia e comunicação aberta. Refletimos sobre a importância de cultivar relacionamentos que nos ajudem a crescer e a nos tornarmos melhores versões de nós mesmos.

DIFERENÇAS ENTRE HOMENS E MULHERES

Compreendemos as diferenças hormonais e do ciclo menstrual, o que nos ajudou a ressignificar nossa atitude em relação às mulheres. Passamos a respeitar mais profundamente essas diferenças, reconhecendo-as como parte da riqueza e complexidade da experiência humana. Discutimos como essa compreensão pode melhorar nossos relacionamentos e nos ajudar a apoiar melhor as mulheres em nossas vidas.

RESSIGNIFICAÇÃO DO SEXO

Refletimos sobre o verdadeiro significado do sexo, reconhecendo-o como uma troca de energia sagrada entre HOMENS e mulheres. Ressignificamos a sexualidade, afastando-a de uma visão puramente física e entendendo-a como uma expressão profunda de conexão e intimidade. Discutimos como o sexo pode ser uma forma de aprofundar a intimidade emocional e espiritual em um relacionamento.

INDEPENDÊNCIA FAMILIAR

Discutimos a importância de deixar pai e mãe, superando a necessidade de aprovações familiares para crescer como indivíduos autônomos. Compreendemos que, para sermos verdadeiramente livres, precisamos nos desvencilhar das expectativas familiares que não refletem nossos valores e desejos autênticos. Refletimos sobre como o excesso de influência familiar pode nos impedir de viver uma vida plena e autêntica.

INFLUÊNCIA DAS AMIZADES

Exploramos a influência que nossas amizades exercem sobre nós, muitas vezes nos afastando de nossos valores e princípios. Discutimos como o ambiente ao nosso redor pode moldar nosso comportamento e decisões, especialmente quando buscamos aceitação em grupos que não refletem quem realmente somos. Refletimos sobre a importância de escolher amizades que nos elevem, que nos desafiem a crescer, e que nos apoiem em nossa jornada de transformação.

PESO DO TRABALHO

Identificamos como o trabalho pode se tornar uma carga pesada em nossas vidas, seja porque não está alinhado com nossos valores, seja porque o utilizamos como uma fuga de nossos problemas pessoais. Discutimos a importância de encontrar um propósito no trabalho, algo que nos energize em vez de nos drenar. Refletimos sobre como o equilíbrio entre vida pessoal e profissional é crucial para uma vida plena e satisfatória, e como o excesso de trabalho pode ser uma válvula de escape que nos afasta de questões que precisam ser enfrentadas.

CUIDADO COM A SAÚDE

Abordamos a importância de cuidar da saúde física, reconhecendo que o sedentarismo e a má alimentação são grandes obstáculos para a transformação pessoal. Discutimos como práticas simples, como atividade física regular e uma dieta equilibrada, podem ter um impacto profundo em nossa energia, disposição e saúde mental. Refletimos sobre a conexão entre corpo e mente, e como cuidar de nosso corpo é um ato de respeito e amor-próprio, fundamental para a nossa evolução.

IMPACTO DAS REDES SOCIAIS

Analisamos como as redes sociais têm impactado negativamente nossa saúde emocional, muitas vezes nos desconectando de nossa própria realidade. Discutimos a necessidade de usar as redes de maneira consciente, reconhecendo os perigos da comparação constante e do consumo passivo de conteúdo. Refletimos sobre como as redes sociais podem criar uma falsa sensação de conexão, quando, na verdade, nos isolam ainda mais de interações humanas genuínas e significativas.

O PESO DO RACISMO E DA HOMOFOBIA

Reconhecemos a dificuldade ainda maior na jornada de homens negros e também de homens não normativos no processo de transformação e cura da masculinidade tóxica. Entendemos todas as particularidades que pesam ainda mais a jornada de nossos irmãos e nos comprometemos a utilizar nossos privilégios para ser fonte de voz e auxílio nessa transformação.

ACÚMULO DE PESOS

Compreendemos que acumulamos pesos em quase todas as nossas atitudes diárias, o que nos afasta de nossos valores e nos aproxima do abismo. Discutimos como esses pesos, muitas vezes autoimpostos, derivam de crenças e expectativas que já não nos servem. Refletimos sobre a necessidade de liberar esses fardos para viver de forma mais leve e autêntica, e como isso exige uma revisão constante de nossas ações e decisões.

BOMBA-RELÓGIO

Reconhecemos que somos uma bomba-relógio prestes a explodir, incapazes de suportar a pressão acumulada de todas essas expectativas e pesos. Discutimos como essa pressão se manifesta em comportamentos destrutivos, tanto para nós mesmos quanto para os outros, e como isso pode levar a sérios problemas de saúde mental e física. Refletimos sobre a importância de desarmar essa bomba, identificando e tratando as causas subjacentes de nossa angústia.

VÁLVULAS DE ESCAPE

Entramos nas famosas válvulas de escape, que são as formas que utilizamos para "esquecer nossos problemas", mas que muitas vezes acabam criando mais e mais pesos em nossas costas. Discutimos como essas válvulas – como o uso de drogas, álcool, trabalho em excesso e até mesmo o trânsito – servem para mascarar nossas dores, mas, ao mesmo tempo, nos afundam ainda mais nos problemas que tentamos evitar. Refletimos sobre a necessidade de ressignificar esses comportamentos e encontrar maneiras mais saudáveis e construtivas de lidar com nossas emoções e desafios.

CONTEXTUALIZAÇÃO ATUAL

Finalmente, abordamos como a sociedade evoluiu desde o início deste livro, quase dois anos após sua concepção. Discutimos como os desafios que enfrentamos como homens são mais urgentes do que nunca, com a masculinidade sendo colocada em questão em diversas esferas sociais. Refletimos sobre como nossa transformação pessoal é não apenas desejável, mas essencial para nos adaptarmos e prosperarmos em um mundo em constante mudança.

Ao final desta jornada, compreendemos que a transformação pessoal não é apenas uma escolha, mas uma necessidade urgente para vivermos uma vida plena e autêntica. Cada passo que demos foi essencial para nos libertarmos das correntes que nos prendiam e nos prepararmos para um futuro em que seremos verdadeiros homens, conectados com nossa essência e em harmonia com o mundo ao nosso redor. Agora, estamos prontos para dar o primeiro passo em direção a essa nova jornada, com coragem e determinação para construir um novo rumo em nossas vidas.

CAPÍTULO 50

O CAMINHO ESTÁ ABERTO

Quando você abriu este livro, talvez esperasse uma fórmula mágica, uma solução rápida para transformar sua vida. E agora, após percorrer essa jornada, percebeu que a mudança verdadeira não é instantânea. Não há atalhos. O que você começou aqui é apenas o primeiro passo de uma aventura épica rumo à sua transformação pessoal. E, amigo, esse primeiro passo é o mais importante de todos.

Você pode não ter percebido ainda, mas ao chegar até aqui, algo já mudou em você. Ao encarar os desafios, pesos e crenças limitantes que estavam ancorando sua vida, você arrombou a porta de uma fortaleza que antes parecia intransponível. Esse é o momento em que você, finalmente, empunha a espada da sua própria consciência, pronto para enfrentar os dragões que guardam o tesouro do seu verdadeiro potencial.

O CHAMADO PARA O NOVO RUMO

O caminho que você iniciou não é fácil. É uma trilha cheia de desafios, subidas íngremes e batalhas internas.

Mas a recompensa? A recompensa é uma vida vivida em sua plenitude, uma vida com propósito, liberdade e um legado poderoso. A transformação que você busca – seja para resolver seus dilemas internos, fortalecer suas relações, ou criar um impacto duradouro – só acontecerá com esforço contínuo.

Lembre-se, o destino está em suas mãos. O legado que você vai deixar será definido por cada escolha que fizer daqui para frente. Cada ação conta. As páginas deste livro ofereceram as ferramentas de que você precisa para moldar essa nova trajetória. Você já sabe o que precisa ser feito, já identificou os pesos que precisa soltar e as armaduras que precisa deixar para trás.

O PORTAL ESTÁ ABERTO

Cada reflexão, cada exercício, cada luta travada dentro de você é uma vitória que já começou a transformar o homem que você era no homem que está destinado a ser. Agora, com o portal para uma nova vida aberto, o que você fará? Continuará carregando os fardos, ou começará a construir uma nova história – uma história de honra, propósito e coragem?

A verdadeira coragem não está em nunca cair, mas em se levantar todas as vezes que for preciso. O mundo precisa de homens como você, que têm a audácia de buscar algo maior, de desafiar o *status quo* e se tornar mestres de suas próprias jornadas. Mas essa jornada só vale a pena se você realmente se comprometer com ela, dia após dia.

SEU LEGADO COMEÇA AGORA

Imagine-se daqui a alguns anos, olhando para trás, vendo tudo o que conquistou. As batalhas travadas, as vitórias alcançadas e as marcas que você deixou no mundo. O legado que você deixará não é sobre quanto dinheiro acumulou ou quão forte você se mostrou, mas sobre o impacto que causou nas pessoas ao seu redor, na sociedade, e no planeta. Esse impacto é o seu legado, e ele começa agora.

Não há mais desculpas, não há mais tempo para adiamentos. O tempo de agir é agora. Toda a leitura, toda a introspecção que fez até aqui o preparou para este momento: a escolha entre continuar como está ou trilhar um novo caminho. Um caminho que vai demandar esforço, sim, mas que lhe trará uma recompensa maior do que qualquer bem material – uma vida vivida em coerência, em equilíbrio e em verdade.

Uma vida extraordinária está ao seu alcance. Você tem nas mãos o poder de transformar tudo. Agora é o momento de planejar suas ações, estabelecer seus objetivos e abraçar essa transformação. Não pense que será fácil, mas saiba que a jornada será a mais gratificante que você já experimentou.

Como disse Buda: *"O que somos é o resultado do que pensamos"*. O seu futuro é moldado pelos pensamentos e escolhas que faz hoje. Então, escolha sabiamente. Você está mais do que preparado.

Não aceite viver menos do que o seu melhor. Não faz sentido passar por esta jornada única repleto de dores e sofrimentos, agredindo a si mesmo e as pessoas ao seu redor. Dê a si próprio esse presente e comece agora mesmo a transformação de sua vida e da vida de todos ao seu redor.

Chegou a hora de você tomar a decisão mais importante de sua vida: deixar essas informações soltas em sua mente ou criar um plano de ação com atitudes imediatas para iniciar uma nova vida, um novo rumo. Eu acredito em você! A estrada à frente está aberta, e o seu novo rumo começa agora.

Chegou a sua hora.

EMBORA NINGUÉM POSSA VOLTAR ATRÁS E FAZER UM NOVO COMEÇO, QUALQUER UM PODE COMEÇAR AGORA E FAZER UM NOVO FIM.

CHICO XAVIER

CAPÍTULO 51

ADENDO FINAL!

Mal posso acreditar que estou começando a escrever este capítulo. Hoje é 14 de julho de 2022, uma quinta-feira, 14h42. Aqui estou, na sala de minha casa, ao som de músicas instrumentais, sentindo o aroma do incenso que queima ao meu lado e toda a energia das plantas e dos bichos que compartilham este local sagrado comigo.

Neste momento, as duas corujas que moram em minha casa estão no meu jardim, olhando fixamente para mim. Desde o dia em que começaram a se aproximar da minha casa, tive a certeza de que trariam a energia necessária para que eu finalizasse este livro.

Superstições à parte, estou arrepiado dos pés à cabeça de emoção ao viver este momento tão mágico de finalmente conseguir finalizar este chamado, que dará início a uma nova fase de minha vida.

Com minha alma cheia de amor, agradeço imensamente a oportunidade de ecoar este sopro do universo em forma de palavras e de poder trocar essa energia com você durante todo o tempo de leitura que tivemos juntos.

Sei o quanto foi desafiador todo este processo até aqui e sei também o quanto será desafiadora sua jornada de transformação daqui para a frente. Meus sinceros parabéns por ter conseguido concluir esta leitura.

Desejo de todo coração que você consiga superar seus desafios e, dia após dia, conquiste a vida que você merece! Repleta de leveza e amor.

Caso tenha gostado deste livro, presenteie o máximo de pessoas possível e indique-o a todos os homens ao seu redor. Assim, você me ajuda no fortalecimento deste movimento e, quem sabe, na transformação de muitas vidas!

Foi uma honra poder estar aqui contigo. Espero que possamos continuar nossa troca por meio de outros canais. Gostaria muito de conhecer mais sobre sua jornada e saber se, de alguma forma, consegui, por meio deste chamado, ajudá-lo em seu processo de evolução. Você pode me encontrar nas redes sociais @gustavotait, onde poderemos seguir com essa conversa.

É isso, meu povo. Agora, vou salvar este arquivo e pedir direcionamento ao universo para que eu encontre a melhor maneira e estratégia de tornar este sonho realidade! Se você está lendo esta linha, saiba que sim, consegui realizar o sonho de ecoar esta mensagem do meu coração.

Contem sempre com o meu melhor!

Gustavo Tait.

A ÚLTIMA ATUALIZAÇÃO DESTE LIVRO FOI REALIZADA NA DATA DE 09/09/2024. MAIS DE QUATRO ANOS APÓS SEU INÍCIO.

A vontade é fazer um novo capítulo, com mais uma mensagem para o futuro, explanando nossa triste realidade atual aqui em 2024, que apenas piora a cada dia de forma exponencial, mas me conterei em finalizar as escritas nesse momento antes que o livro se torne infinito.

Novamente, gratidão por essa troca.

Seguimos no caminho de Luz, Paz e Amor.

Com carinho,
Gustavo Tait.